(Attribués à Jurieu et plus vraisemblablement à
Michel Le Vassor. Voy. Brunet et Barbier.)

1151.

G Consenrer

LES SOUPIRS

DE LA

FRANCE

ESCLAVE,

QUI ASPIRE

APRÉS LA LIBERTÉ.

S. Germani a pratis

M. DC. LXXXIX.

L'IMPRIMEUR AU LECTEUR.

L'Ouvrage que je donne au Public m'a été envoyé de France tout entier, avec une parfaite liberté d'en faire ce que je voudrois. C'est pourquoy au lieu de le donner entier tout à la fois, je le donneray par parcelles, ayant appris par experience que les feüilles volantes penetrent, se lisent, & se debitent beaucoup mieux que les livres. Je donneray donc les Chapitres comme je les ay trouvés divisés les uns après les autres, & à divers jours; & au lieu du nom de Chapitre, de l'avis des intelligents, nous avons pris celuy de Memoire, qui convient beaucoup mieux à des feüilles détachées. On en donnera deux ou trois tous les mois, plus ou moins, selon le loisir de nos Presses, & selon que le Public y trouvera du goût, & qu'on en tirera de l'utilité.

LES SOUPIRS
DE LA
FRANCE ESCLAVE
Qui aspire aprés la Liberté.

I. MEMOIRE,
Du 10. d'Août 1689.

DE L'OPPRESSION DE L'EGLISE,
des Parlements, de la Noblesse & des Villes.

O N a beau dire que l'on n'en est pas moins miserable pour avoir plusieurs Compagnons de ses miseres, il est pourtant vray que le cœur patit beaucoup davantage, quand il souffre au milieu de tous les autres qui sont heureux. Car la comparaison que l'on fait de son malheur au bonheur des autres est cause qu'on y est plus sensible. Entre tous les biens dont on a sujet de pleurer la perte, la liberté sans doute est des principaux. Il est mal-aisé d'être Esclave au milieu de mille personnes libres sans être touché de son esclavage. C'est pourquoi la *France* se doit reveiller & sentir le poids de l'effroyable tyrannie, sous laquelle elle gemit, en considerant l'heureuse liberté dont jouissent tous les Etats voisins sous leurs Princes legitimes & dans la possession de leurs anciennes Loix. Et le bonheur que l'*Angleterre* vient d'obtenir en voyant rompre les fers qu'on luy mettoit sur les bras, doit faire rénaître dans l'ame de tous les bons *François*, l'amour pour la Patrie, les desirs pour le retour de la liberté, & le dessein de sortir de dessous cét épouvantable joug qui repose sur leurs épaules. Nous voyons tout autour de nous les *Hollandois* qui joüissent d'une heureuse liberté, les *Flamands* sous la Domination du Roy d'*Espagne* conserver leurs anciens Privileges, les Etats de l'*Empire* vivre sous un Chef qui n'est point en état de les opprimer, les *villes Libres d'Allemagne* se conserver la forme de Republiques, les Etats & les Provinces sujettes aux *Electeurs* & aux autres Princes goûter le repos de leur fortune sous un Gouvernement doux & moderé. La *France* seule, le plus beau Païs de l'Europe, la plus noble Partie du Monde, se voit assujettië à une Domination cruelle, tyrannique, & à une Puissance qui ne se donne pas de bornes. Des Peuples libres & qui ont tiré le nom de *Francs* ou de *François* de leur ancienne liberté, sont aujourd'hui les plus assujettis de tous les Peuples, sans excepter ceux qui gemissent sous la tyrannie du Turc. Aujourd'hui toute liberté est perduë, jusqu'à celle de parler & de se plaindre. C'est pourquoi j'envoye ma voix aux Païs étrangers dans l'esperance qu'elle reviendra de là par réflexion, & qu'elle reveillera mes Compatriotes qui dorment à mes côtés sous la pesanteur de leurs chaines. Je regarde avec compassion la cruelle tempête dont ma Patrie est menacée, je pleure la desolation de ses Villes, la mort de ses enfans, & la perte de ce que la tyrannie de son Gouvernement luy a laissé de reste. Et je ne sçaurois m'empêcher de luy souhaiter un retour de raison & de courage : *de raison*, afin qu'elle comprene que les Privileges des Peuples ne souffrent point de prescription & ne perissent point par l'usurpation des Princes, & qu'ainsi un siecle ou deux de tyrannie ne lui ôtent pas le droit de se remettre en liberté. *De courage*, afin qu'elle puisse profiter des circonstances presentes, les plus heureuses qui furent jamais pour ramener le Gouvernement du Royaume à son ancienne forme, & pour secoüer le joug de cette Puissance Despotique; selon laquelle les François son traités avec une dureté inconnuë à tous les Peuples qui vivent sous des Princes Chrêtiens. Avec l'interêt des Peuples je ne sçaurois m'empêcher de regarder l'interêt du Prince, legitime Heritier de la Couronne; à qui l'on va laisser un squelete de Royaume & une Couronne imaginaire. Ce Prince dans la Campagne de *Philisbourg* s'est montré non seulement brave

& prudent, mais plein d'humanité ; il gemit aujourd'huy des infernales barbaries qu'on exerce dans les mêmes lieux où il s'est fait connoistre si humain; & l'on est assuré qu'il aimera beaucoup mieux regner en Pere sous les anciennes loix du Royaume, que de commander en Tyran qui se met au dessus des loix. J'ay donc dessein de faire ces quatre choses dans cét écrit. 1. Voir l'oppression & la tyrannie, sous laquelle gemissent tous les Ordres de la France, & la misere à laquelle ils sont reduits sous une Puissance Despotique. 2. Considerer en second lieu, par quels moyens la Cour de France affermit son joug & soûtient aujourd'huy sa Puissance absoluë, & l'abus qu'elle en fait. 3. En troisiéme lieu nous verrons combien le present gouvernement de la France est éloigné de celuy sous lequel a été fondée la Monarchie, & dans lequel elle a subsisté tant de siecles. 4. Et enfin nous examinerons par quels moyens on pourroit se servir des circonstances favorables du temps present pour ramener la Monarchie à son ancien Gouvernement.

POUR comprendre combien est grande l'oppression sous laquelle la France gemit, nous n'avons qu'à considerer la situation où se trouvent toutes les parties qui composent l'Etat. L'Eglise est assurement la prémiere, la plus noble & celle qui a toûjours conservé les plus grands privileges & le plus de liberté. Mais aujourd'hui en France l'Eglise est soûmise à la tyrannie du gouvernement, tout de même que les autres. Les Rois de France se sont fait *Papes, Muftis, grands Pontifes,* & Princes absolus sur les choses sacrées. Le nom du grand Pontife & son autorité n'y sont plus que des fantômes. Le Prêtres de JESUS-CHRIST sont des Esclaves, les Maisons saintes & consacrées à Dieu sont exposées aux fureurs du Soldat ; la Foi même & les mysteres dépendent absolument de la volonté du Souverain. Pour rendre cela sensible, je ne veux pas remonter bien haut, il suffit de remettre devant les yeux ce qui s'est passé de nos jours & de nôtre propre memoire. Souvenons nous, par exemple, de quelle maniere s'est traitée l'affaire des cinq propositions de *Jansenius.* La Cour de France a fait definir cette controverse à Rome comme il lui a plû, aprés quoi il n'y a pas de violence qu'elle n'ait commise & exercée pour soûmettre les Disciples de *saint Augustin* aux decisions qu'elle avoit par surprise obtenuë de la Cour de Rome. On sçait le bruit qu'a fait le Formulaire : Comment la Cour fit faire une forme de serment par lequel on reconnoissoit, non seulement que les *cinq pro-*

positions étoient Heretiques, mais qu'elles étoient dans *Janscnius.* C'est à dire qu'alors la Cour voulut que le Pape fut infaillible, non seulement dans les choses de droit, mais dans les choses de fait. Et tous ceux qui ne voulurent point passer par là, furent dépoüillés de leurs benefices, chassés, exilés, plongés dans de noires prisons; plus de 60. Docteurs de *Sorbonne* furent chassés, exilés, & relegués; les maisons des filles Religieuses qui ne voulurent pas obeïr, furent violentées & disperséès. Il y a quarante ans que la Cour fait durer cette persecution & encore aujourd'hui un grand nombre de Saints Prêtres sont dans l'exil, dans les prisons & dans la souffrance, pour ne vouloir pas renoncer à la grace de Jesus-Christ efficace par elle même. C'est bien là une affaire dont la Cour se deût mêler? & n'est-ce pas étendre son Empire plus loin que celui de Dieu; qui dans les choses lesquelles ne sont pas de souveraine necessité veut qu'on se tolere mutuellement? au moins c'étoit une affaire à laisser vuider à l'Eglise. Elle est purement de son ressort; il ne faloit donc emploier là dedans, ni prisons, ni exil, ni violence, ni authorité Roiale.

Aprés l'affaire des *cinq propositions*, est venuë celle de la *Regale.* C'est un droit par lequel les Rois de France prétendent être en puissance de recevoir les fruits des Evêchés vacants, & de remplir durant la vacance tous les benefices & cures d'ames qui viennent à vaquer & qui sont à la nomination de l'Evêque. L'affaire sembloit avoir été reglé dans le Concile general de *Lion*; où il avoit été défendu d'étendre la Regale sur les Evêchés où ce droit ne s'étoit point auparavant exercé. Plusieurs Evêchés de France joüissoient de cette immunité. *Loüis XIV.* s'est mis en tête de les soûmettre tous à ce joug. Les Evêques d'*Alet* & de *Pamiers* deux des plus Saints Hommes de leur siecle n'on pas voulu céder aux injustes arrêts que le Roi faisoit rendre dans son Conseil, où il étoit Juge & partie, dans une affaire qui devoit dependre du saint Siege ou d'un Concile. Et parce que ces saints Evêques se sont addressés au saint Siege, afin que le Pape employât son authorité pour maintenir les privileges de l'Eglise, on ne sçauroit dire les cruelles persecutions auxquelles ont été exposées les deux Eglises d'*Alet* & de *Pamiers.* Les Evêques & les Chapitres ont été privés de leur Temporel, les biens Patrimoinaux & des Chanoines & des Evêques ont été saisis; & ainsi on les a reduits à la derniere pauvreté, & cela avec tant d'inhumanité qu'il n'étoit pas permis à leurs amis de leur donner l'aumône: on les a relegués dans des deserts, on les a emprisonnés, on les a menacés, on les a condamnés au dernier supplice. Jusques-là que la Cour a fait rendre un arrêt par le Parlement de *Thoulouse* qui condamne l'un des grands Vicaires de *Pamiers* à avoir la tête tranchée par la main d'un Bourreau. Ce qui a été executé sur son Effigie parce qu'on n'a pû se saisir de sa personne. Tous ceux qui ont eu quelque liaison de parenté ou d'amitié avec ces deux Evêques leurs grands Vicaires, leurs Chanoines & leurs Officiers, ont été traités de même ; on les a relegués aux extremités du Royaume, ou bien jettés dans des prisons, où ils souffrent encore les dernieres indignités & des miseres extremes.

Le Roi pour avoir un Empire sans bornes sur l'Eglise, après avoir établi son pouvoir sur les Evêques, l'a voulu étendre sur toutes les Maisons Religieuses. On sçait qu'il y en avoit beaucoup qui conservoient encore le privilege qui étoit autrefois commun à toutes les Societés d'Hommes & de Femmes, c'étoit celui de s'élire des Superieurs & des Superieures. Il faut à present que tous les Superieurs & les Superieures des Maisons Religieuses soient mises des mains de la Cour, afin qu'ayant ses Creatures par tout, elle domine partout. Et comme elle se donne le pouvoir de mettre des Superieurs partout, elle les revôque & les change quand bon lui semble, afin que l'esclavage soit au souverain degré & qu'il ne soit plus permis à personne de faire son devoir envers Dieu qu'autant qu'il plaira au Roi. C'est en consequence de cette resolution qu'on a persecuté les filles de *Sainte Claire* appellées *Urbanistes*, la Maison de *Charonne* & l'Ordre de *Clugny*. Dans toutes ces maisons on a introduit avec la derniere violence des Superieurs & des Superieures de la nomination du Roi. On a brisé les portes, on a violé les asiles les plus sacrés, on a enlevé par force les Religieuses, on les a releguées, on les a emprisonnées, il n'est point de maux qu'on ne leur ait fait souffrir. L'Abbaye de *Clugny* qui est un relief d'Ordre, avoit toûjours conservé le privilege de s'élire des Abbés : mais on a jugé à propos de n'avoir aucun égard à un privilege aussi ancien que l'Ordre même. On a cassé l'élection que les Religieux avoient faite d'un Abbé regulier & d'authorité, on a donné l'Abbaye au *Cardinal de Bouillon* ; afin que la Cour eût là un esclave qui fut le tyran de l'Ordre ; & qui en répondit à la Cour. Si les choses ont tourné autrement, & si le *Cardinal de Bouillon* ne s'est pas trouvé ami du gouvernement present, la violence n'en est pas moins grande.

Parce que dans les benefices il y a du temporel, les Princes ont au moins quelque pretexte de vouloir être maîtres de la Collation ; mais le Roi sans aucune ombre de pretexte s'est rendu maître absolu de ce qu'il y à de plus spirituel dans l'Eglise. A present la Foi de l'Eglise dépend de l'authorité du Prince. Il fait faire sous ses yeux & dans sa Capitale des assemblées tumultueuses, composées de ses creatures & des Evêques de Cour ; là il fait decider de pleine authorité les matieres les plus importantes & les plus delicates, il soûmet le Pape au Concile, il lui ôte le pouvoir d'excommunier les Rois, il declare qu'il est sujet à erreur. Il appuye ces Decisions temeraires de ses Declarations Royales ; & si quelqu'un ose dire qu'il ne soûmet pas son jugement à ces decisions, il est l'objet de la plus cruelle persecution qu'on puisse imaginer ; il doit s'attendre à la prison, à l'exil, & même à la mort.

On a toûjours regardé l'authorité d'établir de nouveaux Ordres, & de ruïner ceux qui sont établis comme un droit attaché au saint Siege. Mais le Roi s'est mis en possession de ce droit. Tout le monde sçait comment les filles de *l'Enfance* s'étoient établies à *Thoulouse* sous la direction de Madame de *Mondouville*, & par la permission du Pape. Parce que les directeurs de cette Maison êtoient soubçonnés d'être ce qu'on veut appeller *Jansenistes*, on a ruïné les Maisons de cet Ordre ; on a enlevé l'Abbesse & on l'a enfermée dans la Maison *des Hospitalieres* : prés de deux cens filles *de l'Enfance* ont été chassées de leurs Maisons, arrachées de leurs Santuaires par les Soldats & par les Archers, & reduites aux dernieres extremités.

Si quelque chose est du ressort de l'Eglise, il est indubitable que ce sont les Versions de l'Ecriture sainte. La parole de Dieu est le lait de cette Mere par lequel elle nourit ses Enfans : c'est à elle à le dispenser selon sa sagesse & selon les necessités. Cependant la Cour de France s'est mise en possession de regler nos lectures & nos devotions particulieres. Parce que la Version de *Mons* vient de personnes qui ne sont pas amies de la Cour, quoy qu'elles soient trés Catholiques, il faut que cette version soit empoisonnée, que la Doctrine du Ciel soit devenuë dangereuse ; par autorité du Roy on en défend & la publication & la lecture sous les dernieres peines. Il en est ainsi de tous les autres livres de pieté & de Religion. Il suffit qu'ils ayent été composés par des Docteurs que la Cour hait, ils deviennent méchants ; on leur défend l'entrée du Royaume, les Intendants qui les laissent entrer sont disgraciés, & les Ecclesiastiques qui les reçoivent sont condamnés à des prisons perpetuelles, où la perte de la liberté est le moindre mal qu'on leur fait souffrir.

Quand il plaît au Roy de se broüiller avec le Pape & d'appeller de ses procedures les plus justes, il faut que l'Eglise Gallicane adhere à cette révolte.

volte. On y oblige tous les Evêques, les Chapitres, les Universités, les Maisons Religieuses tant d'hommes que de Femmes : on leur envoye des ordres de se conformer aux volontés du Roy & de les signer. S'ils y manquent on leur prepare tous les plus rudes châtiments. N'est-ce pas la derniere violence ? & où est la liberté de l'Eglise, & des suffrages ?

Mais qu'est-ce que cela en comparaison de ce qu'on a obligé l'Eglise de faire dans la persecution qu'on a excitée contre les *Calvinistes.* ? Je ne dis rien de cette persecution elle même; le Roy verra bien-tôt tout ce qu'il a gagné par cette conduite. Il en coûte dejà la Couronne au Roy d'*Angleterre.* C'est cela qui a attiré sur la France la plus horrible tempête qui se soit jamais formée. L'Eglise est sans doute interessée dans ces troubles non seulement comme membre de l'Etat, mais parce qu'en son particulier elle court risque de souffrir beaucoup, laissant pourtant cela à part, quel sujet n'a-t'elle pas de se plaindre de la violence qu'on lui a faite. On la contraint à recevoir ceux qu'elle doit regarder comme des Chiens & des Pourceaux dans la Bergerie du Seigneur; on la force de profaner ses plus sacrés mysteres, en les exposant à la vûë des incredules : on l'oblige, ce qui fait horreur à dire & à penser, à exposer le precieux Corps de son Sauveur au plus grands de tous les outrages. On contraint l'Eglise de donner la Communion à des gens qui font profession d'abominer nos mysteres. Qui est-ce qui fait cela ? c'est le Roy; le Roy le veut, les ordres en sont donnés aux Evêques, & partout où ils ne s'executent pas, les Ecclesiastiques sont dans la disgrace de la Cour. Les *Calvinistes* ont juste sujet de se plaindre de ces violences. Mais L'Eglise Gallicane en a encore bien davantage de sujet. Les *Calvinistes* communient malgré eux à des especes qu'ils ne considerent que comme du pain & du vin, & ainsi ils ne profanent que des Symboles. Mais l'Eglise est obligée de profaner la Chair & le Sang de son Sauveur, & de les faire manger par des profanes. C'est assurement la derniere violence & une Souveraine impieté. Est-ce une affaire qui soit du ressort d'un Prince temporel ? Le Pape ne devoit-il pas être consulté sur la maniere de la conversion des *Calvinistes* ? ne devoit-on pas sçavoir de lui, si selon les Canons, il est permis de forcer des Heretiques à assister à la celebration de la Messe ? ne devoit-on pas sçavoir de luy pareillement s'il seroit à propos de forcer à la Communion des Gens non persuadés ? au lieu de cela, le Roi de son authorité decide les cas de conscience les plus delicats, sans consulter qu'un Confesseur & quelques Evêques de Cour, & contraint toute l'Eglise Gallicane à se

B

foûmettre à fes décifions. Si ce n'eft pas là opprimer l'Eglife, je n'y entend rien : & aprés cela on trouve mauvais que le Pape ne façe pas retentir fon Palais d'*Alleluya* & qu'il regarde avec affés d'indiffe-rence des converfions faites fans fon authorité & contre les loix de l'Eglife.

Enfin pour être perfuadé de l'oppreffion que fouffre l'Eglife Galli-cane, il n'y a qu'à jetter les yeux deffus. On verra que les prifons font pleines de Prêtres, que plufieurs d'entr'eux fouffrent dans les prifons de miferes extremes, que plufieurs y font morts de faim, de froid & de toutes fortes de calamités. Il faut regarder le trifte êtat & la fituation abjecte où font tous les bas Ecclefiaftiques. Le Roi leve des Tailles fous le nom de Dons Gratuits fur le Clergé, qui l'affechent & qui le rendent miferable. Il eft vrai que les Evêques & tous ceux qui tiennent les grands benefices trouvent des moyens de fe tirer de deffous ce fardeau, mais il n'en devient que plus pefant au Bas Clergé. Les Curés portent le faix ; on augmente les Decimes. Et tel n'a pas le quart de ce qui lui conviendroit pour fe foûtenir en état de faire honneur à l'E-glife, qui doit payer une grande partie de fon petit benefice pour le Roi. Ce qui fait que les Curés font pauvres, & miferables, & meprifés. Au-trefois tout êtoit facré dans l'Eglife, & biens & perfonnes: on n'ofoit toucher à rien de ce qui lui appartenoit fans encourir l'excommunication. Il y avoit fans doute beaucoup d'excés dans ces Immunités étenduës trop loin. Mais aujourd'hui on a pouffé les affaires dans une autre extremité. Il n'y a plus de caractere, ni d'afyle inviolable. La tyrannie fubjugue tout.

LES Parlements font la plus augufte partie de l'Etat, ce font natu-rellement les Temples de la Juftice, les Afiles de l'innocence per-fecutée, & les protecteurs de la liberté publique. Nous verrons dans la fuite quels êtoient autrefois leurs privileges. Aujourd'hui ce font des Compagnies fans authorité & quafi fans honneur, à caufe des baffeffes & des injuftices qu'on les oblige de faire pour plaire à la Cour. Non feulement tous les jours le Roi caffe les arrêts des Cours Souveraines ; mais il violente leurs avis. Aujourd'hui il ne faut plus ni Code, ni Di-gefte, ni Coûtume, les lettres de Cachet font tout le Droit François: quel-que injufte que foit une procedure, il fuffit qu'elle plaife à la Cour pour être authorifée. Le Parlement de Paris êtoit autrefois un rempart contre la tyrannie ; aujourd'hui il en eft le premier inftrument. Il faut qu'il verifie tous les Edits les plus cruels & les plus oppofés au bien de l'Etat, à la liberté & au repos des Peuples. S'il ofoit fe fervir du droit qu'il a de s'oppofer aux Edits & Declarations injuftes, il feroit affuré d'être interdit le l'endemain & fes membres enfoncés dans des cachots. Les Tribunaux inferieurs font tombés dans le même efclavage : les Intendans de Provinces leur ôtent toute leur juridiction. Ils attirent devant eux toute la Juftice. Et quand il faut condamner un Innocent, l'Intendant obtient une commiffion de la Cour. Il ramaffe de plufieurs Prefidiaux les Gens les plus devoüés à la Cour & prononce fuivant les ordres qu'il a receus d'enhaut. Ainfi on fe mocque proprement de Dieu & de la Juftice. On fait des informations, on fait opiner des Juges fur une affaire dejà jugée, & fur des procés qui font venus tout faits de Verfailles. On rend les charges venales, on tire argent de tout : & par ce moien la Juftice elle même fe vend : le Peuple eft confumé par des procedures fans fin, & c'eft ainfi que tout perit.

LA NOBLESSE devroit être la force & l'ornement de l'Etat, il eft certain qu'autrefois elle partageoit prefque la Souveraineté avec les Rois, comme nous le verrons dans la fuitte. Auffi êtoit elle alors la terreur de toute l'Europe, & formoit le plus illuftre corps qui fut au monde. Aujourd'hui elle eft dans un abbatement qui la rend le mefpris de toute la terre. Elle eft reduite à un petit nombre ; ce qui refte eft gueux & miferable. La folle depence que les Rois n'ont pas pris foin de regler comme ils la devoient, peut être caufe en partie de ce defordre. Mais l'oppreffion & la tyrannie du gouvernement en font bien davantage la caufe. Cette Nobleffe avoit autrefois de grands privileges, aujourd'hui elle eft reduite à l'extremité comme le refte de l'Etat, & les privileges des Nobles ne font plus que des ombres & des toiles d'araignées qui ne les mettent à l'abri de rien. Leurs Fermiers & leurs terres payent au Roi des impôts fi exceffifs, que tout le revenu du fonds eft confumé. Sous pretexte de remedier à quelques defordres qui meritoient fans doute qu'on y eût egard, on a envoié des Intendants dans les Provinces qui exercent fur la Nobleffe un Empire infupportable & qui la reduifent en efclavage. Aujourd'hui il faut qu'un Gentilhomme ait droit & demi pour gagner fon procés contre un Payfan. Un Sergeant de Ville fait infulte à fon Seigneur ; & eft affuré d'être protegé dans toutes fes violences. Les

terres & les Fermiers des Gentilshommes bien loin d'être protegés sont
plus chargés que les autres. Un Gentilhomme ne sçauroit plus faire valoir qu'une terre entre ses mains : on peut dire que les autres sont pour
le Roi. Mais helas ! il y a fort peu de Gentilshommes qui se trouvent dans
cet embarras par la pluralité de terres. A peine en ont ils une sur quoi
demeurer. Toute l'ancienne Noblesse de France est reduite à la mendicité.

A la place des anciens Nobles, il vient de nouveaux Nobles qui tirent
leur origine de la faveur de la Cour & des Finances. Ces Gens achêtent
& possedent toutes les plus belles terres du Roiaume, & exercent sur les
anciens Gentilshommes une espece d'Empire Despotique. Quand ils viennent à la Campagne passer quelques mois, toute la Noblesse du Païs
rampe devant eux : & tel qui est d'une maison où l'on n'auroit pas voulu autrefois avoir un Domestique d'aussi basse naissance que le nouveau
Seigneur, se trouve tout heureux de pouvoir trouver place à sa table
pour profiter de quelques repas. C'est ce qui a abâtardi la Noblesse de
France, autrefois si celebre pour son courage & pour sa bravoure : la
pauvreté l'abbaisse. Les nouveaux Nobles n'ont point tiré de leurs Ancêtres le sang qui fait le courage, & les anciens Nobles l'ont perdu par
l'habitude d'esclavage, par la misere & par la bassesse, où leur état
present les engage. D'ailleurs elle est si diminuée, que dans des Cantons
où l'on trouvoit cent Maisons de Gentilshommes qui faisoient figure,
on n'y en trouveroit pas aujourd'hui dix. Le reste est comme abîmé en
terre. On achevé d'atterer les maisons qui subsistent encore par les moyens qui ont ruiné les autres. On ne laisse pas de trouver cette miserable
Noblesse quand il faut aller à l'Arriereban qui est un des moiens dont on
se sert pour l'accabler. Il faut que les Gentilshommes trouvent ce qu'ils
n'ont pas.

Il y a des Provinces où l'on ne trouveroit pas entre la Noblesse
100. Pistoles. Il faut pourtant s'équiper d'armes, de Chevaux &
de Valets pour marcher à l'Arriereban. Vous pouvez juger comment une
telle Troupe peut être équipée & quels exploits on en doit attendre.
Parce que la Noblesse Françoise dans la Minorité du Roy avoit fait paroître quelques bonnes intentions pour le bien public & pour la liberté,
on se promit bien de l'abaisser. On en est venu à bout à un point que
jamais Corps ne se trouva dans une telle bassesse. Il ne se faut point flatter, il n'y a que le changement de gouvernement qui puisse faire chan-

ger les Gentilshommes de condition, & faire remonter l'ancienne Noblesse à ce point de gloire où elle êtoit autrefois.

IL n'y a point de Royaume où il y ait autant de grandes & belles
Villes qu'en France : & c'est ce qui faisoit sa force. Les Villes autrefois se conservoient un peu, à cause qu'elles êtoient le refuge &
la retraite de ceux qui vouloient se soûtraire aux charges excessives des
impôts. La plûpart de ces Villes avoient de beaux privileges, & sur
tout elles joüissoient d'exemption de Tailles. C'est pourquoy aussi-tôt
qu'un bon Paysan ou un Habitant d'une petite Ville avoit acquis quelque bien par son industrie, il se refugioit dans une Ville franche pour
y conserver ce qu'il avoit acquis. Aujourd'hui il n'y a plus d'asile contre
la tyrannie. Les Franchises des Villes, aussi-bien que les privileges des
autres Corps de l'Etat, ne sont que des ombres & des noms. Ce sont
toûjours des Villes franches, on n'y paye pas de Taille ; mais on a
trouvé mille moyens de les accabler & de les ruïner. Les grandes Villes
avoient des revenus, elles avoient en main le fonds de plusieurs particuliers dont elles faisoient rente, elles ne manquoient pas de credit, &
quand elles ont été obligées à des depenses extraordinaires, elles n'ont
eu aucune peine à trouver de l'argent parce que les Maisons de Ville payoient tres-bien leurs rentes, par le moyen des deniers d'Octroy dont
elles joüissoient, & par le pouvoir qu'elles avoient d'imposer sur leurs
Bourgeois de mediocres taxes pour l'entretien du public. Le Roy s'est
saisi de tous les deniers d'Octroy, il a pris tous les revenus des Maisons
de Ville : les particuliers ne sont point payés, on leur retranche tous les
ans quelque chose, & enfin le tout se reduit à rien. On ne sçauroit
conter combien de particuliers sont demeurés ruinés & incommodés par
ce moyen. Les Villes ont entierement perdu leur credit. Elles periroient
qu'elles ne pourroient trouver à emprunter la plus petite somme ; parce
qu'on regarderoit comme perdu tout ce qu'on leur prêteroit. Les Villes ne payent point de Taille, mais on leur demande des subsistances,
des quartiers d'Hyver, des Dons gratuits ; on leve les aysés ; on met des
Impôts sur les Vins, sur les Bleds, sur la marque de l'Argent, sur
celle de l'Estaing, sur le Tabac, sur le Papier, sur les Exploits, sur
le Sel, sur les Bêtes ; & tout cela va bien plus loin que les Tailles. Le
commerce est ce qui fait la richesse des Villes & d'un Etat. Le present
Gouvernement s'est fait une grande affaire & un grand honneur d'am-

meliorer le Commerce de France. Feu M. Colbert avoit pris pour cela
de grands soins. C'eſt dans cette vûë qu'il a fait établir une Compagnie des Indes Orientales ; qu'il a dreſſé des manufactures de Draps,
de Bouraquans, de Camelots & d'autres Eſtoffes étrangeres ; afin
que l'on pût trouver en France tout ce dont on auroit beſoin, & que
nôtre argent ne paſſât pas aux Etrangers. Mais la miſere n'eſt point
diminuée pour cela, & le Commerce au lieu d'augmenter, eſt aneanti : parce que le Commerce ne ſubſiſte que par l'argent qui roule :
or le Roy par les droits épouvantables & exceſſifs qu'il a levés ſur
toutes les marchandiſes a attiré à luy tout l'argent, & le commerce eſt
demeuré à ſec. Il n'y a point de rigueurs & des cruautés qui n'ayent été
exercées par les Fermiers des Doüannes ſur les Marchands ; mille friponneries pour trouver lieu de faire des confiſquations ; des marchandiſes injuſtement arrêtées ſe perdent & ſe conſument. Outre cela certains Marchands par la faveur de la Cour mettent le Commerce en
monopole, & ſe font donner des privileges pour en exclurre tous les
autres, ce qui ruïne une infinité de gens. Et enfin bien loin que la
défenſe des marchandiſes étrangeres ait bien tourné pour le Commerce,
au contraire c'eſt ce qui l'a ruïné. On ne penſe pas que l'ame du Commerce c'eſt l'argent, & que la vie de l'argent eſt dans le mouvement.
Le Commerce ne s'entretient que par le mouvement qui ſe fait de l'argent d'un Païs à l'autre. Nous envoyons aux Etrangers nos Bleds, nos
Vins, nos manufactures, ils nous envoyent leurs Poiſſons ſalés, leurs
eſpiceries & leurs eſtoffes ; & l'argent roule par ce moyen. Nous
avons appris aux Etrangers un ſecret dont ils ſe ſont ſervis pour nous
ruïner. Nous avons voulu nous paſſer de leurs eſtoffes de Laine, ils
ont trouvé moyen d'établir des manufactures de Soye, & d'imiter nos
eſtoffes : ce qui eſt cauſe que ce Commerce eſt entierement ruïné, &
que de ſept ou huit mille mêtiers qui travailloient à Tours, il n'en
reſte pas aujourd'hui huit ou neuf cents. Et tout cela par le pouvoir
Deſpotique & ſouverain qui ſe pique de faire tout à ſa fantaſie, de
donner à tout un nouveau train, & de reformer toutes choſes par un
pouvoir abſolu. La perſecution des Hugenots, autre effet de cette puiſſance tyrannique, a mis la derniere main à la ruïne du Commerce.
Parce que ces gens étoient exclus des Charges, ils s'étoient entierement jettés dans le Commerce, de Bleds, de Vins, de manufactures ;
la perſecution qu'on a exercée contre eux, les a obligés de ſe retirer

& comme ce qu'il y avoit d'argent étoit entre les mains des Marchands Huguenots, ils ont eu beaucoup plus de facilité que les autres à se retirer. Et en se retirant ils ont tiré du Royaume des sommes immenses qui ont tari la source du Commerce. Ceux qui sont demeurés ont fermé leur bourse, ils ne trafiquent plus, ils pensent à faire leurs affaires peu à peu pour preparer leur retraite. C'est ainsi que les Villes sont tombées dans la misere par la tyrannie du Gouvernement, comme le reste du Royaume.

Fin du premier Memoire.

(7)

LES SOUPIRS

DE LA

FRANCE ESCLAVE

Qui aspire aprés la Liberté.

II. MEMOIRE,

Du 20. d'Août 1689.

DE L'OPPRESSION DES PEUPLES;
des Impôts excessifs, & du mauvais employ des Finances.

APRÉS l'oppression de l'Eglise, de la Noblesse, des Parlements & des Villes, il faut voir l'oppression du Peuple. Il est bon d'apprendre premierement que dans le Gouvernement present tout est Peuple. On ne sçait plus ce que c'est que qualité, distinction, merite, naissance. L'autorité Royale est montée si haut, que toutes les distinctions disparoissent, toutes les lumieres sont absorbées. Car dans l'élevation où s'est porté le Monarque tous les Humains ne sont que la poussiere de ses pieds. Ainsi sous le nom de Peuple on a répandu l'oppression & la misere jusque sur les parties les plus nobles & les plus relevées de l'Etat. Cette oppression des Peuples se fait premierement par le prodigieux nombre d'Impôts & par les levées excessives de

C

deniers qui se font par toute la France. C'est une science aujourd'hui en France que celle des Impôts & des Finances, & il y faut être habile pour en parler pertinement. Mais il suffit que nous en disions ce que nous en sentons tous, & ce que le Peuple en sçait. Il y a Taille Personelle, Taille Réelle. Il y a Impôt sur le Sel, sur les Vins, sur les marchandises, sur les fonds, sur les rentes. Ce siecle malheureux a produit un volume de noms dont la plûpart êtoient inconnus à nos Ancêtres : ou si quelques-uns de ces noms êtoient connus, ils n'êtoient pas odieux à cause de la moderation avec laquelle on imposoit & on levoit les tributs. Aujourd'hui mille canaux sont ouverts par lesquels on tire le sang du Peuple & des Sujets pour le faire couler dans l'abîme de la cupidité insatiable & de l'ambition demesurée du Prince. Cela s'appelle Taille, Gabelle, Aydes, Domaines, Doüanes, Taillon, Subsistance, quartier d'Hyver, Garnisons, Marques de l'Argent & de l'Estaing, Papier timbré, franc Séellé, Impôt sur le Tabac, Controolle des Exploits, Greffe des affirmations, Aysés, Francfiefs, Recherches par les Cours de Justices, Droits sur les Bois, Entretiens des Turfies & Levées, Droits des Eaux & Fôrets, Ban & Arriereban dont on ne se rachête qu'en payant, Parties Casuelles, Ventes de charges de Justice, Police & Finance, Creation de nouvelles rentes, Creation de nouveaux Offices, Polette, Finances pour la conservation des charges, Taxes sur ceux qui ont manié les affaires du Roy, & une infinité d'autres qui ne nous viennent pas dans la memoire ; ou que nous ne sçavons peut-être pas ; parce que cela n'est gueres connu que par ceux qui y sont interessés. Et il n'est d'aucun usage pour mon but de vous faire connoître le détail de ces Impôts pour vous en faire sentir l'injustice & le poids. Il suffira pour la fin que nous nous proposons de vous faire connoître l'horrible oppression de ces Impôts. 1. Par les sommes immenses que l'on tire. 2. Par les violences & les excés qui se commettent pour les lever. 3. Par le mauvais usage que l'on en fait. 4. Et enfin par la misere où sont reduits les Peuples.

Premierement, chers & malheureux Compatriotes, vous devés sçavoir que les Impôts qui se tirent sur vous, font une somme peut-être plus grande que ce que tous les Princes de l'Europe ensemble tirent de leurs Etats. Une chose est constante, c'est que la France paye deux cents millions d'Impôts, dont à peu prés les trois quarts vont dans les coffres du Roi, & le reste va pour les frais de la recepte, pour les Fermiers, pour les

Officiers , pour les Gardes , pour les Receveurs , pour les gains des
Financiers , & pour bâtir de nouvelles fortunes qui se font presqu'en
un jour. Pour la levée du seul Impôt du Sel il y a une grande Armée
d'Officiers & d'Archers. Or je pose en fait, & je voudrois prouver
sur le peril de ma vie , que les Rois d'Espagne , d'Angleterre , de Suede,
de Danemarck , l'Empereur , tous les Princes d'Allemagne & d'Italie,
les Republiques de Venise & de Hollande , hors les temps de guerre ,
ne tirent pas de leurs Etats deux cents millions de tributs ordinaires. La
chose est notoire , & je ne crois pas que personne la revôque en doute.
Je vous prie faites attention à ceci , & voyés s'il y eut jamais prodige
de tyrannie qui soit allé jusques-là. Il ne faut point dire , c'est que la
France est aussi grande que le reste de l'Europe , car elle n'en fait pas la
dixiéme partie. Il ne faut pas dire non plus que c'est une marque de sa
richesse. Car la France a ses Landes & ses Deserts tout comme les autres Pays. Elle a de tres bons Cantons & tres fertiles , mais les autres Païs
en ont aussi. Elle n'a rien qui approche de la fertilité de la Flandres &
de la Hollande , ou de la Hongrie. Si elle a moins des terres incultes
que l'Espagne , elle en a tout autant que l'Allemagne & l'Italie. Ainsi
il n'y a point d'autre cause de ces immenses revenus de la Couronne ,
que la violence & la tyrannie du Gouvernement. C'en est là une preuve
sensible & à laquelle il n'y a rien à répondre. La Cour tire tous les ans
du Royaume peut-être quatre ou cinq fois plus qu'il n'y a d'argent dans
le Commerce. Et si le Thresor avoit tout à la fois tout ce se tire de
l'Etat , il n'y auroit pas un seul sol dans le reste du Royaume. Ainsi il
faut que tout ce qu'il y a d'argent dans la France passe quatre ou cinq
fois , tout au moins , par les mains des Officiers du Roy.
Si la tyrannie est évidente & claire dans les sommes immenses qui se
levent sur la France , elle ne l'est pas moins dans la maniere de les lever.
Les Peuples ont établi des Rois pour conserver les personnes , la vie , la liberté & les biens des particuliers. Mais le gouvernement de France est
monté à cét excés de tyrannie qu'aujourd'huy le Prince regarde tout comme luy appartenant en propre. Il impose des tributs & tels qu'il luy plaist
sans consulter ni Peuples , ni Grands , ni Etats , ni Parlements. Je m'en
vais vous dire une chose qui est certaine , que mille gens sçavent , quoi
que la plûpart de nos François l'ignorent: sous le ministere de M. Colbert
il fut mis en deliberation si le Roi ne se mettroit pas en possession actuelle
de tous les fonds & de toutes les terres de France, & si on ne les reduiroit

C 2

point tout en Domaine Royal, pour en joüir & les affermer à qui la Cour jugeroit à propos, sans avoir égard ni à l'ancienne possession, ni à l'heredité, ni aux autres droits. Precisement comme les Princes Mahometans de Turquie, de Perse & du Mogol se sont rendus maîtres en propre de tous les fonds, & dont ils donnent la joüissance à qui bon leur semble, mais seulement à vie. Monsieur Colbert envoïa querir un fameux voyageur * qui avoit passé plusieurs années dans les Cours de l'Orient, & le questionna longtemps sur la maniere dont ces biens s'administroient. Et c'est ce qui obligea le voyageur à donner au Public une lettre addressée à ce Ministre, dans laquelle il prit a tâche de faire voir que cette malheureuse tyrannie est cause que les plus beaux pays de l'Orient sont devenus des deserts ; personne ne possede plus aucun fonds en propre, c'est pourquoi personne ne pense à entretenir les fonds. On en tire autant qu'on peut & on les épuise, parce qu'on sçait qu'on ne les possede qu'à vie. Cela même est cause que les hommes se marient peu, n'ont que des Concubines & se repandent en mille sales voluptés steriles ; parce qu'ils n'ont point à cœur d'élever des familles, auxquelles ils n'ont rien à laisser. Voyés je vous prie où vous en êtes, & quel est le gouvernement sous lequel vous vivés ; quand il viendra un Administrateur des Finances qui sera un degré plus hardi que n'étoit Colbert, on vous arrachera en un jour tous vos heritages, vous deviendrés fermiers & vous payerés au Prince la rente de tous vos propres. Le plus fort est déja fait : déja le Prince s'est persuadé qu'il est en droit de faire cela : les considerations de conscience sont aneanties. Il n'a été retenu que par des raisons d'Etat ; soyés assurés que les raisons d'Etat ne sont pas des verités eternelles, & qu'elles changent quand l'occasion s'en presentera.

Combien d'excés & de violences s'exercent dans la levée des Impôts ? le plus petit Maltotier est une personne sacrée, qui a un pouvoir absolu sur les Gentilhommes, sur le membres de la Justice & sur tout le Peuple. Un coup donné est capable de perdre le plus puissant des Sujets. On enleve des Maisons, Meubles, Bêtail, Argent, Bleds, Vins, & tout ce qui trouve. Les prisons sont pleines de miserables qui sont obligés de répondre des sommes qu'ils ont imposées sur d'autres miserables, qui ne sçauroient payer ce que l'on exige d'eux. Est-il rien de plus dur & de plus cruel que l'Impôt du Sel ? On fait achêter dix ou douze sols la livre une chose que la Nature, le Soleil & la Mer nous donnent pour rien, & qu'on pourroit avoir pour deux liards. Sous prétexte d'exercer les droits du Sel, le Ro-

* Bernier.

yaume eſt couvert d'une grande Armée de Scelerats, qu'on appelle *Archers de la Gabelle*, qui vont dans les maiſons, percent avec authorité dans les lieux les plus ſecrets, & ne manquent pas de trouver du faux Sel, où ils croient qu'on peut trouver de l'argent. On condamne des miſerables à des ſommes immenſes, on les fait pourrir en priſons, on ruïne des familles. On impoſe le Sel en la plûpart des lieux, & on en donne à chaque famille plus trois fois qu'elle n'en peut conſumer. Dans les Païs du voiſinage de la Mer, on ne veut pas que le pauvre Païſan emporte de l'eau de la Mer, on caſſe les Cruches, on bat les Gens, on les empriſonne : en un mot, il n'y a pas de violences qui ne ſe commettent par là, auſſi-bien que par la levée des autres Impôts, qui ſe fait avec des frais horribles, des ſayſies de fruits, des empriſonnements, des plaidoyers, devant les Elus & la Cour des Aydes : frais qui vont au delà du principal. On met dans la main des canailles un moyen de ſe vanger de leurs ennemis & de mortifier les honnêtes gens. Un Collecteur impoſe un homme à la taille deux ou trois fois au de là de ſon revenu. Comment ſe pourvoir? il faut payer par proviſion les trois ou quatre cents écus à quoi eſt taxé un homme qui n'en poſſede pas la moitié de revenu : après on peut ſe pourvoir, c'eſt à dire monter de Barreau en Barreau juſqu'à une Cour Souveraine, playder trois ou quatre ans, conſumer en frais de Juſtice trois fois autant que ne vaut le principal, & au bout de tout cela ne rien retirer : car ceux qui manient les affaires du Roi & qui exercent ſes droits ont toûjours raiſon. La France eſt un des Païs du Monde le plus abondant en Vins, & c'eſt ce qui faiſoit autrefois ſa richeſſe. Mais c'eſt ce qui fait aujourd'hui ſa pauvreté. Les Impôts ſur les Vins, (tant les Vins qui ſe tranſportent que ceux qui demeurent) ſont ſi grands qu'ils abſorbent preſque tout, & le Proprietaire n'a rien.

Voilà comment toute la France eſt reduite à la derniere pauvreté. Dans les Regnes precedens, c'eſt à dire depuis le Miniſtere du Cardinal de Richelieu, & ſous celui du Cardinal Mazarin, la France étoit dejà chargée de grands Impôts. Mais la maniere dont on les levoit, quoi qu'elle ne fut pas trop juſte, épuiſoit cependant beaucoup moins le Royaume, que la maniere dont on les leve aujourd'hui. En ce tems là, *credit & protection* avoient lieu. Le Gentilhomme qui avoit du credit protegeoit ſa paroiſſe, & ſur tout ſes fermiers & faiſoit diminuër leurs tailles. Le grand Seigneur garantiſſoit ſes Vaſſaux de l'oppreſſion, le Jüge & le Magiſtrat avoit ſes Gens qu'il maintenoit. Il y avoit peu de perſonnes riches qui ne ſe fiſſent des amis pour ſe garantir de l'oppreſſion. Ainſi tout le fardeau tomboit ſur les

Gens sans protection & sans amis; qui à la verité étoient tout à fait miserables. Mais au moins il restoit dans le Royaume un grand nombre de
Gens qui étoient à leurs ayses, & qui faisoient honneur à l'Etat. Le gouvernement d'aujourd'hui a succedé à celui-là. M. Colbert a fait un projet de
reformation de Finances, & l'a fait executer à toute rigueur. Mais en quoi
consiste cette reformation ? ce n'est pas à diminuër les Impôts pour le sou-
lagement du Peuple. C'est à les augmenter de beaucoup, en les repandant
sur tous ceux qui s'en mettoient autrefois à couvert par leur credit & par
celui de leurs amis. Le Gentilhomme n'a plus le credit pour obtenir la di-
munition de taille à sa Paroisse, ses fermiers payent comme les autres &
plus. Les Officiers de Justice, les Seigneurs & autres Gens de caractere
n'ont plus aujourd'hui de credit au prejudice des deniers du Roi. Tout paye.
Voilà un grand air de Justice. Mais qu'est-ce que cette belle Justice a produit ? elle a ruiné tout le monde. Les miserables que les Impôts avoient
jetté par terre dans les années precedentes ont été dechargés, mais cette de-
charge ne peut rien contribuer à les relever. Ils n'ont plus rien, de rien on
ne fait rien. Et de plus les charges qu'on leur a laissées, quoi qu'un peu
moindres, sont plus que suffisantes pour les empêcher de se relever. Cependant ceux qui avoient de la protection, n'en ayant plus, ils portent le fardeau à leur tour. Et par cette voye tout est ruiné sans exception. Voilà à
quoi revient cette grande habileté dans les Finances qu'on a tant vanté dans
feu M. Colbert. Il a augmenté les revenus du Roi de plus de la moitié.
Premierement il a augmenté les Impôts. Secondement il en a assigné la
levée sur tout ce qu'il y a de Gens aysés dans le Royaume, & enfin il a re-
tranché les grands gains des Financiers. Il a poussé les fermes du Roi à toute extremité. On ne laisse plus rien à gagner à ceux qui exercent les droits
du Roi; on tire tout. C'est à peu près la même methode par laquelle il a
fait rendre aux Gens d'affaires tout ce qu'ils avoient pris dans le Ministere
precedent: on a erigé des Cours de Justice, dans lesquelles on a fait venir à
conte le Surintendant Foucquet, tous les Intendans des Finances, Thresoriers de l'Epargne, Traitants, Fermiers, Receveurs, jusqu'à de petits Commis. On leur a fait rendre tout ce qu'ils avoient pris & tout ce qu'ils n'a-
voient pas pris; avec des violences & des injustices inoüies. La seule Justice qu'il y a eu dans cette poursuite, c'est que ces Messieurs qui avoient fait
de grandes injustices aux particuliers, ont passé par les mêmes injustices sous
l'authorité du Roi & du Gouvernement. C'est ainsi qu'on exige & qu'on
leve les Impôts, si cela n'est la derniere tyrannie, j'avoüe que je n'y entêds rien.
Aprés cela si nous considerons l'usage que l'on fait de ces sommes im-

menfes qu'on leve avec tant d'excés & tant d'exactions, on y verra auffi
tous les caracteres de l'oppreffion & de la tyrannie. Il arrive quelquefois
que les Princes & Souverains font des levées qui paroiffent exceffives &
qui en effet incommodent extremement les particuliers. Mais c'eft quand
ils y font forcés, par ce qu'on appelle les befoins & les neceffités de l'Etat :
en France ce n'eft rien de femblable. Il n'y a ni *befoins* ni *Etat* : point d'E-
tat, autrefois l'Etat entroit par tout; on ne parloit que des interêts de *l'Etat*,
que des befoins de *l'Etat*, que de la confervation de *l'Etat*, que du fervice de
l'Etat. Aujourd'hui parler ainfi, feroit au pied de la lettre un crime de Lefe-
Majefté. Le Roi a pris la place de l'Etat. C'eft le fervice du *Roi*, c'eft l'interêt du *Roi*. C'eft la confervation des Provinces & des biens du *Roi*. Enfin le
Roi eft tout, & l'Etat n'eft plus rien. Et ce ne font pas feulement des parolles & des termes, fe font de réalités: on ne connoit plus à la Cour de France
d'autre interêt que l'interêt perfonel du Roi, c'eft à dire fa grandeur & fa gloire. C'eft l'Idole à laquelle on facrifie les Princes, les grands, les petits, les
Maifons, les Provinces, les Villes, les Finances, & generalement tout. Ce
n'eft donc pas pour le bien de l'Etat que fe font ces horribles exactions; car
d'*Etat* il n'y en a plus. Ce n'eft pas non plus pour les *befoins*. Car jamais la
France n'en a eu moins, excepté depuis quelques mois. Depuis trente ans,
elle n'a eu d'ennemis, que ceux qu'elle s'eft faits de gayeté de cœur. Elle
pouvoit vivre dans une parfaite tranquillité. Toutes les puiffances de l'Europe qui lui pouvoient faire de l'ombrage, étoient abbaiffées. Les Thrônes
étoint poffedés ou par des Princes enfants, ou par des Souverains d'une capacité mediocre & d'une humeur tranquille, exempte d'ambition. Les Traités de Munfter & des Pirennées avoient étendu fes Frontieres & mis à
couvert fes anciennes Provinces par les nouveaux Païs qu'on lui avoit ce-
dés. Jamais la France ne vit un temps fi favorable & fi propre à vivre heu-
reufe & à devenir riche & puiffante. Et au contraire jamais fa mifere & fon
efclavage ne font montées à un fi haut point. Ce n'eft donc point à la défendre & à repouffer les invafions de l'ennemi que fon argent a été emploié.

Cet argent eft emploié uniquement à nourir & à fervir le plus grand
amour propre & le plus vafte orgueil qui fut jamais. C'eft un abîme fi
vafte qu'il auroit englouti non feulement le bien de tout le Royaume,
mais celui de tous les autres Etats, s'il avoit pû s'en faifir, comme il a effayé
de faire. Le Roi s'eft fait donner plus de faux encens que tous les Demi-
Dieux des Payens n'en ont eu de veritable. Jamais on ne pouffa la flaterie
à ce point. Jamais homme n'a aimé les loüanges & la vaine gloire au
point que ce Prince l'a recherchée. Il nourrit dans fa Cour & autour de lui

une foule de flateurs, qui encherissent les uns sur les autres. Non seulement il permet qu'on lui erigé des * Statuës sur le pied desquelles on grave des blasphemes à son honneur, & au bas desquelles on attache toutes les Nations du Monde enchaînées. Mais lui même se fait mettre en or, en argent, en bronze, en cuivre, en marbre, en toile, en tableaux, en peintures, en arcs de triomphes, en inscriptions. Il remplit tout Paris, tous ses Palais, & tout le Royaume de son nom & de ses faits ; comme s'il avoit laissé mille lieuës derriere lui les Alexandres, les Cesars & tous les Heros de l'Antiquité. Et le tout pour avoir enlevé à un Prince mineur & foible trois ou quatre Provinces, pour avoir sceu profiter des divisions de l'Empire & du peu d'union & d'intelligence qui est entre ses membres, pour avoir dépoüillé un pauvre Duc ; pour avoir achété plusieurs places importantes ; pour avoir desolé la moitié de son propre Royaume par la persecution du Calvinisme. Voilà à quoi se reduit la grandeur de Loüis le Grand, c'est à un amour propre d'une grandeur immense. Et c'est cette passion énorme qui devore tant de richesses & à laquelle on fait tant de Sacrifices.

On emploie donc les revenus immenses de la Couronne, premierement à des bâtiments sumptueux pour la gloire du Roi. On ne sçaura jamais ce qu'a coûté Versailles. Quand on le sçauroit, & qu'on le diroit, la posterité n'en croiroit rien. Il ne coûte rien de bâtir & d'élever des masses superbes avec des frais prodigieux, puis le jetter par terre, pour les relever sur un nouveau plan sorti du caprice d'un Architecte venu de je ne sçai où. Ses Ancêtres n'étoient pas assés bien logés. Le Louvre, Fontaine-Bleau, S. Germain étoient trop petits pour loger un tel Prince. Il faut quelque chose plus grand & plus magnifique que tout cela. Afin que la grandeur du Roi parût davantage, il a falu bâtir ce magnifique Palais dans un lieu disgracié de la nature, & y amener tous les ornemens dont il étoit privé avec des depenses prodigieuses. C'est un lieu sec & sans eau, & pour y amener des eaux il faut changer la face de la nature, faire des vallées où il y avoit des montagnes, élever les eaux jusqu'aux nüés, détourner le cours des rivieres, faire des Etangs & des Lacs dans des lieux où il n'y avoit que des Landes. Qui pourroit conter les millions d'or qui ont été consumés, & les milliers d'hommes qui sont peris au seul travail de la Riviere d'Eure ? n'est-ce pas un grand plaisir pour un Etat qui sent tirer de ses veines jusqu'à la derniere goute de son sang, & arracher ses entrailles de son sein, de les voir emploier à ériger des monumens éternels à la vanité du Prince ? ne sera ce pas un solide avantage pour le Royaume, quand on dira quelque jour c'est

---

* *La statuë de la place des Victoires avec cette inscription* Viro Immortali.

en ouvrage de Loüis le Grand ; il y a consumé deux ou trois cents millions, il a forcé la nature, il a enterré plus de plomb dans les entrailles de la terre, qu'on n'en tire des Mines en plusieurs années. Il n'a rien épargné pour l'enrichir de marbres, de dorures, de peintures, de riches meubles, de precieux joiaux qu'on a acheté & fait venir de toutes les parties du Monde ? après cela qui est-ce qui pourroit avoir regret à son argent, à ses meubles, à ses fonds, qu'on s'est vû arracher par les exactions ?

Un si grand Prince, si superbement logé ne peut pas faire une mediocre depense dans une si grande maison. C'est pourquoi il faut consumer là dedans en tables, en Officiers, en Maîtresses, en trains qu'on leur entretient, en fortunes que l'on fait à leurs parents, en fêtes, en Operas, en Comedies, en Ballets, en ce qu'on appelle des appartements, en presents à des femmes & à des favoris, en gardes, & en pensions, il faut, dis-je, depenser une fois ou deux plus qu'on ne depensoit autrefois à l'entretien des armées & des places Frontieres de l'Etat. N'est-ce pas là bien placer l'argent du Royaume : peut-on douter que le Roi ne soit tout, & que son amour propre ne soit la Divinité à laquelle on sacrifie tout ? Le Roi fait quelques depenses qui semblent être pour le public : il a fait faire un Canal pour la jonction des deux Mers. C'est pour la commodité du Commerce. Je ne sçai si ce Prince est lui même la duppe de son cœur. Mais personne ne doute que cette prodigieuse entreprise qui ne sçauroit jamais reüssir, n'ait été formée par un principe de vaine gloire ainsi que le reste. C'est pour laisser à la Posterité un monument de sa grandeur par les prodigieuses depenses qu'on aura faites à un tel ouvrage. Il est vrai qu'il ne subsistera pas, & que les ravines le ruïneront la premiere année qu'on le negligera ; & qu'enfin on l'abandonnera parce que la depense de l'entretien surpassera de beaucoup le profit. Mais n'importe ; ce seront de grandes ruïnes qui marqueront la grandeur de l'ame de celui qui en a formé le projet, & sur lesquelles on écrira   *Quem si non tenuit, magnis tamen excidit ausis.*

Voulés vous sçavoir un autre article de depence qui consume des sommes prodigieuses ? Ce sont les liberalités immenses qui se font aux favoris, c'est à faire des Creatures & des nouveaux Princes dans le Monde. Une Maison de Tellier possede peut-être quatre vint ou cent millions de fonds; la Maison de Colbert en a à peu prés autant, & les autres à proportion. Il y a tel sujet en France beaucoup plus riche que ne sont plusieurs Souverains de l'Europe, qui y font pourtant une tres belle figure. Si l'on avoit égard à l'Etat, & à ses interêts, on ne pourroit pas plus mal placer des depenses.

Car les nouveaux Grands qui sortent de la poussiere & qui montent jusques prés du Throne ne servent qu'à abbattre les Maisons anciennes, & à les aneantir. Ce sont les Tyrans de l'Etat & les Sangsües. Il seroit beaucoup plus utile que le bien fût repandu dans le public que d'être ramassé dans un particulier. On peut dire que c'est un bien perdu pour le Royaume ; car de ces grands reservoirs où le Roi fait couler toute la substance de ses Sujets, il n'en sort plus rien pour le bien de l'Etat ; puis que ces grandes Maisons sont exemptes de tous les frais. Enfin il y a de l'injustice à reduire tant de familles à la mendicité, pour faire vivre des Gens d'une basse ou d'une mediocre naissance dans une abondance Royale, & au milieu de mille superfluités. Mais n'importe cela fait, & cela prouve la grandeur du Prince. Ce sont des Colosses qui montrent la vaste imagination & la grande capacité de l'Ouvrier. On montrera quelque jour ces superbes Maisons de nouvelle erection, & on dira, voila les ouvrages de Loüis le Grand, jugés combien étoit Grand celuy qui les a faits. Si ce n'est qu'une maligne Etoille ne se leve avec le Successeur qui verse sur ces têtes nouvellement élevées des influences toutes semblables à celles qui ont desolé les Fouquets & ses pareils, ce que chaque particulier espere pour sa consolation & pour sa vengeance.

Venons enfin aux dépenses qui paroissent les mieux placées. Le Roi depense infiniment en pensions. A peine y a-t'il un Prince dans l'Europe auquel il ne se soit rendu Tributaire. Où il ne peut gagner le Prince luimême par argent, il gagne des Favoris, des Ministres & souvent la Princesse qui dort dans le sein du Souverain ; on leur paye de grosses pensions ; on leur fait de riches presents, & par ce moïen on regne par tout. Le Roy depense infiniment en Armées & en troûpes. Il entretient au milieu de la Paix plus de troûpes que les plus belliqueux de ses Ancestres n'en ont entretenu dans les plus cruelles guerres. Il fait des guerres à ses voisins qui lui reviennent toûjours à profit. Dans les guerres il traine aprés lui des Armées prodigieuses, mais aussi il a augmenté le Royaume de cinq grandes Provinces, l'Alsace, la Franche-Comté, la Lorraine, le Luxembourg, & la Flandres, qui font un Royaume & rendent la France la terreur de toute l'Europe. Peut-on faire des dépenses mieux employées, & doit-on avoir regret à ce qu'on a perdu, puisque le public y gagne tant ? En effet c'est une dépense bien faite en supposant le principe sur lequel on bâtit aujourd'huy à la Cour, *que le Prince est tout, que le Peuple n'est rien, & que tout doit tendre uniquement à la grandeur du Roy*, car certainement tout cela sert à composer le surnom de Grand qu'on ajoûte au nom de

2. Mais si au lieu de ce faux principe nous supposions le veritable principe qui est, que le bien de l'Estat & du Public doit être la souveraine Loi, il se trouveroit que ce qu'on appelle la gloire de la France, est le plus grand de tous ses maux. Parce que ces conquêtes (dont on se fait tant d'honneur) sont injustes, odieuses & onereuses à l'Etat. *Elles sont injustes.* Nôtre argent & nos forces ont servi à enlever trois Provinces à un Roi pupille, sous je ne sçay quel titre. Et en vertu de certain droit des enfans des premiers Mariages, qui n'a vigueur qu'en quelques lieux du Brabant, qui ne regarde que les particuliers; & auquel même on avoit renoncé en épousant la fille d'Espagne, par un acte aussi exprés & aussi solemnel qu'on en ait jamais fait. On employe nôtre argent à gagner des Ministres dans les Cours étrangeres, afin qu'ils persuadent leurs Maîtres de nous vendre des Places. C'est ainsi qu'on a acquis Dunkerque des Anglois, & Casal du Duc de Mantoüe, qui ont coûté tant de millions. On employe nos Finances à païer des traitres qui nous vendent des Villes, ou qui nous en facilitent la conquête. C'est ainsi qu'on a acquis Strasbourg & la plûpart des Païs conquis. Enfin on employe l'argent à entretenir des Armées nombreuses & pour soûtenir des guerres injustes qui rendent le nom François odieux à toute l'Europe, qui persuadent que la France tend à la Monarchie universelle, & qu'elle y veut arriver par les infidelités, les trahisons, les violences, la violation des Traités les plus saints, des Paix, des Capitulations; par des barbaries inoüies, par des incendies, & des desolations effroiables. Quand les conquêtes nous vaudroient quelque chose, les faudroit-il achêter à ce prix ?

Mais de plus qui ne voit que les conquêtes au lieu de faire la grandeur de l'Etat, font sa ruine & lui sont onereuses? Nous sommes fous & c'est nôtre follie qui soûtient nôtre Esclavage. Quand le Roi gagne une bataille, prend une Ville, subjuge une Province, nous faisons des feux de joie, & il n'y a pas un petit particulier qui ne s'imagine être monté d'un pied & qui n'attache la grandeur du Roi à sa propre idée. Cela le recompense de toutes ses pertes & le console de toutes ses miseres. Et il ne considere pas qu'il perd à mesure que le Roi gagne. Premierement la grandeur d'un Prince fait toûjours la misere de ses Sujets. Car plus un Prince est puissant, plus il s'abandonne à ses passions, parce qu'il les satisfait avec plus de facilité. Or l'ambition, l'avarice, le luxe, la depense sont toûjours les passions des Grands, plus ils ont de facilité à opprimer plus ils oppriment. Aussi voit-on que les Sujets des Princes puissants en domaines, en argent, en Provinces, en armes, sont toûjours les plus miserables & les plus oppressés. Qu'on voie dans l'Orient comment les Gens vivent sous ces puissants Empereurs de Turquie, de Perse, & du grand Mogol. Il est donc de l'interêt des Peuples de tenir leurs Rois dans une mediocrité de puissance, afin qu'ils ne puissent opprimer leur liberté. Secondement je voudrois bien que nos François qui se font tant d'honn ur de cinq ou six Provinces & de plus de deux cents places que le Roi a conquises ou bâties depuis Dunkerque jusqu'à Bâle, je voudrois dis-je, qu'ils me dissent aux depends de qui ces Provinces sont conservées, gardées, &

maintenües! Les nouveaux Sujets font des Lions & des Loups qu'on tient par les oreil-
les , ils grincent les dents, & font toûjours prêts à devorer auffi-tôt qu'ils y verront du
jour.. Ils ont en horreur la domination Françoife , & ne cherchent que des jours à fecoüer fon joug. Il faut donc toûjours les garder. Auffi ne s'eft-on pas contenté des
vieilles Citadelles qu'on a trouvées dans les Provinces conquifes; on en a bâti des nouvelles, partout dans la Flandres , fur la Sarre, fur le Rhin , & jufqu'aux portes de Bâle.
Combien de Garnifons , combien de Gouverneurs faut-il entretenir ? Je pofe en fait,
que le Roi ne tire pas de ces Païs conquis le demi quart de ce qu'il faut pour les conferver. Qui eft-ce qui fournit le refte ? N'eft-ce pas l'ancien Domaine de la Couronne ? Ne
font ce pas les anciennes Provinces ? Voilà donc ce que gagnent les Provinces de Normandie , de Bretagne, de Champagne, de Guienne, de Languedoc, &c. Il faut qu'elles
trouvent 30. ou 40. millions pour payer la grandeur du Roy & pour conferver fes
conquêtes. Enfin pour être pleinement convaincu combien ces nouvelles conquêtes
font onereufes à l'Etat , voyés la jaloufie des voifins : quand ces nouveaux fujets feroient bien domtés & accoûtumés à obeïr au Roi , fes voifins s'accoûtumeroient-ils à
lui voir poffeder leur bien & leur ancien patrimoine ? Ne craindra-on pas en lui laif-
fant ce qu'il a déja pris de lui donner le moyen de prendre ce qu'il n'a pas encore ? A
aller auffi rapidement qu'a été le Roi , dans 20. ans, la France feroit maitreffe de l'Europe. On comprend bien cela , & c'eft ce qui portera toûjours nos voifins à faire des
Ligues , & à conjurer nôtre perte. Vous voyés l'effet de la Prophetie. D'où vient cette
épouvantable Ligue de tous les Princes Chrêtiens , qui confpirent unanimement à nôtre perte , que de la jaloufie que leur donne la grandeur du Roi ? Il faudra donc que
la France entretienne perpetuellement de grandes Armées. Et qui les payera ? Ce ne fera pas le Païs nouvellement conquis : au contraire on le menagera , afin qu'il ne fe
joigne pas à nos Ennemis; & de plus on le regardera comme affés fâché , parce qu'il
fera le Théatre de la Guerre. Ainfi c'eft l'ancien Royaume de France qui portera tous
les fardeaux , & qui déja fe trouve accablé du poids de ces nouvelles conquêtes. Voilà
quel ufage on fait de ces Finances & des fommes immenfes qu'on tire de vous.

   Il reftera pour le deffein que j'ay de vous faire fentir l'oppreffion où font les Peuples par les Impôts , de vous dépeindre les miferes où la France a été reduite par là.
Mais c'eft un objet fur lequel il eft bon de tirer le rideau. Il n'en faut rien dire , parce
qu'on n'en fçauroit affez dire. Il faut y être comme nous y fommes pour en bien parler. Le Roiaume eft fi diminué à parler generalement qu'on y trouveroit un quart ou un
tiers moins d'habitants qu'il n'y en avoit il y a cinquante ans. A l'exception de Paris
où tout le monde accourt, comme à un Afile, & qui à caufe de cela augmente tous les
jours , les Villes font diminuées de la moitié en richeffes , & en habitans. Quelques-
unes s'étoient enrichies par le Commerce. Mais la chûte du Commerce les entraine. Les
autres Villes, fur tout les petites, font demi defertes. Telle qui payoit au Roi trente ou
quarante mille livres , ne fçauroit en trouver dix. La Campagne eft defolée, les Bourgs
& les Villages font pleines de mazures, plufieurs terres font incultes faute de Gens pour
les cultiver ; le Païfan vit de la maniere du monde la plus miferable; auffi font ils noirs
& bazanés comme les efclaves de l'Afrique , & tout ce qui eft en eux parle de leur mifere. L'argent ne fe trouve plus dans les Provinces, la Nobleffe eft gueufe, le Bourgeois
eft à l'étroit. Ceux qui ont quelque argent s'en cachent, comme s'ils receloient chez eux
un criminel d'Etat. On ne voit plus d'argent que celui qui roule pour aller dans les Coffres du Roi.

Fin du fecond Memoire.

LES SOUPIRS

DE LA

FRANCE ESCLAVE

Qui aspire aprés la Liberté.

III. MEMOIRE,
Du 15. de Septembre 1689.

LES TRISTES EFFETS DE LA PUIS-
sance Arbitraire & Despotique de la Cour de France :
Que cette puissance est tout aussi Despotique que celle
du GRAND SEIGNEUR.

NOUS vous avons fait voir jusqu'ici l'état d'Oppression où sont l'Eglise, les Parlements, la Noblesse, les
Villes & les Peuples de France ; les effroyables Impôts
par lesquels on épuise le Royaume, le malheureux
usage que l'on fait des Finances, & de tant de sang qui
sort des veines des Sujets. Il faut considerer presentement la source de ces malheurs & de plusieurs autres que nous n'avons
point encore touchés. C'est la Puissance Despotique & le Pouvoir Arbitraire, absolu & sans limites que les Rois de France s'attribuënt, & que
Loüis XIV. a exercé & exerce d'une maniere à faire trembler tous les
Païs qui ont des Rois. Le Roy de France ne se croit lié par aucunes
Loix, sa volonté est la regle du bon & du droit, Il croit n'être obligé à

E

rendre conte de sa conduite qu'à Dieu seul, il se persuade qu'il est le maître absolu de la vie, de la liberté, des personnes, des biens, de la Religion & de la Conscience de ses Sujets. Maxime qui fait fremir & qui saisit d'horreur, quand on en considere les consequences, & que sous ses yeux ont voit les suites presentes ! Qui ne fremiroit en pensant que la vie & la mort, la bonne & la mauvaise fortune de tant de millions d'hommes dependent du caprice d'un seul ? Et qui ne verseroit de larmes en regardant tout un grand Royaume reduit dans une si grande oppression, & tant de millions d'hommes reduits à une si profonde misere pour satisfaire les passions d'un seul homme ? Dans la suite nous vous ferons voir que ce Pouvoir Despotique est si opposé à la raison qu'on le peut appeller *insensé*, si opposé à l'humanité qu'on le peut appeller *brutal*, & *inhumain*, si opposé même à l'esprit du Christianisme qu'on le peut appeller *Anti-Chrétien*. Pour le present il nous suffira de vous faire voir les tristes effets qu'il produit en France, & comment on l'y exerce aux yeux de toute la Terre. ▬

C'est le pouvoir Despotique qui a fait décendre l'Eglise Gallicane dans l'oppression où elle est. Tous les Princes Chrêtiers se sont toûjours fait un plaisir & un honneur de se dire Enfans de l'Eglise, & en cette qualité de luy rendre obeïssance. S'ils en ont été les Peres, c'est pour la proteger & pour la défendre, & non pour la gouverner, encore moins pour la tyranniser. L'Eglise se gouverne par ses Pasteurs & selon les Canons. Mais la Cour de France s'est élevée au dessus de tous les Pasteurs. Tous sont les Esclaves de la Cour, & s'ils ne luy sont soûmis avec bassesse, elle les traite comme ses ennemis. Elle n'a point encore trouvé le tour de deposer un Evêque par sa propre authorité, mais elle a trouvé le moyen de rendre son Sacerdoce inutile & de l'arracher à son Troupeau. On commence par la privation du Temporel : quand un Evêque n'a plus moyen de vivre dans son Eglise il est naturel qu'il l'abandonne ; car les Ministres de l'Autel doivent vivre de l'Autel. Si cela ne réüssit pas, & qu'un Evêque soit assés honnête homme pour demander l'aumône en se tenant attaché à son Eglise, une Lettre de Cachet vient qui l'envoye au bout du Monde, & le relegue dans une des extremités du Royaume; où il languit bien moins par la profonde misere à laquelle on le reduit, que par la douleur de sçavoir qu'en son absence on a livré son Troupeau à des Mercenaires; ou plûtôt à des Loups, qui le devorent & le détruisent au lieu de le paître. Si ce n'est pas assés, on change l'exil de l'Evêque en une prison; c'est l'homme qu'on fait disparoître aux yeux du Monde , & qu'on ne revoit jamais. Les menaces, les prieres, & toute l'autorité du Saint Pere n'y font rien ; quand on se relâche & qu'on veut observer des formes de Justice, la Cour fait nommer quelques Evêques de ses Esclaves pour faire le procés à ces saints Evêques dont on veut se défaire. On les fait trouver coupables , Rebelles , desobeïssants aux ordres de la Cour. On les fait sortir du Sacerdoce , & on les abandonne au Bras Seculier.

L'Eglise a ses Loix & ses Canons selon lesquels elle doit être gouvernée. Le Roy qui est Prince Temporel ne prend pas connoissance des Canons de l'Eglise, & ne s'y croit pas soûmis. Il foule aux pieds ces Canons ; quand on luy oppose le Concile General de Lion contre l'Extension de la Regale , il se met au dessus de ce Concile & de tous les autres, pendant qu'il fait tenir des Assemblées pour soûmettre le Pape aux Conciles & aux Canons, pour luy il se place au dessus de tout , & de Pape , & de Saint Siege , & de Conciles & de Canons. Les Canons ne veulent pas qu'un homme nommé à un Evêché face aucun office d'Evêque, ni aucune fonction Episcopale, qu'il n'ait été consacré, & il ne peut être consacré qu'il n'ait les Bulles & le consentement du Saint Siege. Mais le Roy au prejudice de toutes ces Loix si saintes & si justes, envoye un Ecclesiastique dans un Evêché, & là il luy donne toute la jurisdiction, & luy fait exercer toute la puissance qu'il pourroit avoir s'il avoit été consacré & confirmé par le Saint Siege. Les Canons défendent expressément les translations d'un siege à l'autre , à moins qu'il n'y ait de grandes & de considerables raisons : raisons dont l'Eglise doit toûjours être Juge. Le Roy de son plein pouvoir , authorité & puissance absoluë transporte un Evêque d'un petit Evêché à un plus grand , selon qu'il le juge à propos pour son interêt , sans consulter ni l'Eglise , ni le Pape , & sans aucune forme. Les Canons veulent que les Maisons Religieuses soyent sujettes, ou au Pape duquel elles relevent immediatement , ou du moins aux Ordinaires selon la reformation du Concile de Trente. Mais le Roy se rend Souverain immediat de ces Maisons pour le Spirituel & pour le Temporel ; & nous avons vû comme il entreprend de donner des Superieurs & des Superieures à l'Ordre de Clugni, aux Filles de Ste. Claire appellées Urbanistes : comme il a ruiné la Maison de Charonne ; & comment il a aboli les Filles de l'Enfance. C'est le Pouvoir Despotique & la Puissance Arbitraire qui fait tout cela. Le Roy le veut ; il n'en faut pas d'autre raison. Par les Canons l'Eglise est maîtresse de ses Sacrements pour les don-

ner à ceux qu'elle en juge dignes , & les refuser à ceux qu'elle en croit indignes. Ce n'est plus cela à present ; le Roy par sa
puissance absoluë est devenu maître des Sacrements, pour les faire donner aux Incredules & aux Heretiques. Il faut que l'on face communier
les Calvinistes mécreants malgré qu'ils en ayent , sous peine des Galeres ,
ou d'être traînés sur la Claye , parce que le Roy le veut.

C'est par le même Pouvoir Despotique & Arbitraire qu'ont été cas-
sés , revôqués & annullés , ou rendus inutiles tous les Privileges de la
Noblesse , des Parlements , des Villes & des Peuples : ce qui est cause
qu'aujourd'hui ils sont dans l'oppression qui vous a été ci-dessus represen-
tée. Il n'y a point de Royaume, de Souveraineté, ni d'Etat entre les Chrétiens , où les Privileges ne soient estimés irrevocables , quand ils ont été
solemnellement accordés : à moins que les raisons qui ont fait accorder les
Privileges n'ayent notoirement cessé , ou que ceux qui les possedoient ne
s'en soyent notoirement rendus indignes. C'est une loy qui s'observe dans
tous les Etats bien policés, *Que nul ne peut être privé de ses avantages, char-*
ges , dignités , biens & Privileges que pour crime. Et cette loy est si juste que
sans elle rien n'est asseuré : la fortune des particuliers sera toûjours en l'air.
On aura beau être juste & honnête si on ne fait son devoir : c'est à dire si
on ne devient esclave de la Cour & de tous ses sentiments, on ne possede-
ra rien aujourd'hui dont on ne puisse être privé demain. C'est precisement
ce que fait la Cour de France , elle ne connoit ni droit de possession im-
memoriale , ni concessions Royales , ni consentement des Peuples , ni Justice ni equité. Elle foule les Peuples , les grands , les petits , les Nobles par
des nouvelles charges. Elle prétend être toûjours en droit de priver ses Sujets de tout ce qui leur a été ci-devant accordé , quoy que la concession
soit dans toutes les formes qui peuvent rendre les graces irrevocables. Et
même ce qu'elle a accordé sans reserve & sans condition , au bout de
quelques années elle le revôque & l'annulle.

C'est ce qui a fait la vexation & la recherche des nouveaux Nobles qui
a reduit tant de familles à l'extremité , & ruiné tant de Maisons. Ce n'est
pas que dans cette Noblesse de nouvelle erection il n'y eût de grands dé-
sordres à corriger. Aussi est-ce l'ordinaire de la Cour de France de couvrir
ses vexations de beaux pretextes. On a raison d'empêcher que le Corps de
la Noblesse qui doit joüir du Privilege des Exemptions, ne se multiplie à
la charge du Peuple. Il est vrai aussi que durant les troubles & la licence
des Regnes precedents il pouvoit s'être glissé plusieurs faux Nobles dans
le Corps de la veritable Noblesse.

Mais quelles perſecutions n'a-t'on pas exercées ſous ces beaux pretextes ? Puis qu'on n'en vouloit qu'aux faux Nobles , pourquoy a-t'il falu tourmenter les Maiſons anciennes, & dont l'antiquité & laNobleſſe étoient notoires à toute la Province? Pourquoy chicaner de bonnes & d'anciennes Maiſons, ſur quelques defauts dans les tîtres, qui ne venoient évidemment que de la negligence & de la ſecurité où vivoient des Maiſons à qui il n'étoit pas monté dans l'eſprit qu'on pût les inquieter ſur leur Nobleſſe? Pourquoy revôquer des Privileges de Nobleſſe parce qu'ils étoient nouveaux ? Où ſont les tîtres qui ne ſont pas nouveaux ? Un homme mange ſon bien au ſervice duRoi, ſouvent pour toute recompenſe on le renvoie chés lui chargé d'années & de playes, avec un tître de Nobleſſe. Eſt-il juſte que ce tître qu'il a acquis par ſes ſueurs & par ſon ſang lui ſoit ôté, ou à ſes Enfans de la premiere Generation , ſans qu'il ait commis aucun crime qui merite la Degradation ? où eſt la bonne foy ? Certaines Villes ont des Privileges, ſelon leſquels ceux qui y ont été Maires ou Echevins joüiſſent des exemptions des Nobles. Ces Privileges ſont ſi anciens qu'on a peine à en trouver l'origine, les Villes ſe les ſont acquis, ou ſe les ſont reſervés, quand elles ſe ſont ſoûmiſes : Quoy qu'il en ſoit , c'eſt leur bien ; un Prince n'étant pas maître du bien de ſes Sujets, il n'eſt pas en droit de le leur enlever quand il le trouve bon. Des gens ont acheté des charges auxquelles étoit attachée de tout temps l'exemption des Impôts. Leur bien eſt allé là : on leur ôte ces exemptions , c'eſt leur ravir leur bien & les tromper : tout cela eſt un effet de la Puiſſance Deſpotique & Arbitraire , qui eſt une pure tyrannie. Aprés tout quel étoit le but de cette belle recherche de la Nobleſſe ? Vouloit-on diminuër le nombre des Nobles ? Point du tout : on vouloit de l'argent ; & l'on a fait plus de faux Nobles qu'il n'y en avoit. Car tous ceux qui ont pû donner de grandes ſommes ſe ſont trouvés avoir de fort bons tîtres. Ainſi c'étoit une nouvelle maltote qu'on a miſe en parti comme toutes les autres, par laquelle on a ruïné bien des maiſons, en l'exerçant cruellement, & ſelon le caprice & l'avarice des *Intendants* & des *Traitants.*

Par ce même Pouvoir Deſpotique & Arbitraire , on a revôqué les Edits & les Declarations qui avoient été accordées aux Calviniſtes pour le bien & la paix du Royaume ; & par cette revocation on a attiré ſur le Royaume les plus effroyables calamités qui ſe ſoyent peut-être jamais vüës. Ces miſerables ſe ſont tués de dire & d'écrire que leurs Edits étoient & devoient être Irrevocables. Ils ont raiſon : car dans tout Royaume Chrêtien nôtre regle eſt reçüë, *qu'on ne ſçauroit ôter à un Sujet ſes biens.*

E 3

fes privileges & fes avantages qu'il ne s'en foit rendu indigne. Le Prince n'eft point & ne doit point être maître de cela. Mais c'eft parler à des Sourds : la Cour eft Turque & non Chrêtienne dans fes maximes. Elle donne quand elle ne peut s'en empêcher. Elle fait du bien précifement quand elle craint. Elle promet, elle jure, elle employe les ferments, tout ce qu'il y a de faint entre dans fes engagements. Mais ce font des cordes de laine. On croit la tenir & on ne tient rien : ce qui laiffe tout dans la derniere incertitude, ce qui eft la derniere de toutes les miferes. Car l'état d'incertitude eft le plus incommode de tous les états. Après cela quelles font les fuites de ces manieres Defpotiques & Arbitraires ? Les voicy. Le Peuple ne demeure pas perfuadé qu'on ait droit de luy ôter ce qui luy a été donné. Il conferve dans le cœur les deffeins de fe vanger & de fecoüer le joug, & cela devient la femence des revoltes. C'eft ce qui fe voit aujourd'huy dans ceux qu'on appelle nouveaux Convertis. On a defolé le Royaume par ces miferables Converfions. On a perdu.deux cents mille Sujets ; on a ruiné le commerce, on a épuifé le Royaume d'argent. on a fait perir une infinité de perfonnes dans des prifons, on les a maffacrées, on leur a fait fouffrir des maux qui ne fe peuvent imaginer : on les a envoyés aux Galeres, on les a relegués dans l'Amerique, où les trois quarts & demi font morts de famine. & de mifere. Pour faire goûter ces violences on prêche l'authorité des Rois. Mais on a beau prêcher, on a beau dire à un Peuple que les Souverains peüvent tout, qu'il leur faut obéir comme à Dieu, qu'il n'y a pas d'autres voyes de fe pourvoir contre leurs violences que la priere & le recours à Dieu : perfonne dans le fonds n'en croit rien: on fait femblant d'être perfuadé tout auffi longtemps qu'on ne fe peut relever. Mais quand il fe prefente quelque jour pour retourner à la liberté on y donne tête baiffée. Les Calviniftes perfecutés ont ému toutes les puiffances de l'Europe de leur Religion. Ces Puiffances Proteftantes ont fait joüer des machines pour remuër le refte de l'Europe. Le Roy d'Angleterre en eft dejà tombé par terre ; la France en eft emuë ; on renferme de toutes parts les nouveaux Convertis ; on ne fe tient pas affés affuré de les avoir defarmés, on les emprifonne. Et je ne fçay enfin fi on ne les maffacrera pas dans la crainte qu'il ne nous previennent pour fe mettre en feureté. Nous voilà donc par cette Puiffance Defpotique environnés par dehors des armes de toute l'Europe, & pleins par dedans des mécontens, s'il étoient d'humeur à nous rendre ce qu'ils ont reçû de nous que deviendrons nous ? Si les ennemis entrent dans le Royaume & qu'ils fe joignent à ces

mécontens ; que deviendra l'Eglise & la Couronne ? L'une & l'autre ne
font pas menacés de moins que de ruïne. Au lieu de fe fervir dans l'extirpation de l'Herefie de cette Puiffance Defpotique & Arbitraire que le
Roy exerce injuftement, il faloit affembler les Etats du Royaume ; avifer
aux moyens de ruïner le Calvinifme ; examiner d'abord fi l'on étoit en
droit d'ôter à des Sujets les Privileges qu'on leur a donnés , voir enfuite
s'il étoit expedient de faire tant de Mécontens tout à la fois : Et peut-être
on auroit trouvé dans les avis des bonnes têtes qu'il y a de l'imprudence
de fe faire des ennemis de fes propres enfants , & de s'attirer des affaires de
gayeté de cœur. Si c'avoit été l'interêt du Roy perfonnellement & de fa
Cour , il auroit pû en difpofer comme il a fait fans confulter perfonne.
Mais quelle injuftice eft cela , d'engager tout un Royaume dans de fi é-
tranges malheurs fans le confulter ? On ne fçauroit nier que d'établir ou
de ruïner une Religion dans un Etat ne foit la plus importante affaire qui
fe puiffe rencontrer. Quand il falut donner aux Calviniftes des Edits de
tolerance & de pacification , combien d'affemblées , combien de confulta-
tions, combien d'Etats tenus ? Aujourd'huy Loüis XIV. entreprend à
toute rifque de caffer & revôquer tout ce que les trois Etats du Royaume
avoient fait. La pofterité ne croira pas cela ; au moins fi le Roy avoit eu le
confentement des Etats , la chofe venant à mal réüffir ; il n'en auroit pas
porté toute la haine. Aujourd'huy il eft jufte que la Cour toute feule foit
chargée de nôtre reffentiment. Mais nous demeurerons chargés de tous les
maux , par l'ufage qu'on a fait contre les Calviniftes de cette Puiffance
Arbitraire , inique , injufte & ufurpée. Le reffentiment , il eft vray ;
c'eft à dire le chagrin tombera fur la Cour , mais elle ne partagera pas les
miferes avec nous. Cela feroit-il jufte ? Au contraire c'eft à elle qu'il
faut faire porter la peine de fes folies & de fes entreprifes tyranniques ; ce
font les Peuples qu'il faut décharger de la mifere , puis qu'ils n'ont pas de
part à la faute. Il faut donc ranger la Cour à fon devoir , & c'eft ce dont
nous chercherons les moyens dans nôtre derniere partie.

C'eft par l'ufage de cette Puiffance Defpotique , iniquement ufurpée , qu'il n'y a plus rien de fixe dans les charges & dans les emplois.
Les Etats bien policés ont certaines charges fixées , certains emplois auxquels font affignés l'exercice de la Juftice , de la Police , des Finances &
de la guerre , avec certains émoluments , & avec les limites de pouvoir
qui leur font marquées. Mais dans le Païs où nous fommes tout eft roulant & incertain : l'état des charges & des emplois depend du caprice des

Miniftres, ou plûtôt de leur ambition & de leur avarice. Car ce font les deux grands refforts de toutes leurs actions. Quand ils ont befoin d'argent ils multiplient les charges anciennes; le Roy crée des nouveaux offices, lefquels ils vend bien cher aux particuliers. Il fait des Officiers dans les Eaux & Forêts, des Threforiers, des Maîtres des Comptes, des Secretaires du Roy. Il érige des Bailliages des Elections & des Elus, de nouveaux Tribunaux, & même des Parlements, dont il vend les Offices fort cher. Et il affigne à toutes les charges de gros gages qui fe doivent prendre fur l'Epargne pour fervir de leurre & de piege. Les affaires viennent-elles à changer, on fupprime toutes ces nouvelles charges, on abolit même les anciennes. C'eft proprement enlever le bien d'autruy & c'eft une injuftice toute femblable à celle d'un Marchand qui expofe des marchandifes precieufes en vente, qui les debite, qui les vend fort cherement, qui en reçoit l'argent & le payement content; & qui aprés cela s'en va les armes à la main chés tous les particuliers auxquels il a diftribué fes marchandifes & les réprend avec violence. C'eft exercer un vray brigandage. Si les Rois veulent être Marchands, au moins qu'ils foyent Marchands de bonne foy. Mais tirer d'un homme tout fon fonds, & fouvent l'argent de fes amis auffi-bien que le fien, en luy donnant un employ qui le peut tirer & de la mifere & de la baffeffe : & caffer cette charge quelques années aprés, c'eft une exaction tyrannique & frauduleufe en même temps. Quelquefois ces fuppreffions de charges ne font qu'un moyen pour faire achêter deux fois une même chofe. Auffi-tôt que la declaration de fuppreffion eft donnée, on voit de toutes parts aborder des malheureux à la Cour. Ils fe plaignent du tort qu'on leur fait, ils reprefentent leur mifere, ils demandent juftice, ils implorent la compaffion du Roy. Enfin on fe laiffe toucher; on leur dit, le Roy a égard à vos raifons, il veut travailler à vôtre confolation, il veut bien vous rétablir dans vos charges, mais comme il a befoin d'argent il faut financer. C'eft à dire qu'il faut payer une feconde fois. Ce n'eft pas à la verité toute la valeur du fonds, mais c'en eft un quart ou un tiers & quelquefois bien davantage. Et ce petit jeu fe réitere fouvent. C'eft ainfi qu'on a fait payer aux Juges des Elections & aux Procureurs des Parlements trois ou quatre fois leurs charges. Quelquefois ce n'eft pas feinte, c'eft tout de bon, réellement & de fait qu'on fupprime les charges: Et alors on joint ordinairement de belles promeffes de rembourfer aux intereffés ce qu'ils ont financé. Mais à quoy reviennent ces rembourfements; à rien : il faut voir combien d'années hées vous avés joüy, dit-on, il faut precompter le revenant bon: le Roy ne s'eſt point obligé de vous faire valoir vôtre argent au denier dix ou au denier cinq. Pour une charge de dix mille livres vous avés tiré deux mille de rente : cinq ou ſix ans de joüiſſance vous ont rembourſé & de la rente & du capital. Si ce n'eſt ce tour-là, c'en eſt un autre. Car on peut être aſſuré que la Cour ne fait jamais de changement dans les charges que pour y gagner, & non pour débourſer. Quoy qu'il en ſoit, les charges demeurent ſupprimées & les particuliers ſont ruïnés. Mais ces ſuppreſſions ne ſont pas pour longtemps, à la première guerre, ou à la première depence folle qui aura épuiſé le tréſor, on reſſuſcite toutes les charges qu'on avoit enſevelies. Et ſouvent comme un grain ſort de terre avec multiplication, les charges ſupprimées rénaiſſent plus nombreuſes qu'elles n'étoient auparavant. On ne manque pas de ſpecieux pretextes pour orner le front des declarations: il eſt vray qu'on y en mêle auſſi de ridicules : mais n'importe, tout eſt bon, pourvû qu'il en revienne de l'argent. Cela eſt expoſé en vente au plus offrant. Et ce qui eſt ſurprennant, c'eſt que tout le monde y court. Prodige qui ne ſe conçoit pas ! qu'on ait tant de fois été attrappé dans ce piege & qu'on y donne toûjours. Ceux qui ſont aſſés ſots pour achêter ces nouvelles charges que le Roy a creées ou recreées depuis peu, ne profitent pas des exemples qu'ils on vûs de leurs propres yeux. Ne ſentent ils pas que la neceſſité preſente oblige la Cour à ces nouvelles creations d'offices, & que tout auſſi-tôt que cette neceſſité preſente ſera paſſée, on remettra les choſes dans leur premier état ? Cette follie de nos François n'eſt pas une marque qu'ils ont beaucoup d'argent, & qu'ils ne ſçavent qu'en faire. C'eſt ſeulement une preuve de leur vanité. Ils veulent être diſtingués, ils veulent paroître, il veulent faire de la dépence. Voicy une charge qui leur donnera de la diſtinction, & qui leur donnera de gros revenus avec leſquels ils auront de grands équipages & de grandes Maiſons. C'eſt une tentation à laquelle ils ſuccombent toûjours. Il eſt vray que cette diſtinction & les grands revenus ſeront fort incertains, & pourront bien perir par le même caprice du Souverain qui les a fait naître : mais n'importe, faire quelques mois le grand Seigneur, ne laiſſe pas de tirer de la poudre & donner de la diſtinction. Si la Cour n'étoit pas en poſſeſſion d'une puiſſance arbitraire, les charges ſeroient fixes comme dans tous les autres Etats ; ceux qui les poſſedent en ſe gouvernant bien & fidélement ſeroient aſſurés d'en joüir toute leur vie. Il ne ſeroit point permis de faire payer trois ou quatre fois une même choſe. Et ainſi on arracheroit au gouvernement un des moyens tyranniques par lefquels il ruïne l'Etat & épuife les particuliers.

J'ay à peu prés les mêmes reflections à faire fur les rentes des Maifons de Ville & fur les Domaines : les Domaines doivent être inalienables. C'eft un fonds qui n'appartient pas au Roy, mais au Royaume & à la Couronne. Cependant on les aliene, on les engage : quelquefois la neceffité qui ne fouffre point de loy le veut ainfi; on a affaire d'argent pour des neceffités preffantes; on engage les Domaines avec liberté de les retirer. Je ne trouve rien à redire à cela. Mais dans les occafions il faut avoir de la bonne foy. Il faut qu'il foit permis de plaider & de difcuter fes droits contre le Roy, comme contre un particulier. Un Engagifte a donné fon argent fous promeffe d'une fidéle reftitution. Au lieu de cela, on retire des Domaines par le droit de la puiffance abfoluë fans faire aucune raifon à ceux qui les tenoient par engagement : & par ce moyen on ruïne des maifons qui par leurs prêts ont autrefois foûtenu les Rois & leur Couronne. Il y a toûjours quelque bonne raifon ; ou les Domaines qu'on retire ont refté degradés, & ne font pas en auffi bon état que quand ils ont été engagés ; ou les revenus en vont bien au delà de la rente, qui pouvoit fe tirer de la fomme qui avoit été prêtée : par confequent partie des jouïffances doivent être rabâtües fur le principal, ou bien c'eft quelque autre chofe de femblable ; mais pour conclufion une maifon fe trouve depoüillée d'un bien dont elle jouïffoit de bonne foy, quelquefois depuis plus d'un fiecle, & un Seigneur ou un Gentilhomme qui tenoit par là un rang confiderable dans l'Etat tombe entierement par terre. Si le pouvoir Defpotique n'avoit pas de lieu, ces maux n'arriveroient pas. Les Domaines étant à l'Etat & non au Roy, ce feroit aux Etats, & non à la Cour à les engager, quand les preffantes neceffités des affaires le demanderoient, & les Etats qui auroient engagé ces Domaines, les degageroient auffi avec honneur & fans ruïner les Engagiftes.

Pareillement le Roy de fa pleine puiffance & authorité Defpotique, fait des emprunts fur les Sujets du Royaume; il crée de nouvelles rentes fur les Maifons de Ville ; il augmente les gages des Officiers moiennant financé. Comme il vient de favorifer les offices de fix cens mille livres d'augmentation de gages, & de créer pour un million cinq cens mille livres de rentes fur la Maifon de Ville de Paris au denier dix-huit. Ces rentes fe payent quelques années : puis on les retranche piece à piece, quartier par quartier: premierement un quartier, puis une demie année, & enfin le tout. Par ce moien des familles opulentes qui avoient tout leur bien fur les Maifons de Ville, fe font trouvées ruïnées. Si les Etats faifoient ces emprunts, & que

tout l'Etat en fût répondant, on n'auroit pas son bien en l'air, & l'on ne
se verroit pas tous les jours à la veille d'être ruïné. Si les Etats n'ont de
l'honneur & de la bonne foy aussi-bien que les particuliers, ils perdent leur
credit & deviennent Tyrans. C'est dommage que la Hollande n'en use ainsi : que deviendroient les particuliers qui ont presque tout leur bien en
obligations sur l'Etat ?

Avec toute l'infidélité dont la Cour accompagne la tyrannie de son
pouvoir Despotique, le Prince ne laisse pas de réüssir, & les Peuples
incorrigibles se laissent toûjours tromper. Qui pourroit s'empêcher de rire
en voyant les clauses & conditions que le Roy propose dans ses Declarations pour les emprunts ? *Les contrats seront passés par devant tel Notaire que*
voudra l'acquereur. On en sera bien plus seur de la fermeté de la parole
Royale. *Lesdittes rentes ne pourront être retranchées ni reduites pour quelque cau-*
se que ce soit, ni les acquereurs depossedés, sinon en les remboursant en un seul &
actuel payement : qui sera garand de l'execution de ces clauses ? Le Roy demeurant maître absolu, n'en usera-t-il pas sur les nouvelles rentes comme
il a fait sur les autres ? devant qui se pourverra-t-on pour luy faire tenir sa
parole ? sans doute la fidelité du passé sera le garand pour l'avenir. En verité ces Declarations en disent trop, pour qu'on les croie. Elles promettent
même aux étrangers & aux Peuples ennemis du Roy de recevoir leur
argent, & de leur payer les rentes exactement, & de les laisser passer à leurs Heritiers en Païs étranger, nonobstant toute opposition, &
en renonçant au droit d'*Aubaine* & à tout autre. On n'a qu'à s'y fier &
à porter son argent en France. Cette clause ne sert qu'à découvrir qu'on
veut tromper ici comme par tout ailleurs.

Par toutes ces voyes que la Puissance Despotique de la Cour de France employe pour épuiser les particuliers, il est clair qu'elle s'est arrogée
un souverain pouvoir & un plein droit sur tous les biens. Tellement qu'il
n'y a pas un homme ayant du bien qui se puisse asseurer d'en avoir le
lendemain de quelque condition qu'il soit. Il y a des lieux où l'élevation
est un rempart qui met à l'abri de la tyrannie. Il y en a d'autres où la bassesse & l'obscurité de la condition servent d'asyle. En France il n'y a
plus rien de semblable ; les plus riches & les plus puissans comme les plus
en vûë sont aussi les plus exposés, & quand il plait au Gouvernement
Despotique on les envoye à la Bastille, on les met entre les mains d'une
Chambre de Justice. On leur fait accroire qu'ils ont volé le Roy. Pour
les gens de basse condition quelques cachés qu'ils soyent on les découvre

fort bien , & l'on a toûjours des Impositeurs de Tailles qui les ruïnent par les Impots. Ainsi la France se doit resoudre à être éternellement misera-ble , si elle ne brise ce pesant joug de la Puissance Arbitraire.

Encore si ce pouvoir absolu & sans bornes n'allât qu'à la privation des biens , peut-être qu'on s'en consoleroit. Mais les vies ne sont pas plus en seureté que les biens. En tout Païs excepté en France & sous les Princes Mahometans l'innocence est un rempart derriere lequel on vit en toute sorte de seureté. Les Loix sont les protectrices des honnêtes Gens : per-sonne ne peut souffrir s'il n'est coupable. Aujourd'huy en France , il n'y a plus de Loix que la Souveraine volonté du Prince. Il ne faut pas être criminel pour devenir malheureux ; l'innocence & la protection des Loix ne servent plus de rien. Qu'un pauvre homme vive dans le fonds de sa Province paisiblement sans remuër, sans agir, sans écrire , & même sans parler , on le vient enlever de sa maison , on le mene de lieu en lieu , de prison en prison , jusqu'à ce qu'il soit arrivé à la plus affreuse. Il déman-de ce qu'il a fait & quel est son crime , il prie qu'on le juge , & il deman-de la mort pour grace , on ne luy fait pas seulement la grace de luy ré-pondre , son impatience ne fait qu'aggraver son joug, il craint dans son affreux sejour, il y languit , il y meurt. La cause de sa disgrace c'est un soupçon , un rapport, une relation de parenté ou d'amitié qu'il a avec une personne desagreable à la Cour, ce sera quelque parole un peu libre contre le gouvernement , quelque legere repugnance à obeïr aux volontés des Mini-stres & des Officiers du Roy. Enfin c'est un rien; & un rien qui fait autant que si c'étoit tout. Souvent un pauvre miserable est reduit à cette extremité, non pour le mal ou le bien qu'il a fait : mais pour celuy qu'il pourroit fai-re. Il ne faut plus de procés , plus de témoins , plus de formalité , plus de Loix. Combien y a-t-il de bons Eclesiastiques , ou relegués dans des lieux deserts , ou ensevelis dans de tristes & sombres prisons pour des cri-mes imaginaires, ou pour de tres bonnes œuvres ? pour avoir dit la verité où il la faloit dire , pour avoir soûtenu les droits de l'Eglise contre ses op-presseurs , pour n'avoir pas eu assés de soumission pour les Evêques de Cour ? Les Citadelles , les Conciergeries , & les Prisons sont aujour-d'huy remplies de pauvres Calvinistes qu'on à enlevés à leurs femmes & à leurs enfans sans leur dire aucune raison, & sans leur en pouvoir dire. Les uns ont de la qualité, les autres ont du bien, d'autres ont de la creance & du credit dans leur Canton , tous ont sujet d'être mécontens , c'est là leur crime ; sans qu'il soit besoin qu'on ait découvert en eux de mauvaises

intentions. Quelle espece de gouvernement est celà bon Dieu ? On est
à la disposition d'un Scelerat, d'un P * * * * d'un C * * * * * d'un J * *-
* * ou d'un Ministre furieux qui se joüe de l'esprit & de l'authorité du
Prince pour en faire ce qu'il veut, contre toutes les Loix de la nature, de
Dieu, des hommes & du droit de Gens.

Y a-t'il moins de tyrannie à poser des loix injustes & violentes, &
faire aprés cela des crimes capitaux aux plus honnêtes gens de n'y avoir
pas obéï. Il plait au Roy que je croye que cinq centaines propositions
que je n'entends pas sont dans le livre de Jansenius que je n'ay jamais lû.
Il faut que je souscrive à cela & si je ne le veux pas faire, je perds mon
benefice, & je suis envoyé en exil ou en prison. Quand donc il plaira
au Prince de faire une Loy pour m'empêcher de croire que la Terre tourne, le systeme de Copernique deviendra un crime d'Etat : c'en est dejà
un d'être Cartesien, parce que les J * * * * n'aiment pas la Philosophie
de Descartes : ou plûtôt parce qu'ils haïssent les Theologiens de Port
Royal qui sont Cartesiens. Dans tous les Etats libres & bien gouvernés
rien ne peut devenir un crime ne l'étant pas de sa nature, que le Peuple
ne se le soit à soit même défendu, & qu'il n'ait consenti que le Souverain
en façe une Loy avec peine capitale. Car la vie & la liberté des hommes
ne peuvent être justement soûmis à des peines capitales pour des choses
en elle même indifferentes, que quand les membres de la societé le veulent bien. Ainsi c'est une tyrannie de rendre criminelle une action indiffe-
rente par un pouvoir & une decision purement arbitraire. Il n'y a plus desormais de limites entre le bien & le mal que la volonté du Prince. Hier le
Calviniste pouvoit servir Dieu à sa maniere avec toute liberté, aujourd'hui
c'est un crime digne de mort. Si ce n'est là un pouvoir arbitraire, tyrannique & tyranniquement exercé, je n'y entends plus rien. Quand le
Prince voudra se défaire de ceux qui luy déplaisent, il n'à qu'à leur faire
des Loix injustes ou impossibles dans leur execution, & auxquelles par
consequent il sçait bien qu'ils n'obeïront pas, & les faire mourir aprés
cela pour cause de desobéïssance. Par ce moyen il a puissance de vie &
de mort sur tous les Sujets comme sur des Esclaves : c'est precisement où
nous en sommes.

Pour noircir la memoire de Loüis XI. on a remarqué qu'il avoit fait
mourir quatre mille de ses Sujets, & à cause de cela on le fait passer avec
justice pour un Prince cruel. Aujourd'huy on loüe la clemence de Loüis
XIV. & cependant on peut prouver qu'il a fait pendre, brûler, roüer,

massacrer, perir dans les prisons & dans les exils plus de trente ou quarante mille personnes. C'est dix fois plus que Loüis XI. Il est vray que Loüis XIV. n'a pas fait mourir des Connêtables & des Ducs de Nemours. Mais c'est qu'il n'a trouvé aucune résistance à ses volontés entre les Grands. De la hauteur dont il prend tout, des Princes qu'il auroit pris armés contre luy, n'en auroient pas été quittes à meilleur marché que sous Loüis XI. car il s'est arrogé un pouvoir sans bornes sur nos vies.

Enfin si vous voulés voir ce Pouvoir Arbitraire étendu jusque sur la vie de tous les François sans qu'il intervienne ni crime ni desobeissance, voyés la maniere dont les Rois de France engagent l'Etat dans des guerres sanglantes & cruelles, & qui coûtent la vie à une infinité de gens. Je sçay bien que le droit des Armes appartient proprement aux Rois. Ils peuvent lever des Armées & défendre l'Etat. C'est pour cela qu'ils ont été faits. Mais ils ne doivent pas entreprendre des guerres injustes, & sur tout des guerres qui aillent à la ruïne de leurs Sujets. Un Roy sage ne doit point avoir de querelles particulieres ni d'interêt particulier. Car il ne luy est point permis de répandre le sang de ses Sujets uniquement pour satisfaire & son ambition & sa vangeance. Chés tous ceux qui ont defini la tyrannie c'en est là un caractere, *de faire tout pour son interêt & non pour celuy du Peuple.* En effet les bons Rois ne font la guerre que pour défendre leurs Sujets & pour repousser les injures de leurs ennemis, ou pour rabâtre l'orgueil d'un Voisin insolent qui entreprend sur l'Etat, ou pour diminuer les forces d'un ennemy à craindre, qui n'attend que l'occasion d'insulter, & de faire une invasion, ou enfin pour les interêts d'un Allié, à qui on s'est engagé pour travailler à la commune conservation. Et même les plus justes guerres ne s'entreprenent pas sans consulter les Grands & les sages du Royaume, sans avoir sondé les inclinations des Peuples, sans examiner si les Etats du Royaume peuvent ou veulent fournir aux frais de la guerre. On ne sçauroit dire combien la guerre entraîne aprés soi de malheurs & sur tout de crimes; des violences, des pilleries, des incendies, des viols & des meurtres. Un Roy est bien temeraire qui veut bien se charger tout seul de tant de pechés, dont il faudra qu'il rende seul conte à Dieu. Si l'effusion du sang d'un seul homme forme une voix terrible, qui crie contre le meurtrier, qui demande vangeance, & qui le precipite dans les Enfers, que deviendra un Prince qui paroîtra devant le Trône de Dieu baigné dans une Mer de sang qu'il aura fait verser? Lors qu'il sera depoüillé de ces vaines grandeurs qui le deguisent luy-même à luy-même.

comment pourra-t'il foûtenir la vûë de tant de violences , de rapts , de brûlements , de viols dont il fera reputé l'auteur devant celuy qui impute aux Chefs tous les pechés des Membres, commis par l'infpiration de la Tête?

Il n'y a donc rien en quoy les Rois doivent faire moins ufage de la puiffance Defpotique que dans les declarations de Guerre , & où ils doivent moins agir pour eux-mêmes & pour leurs interêts particuliers. Mais il n'y a rien en quoy le Roy ait agi & agiffe plus Defpotiquement. Depuis fa Majorité il n'a pas entrepris une feule guerre pour l'interêt de l'Etat. Aprés la mort du Roy d'Efpagne il fit chercher des pretextes pour envahir les Païs-Bas. On luy en trouva un dans la coûtume de Brabant , qui pour honnorer les premieres Noces , donne aux Enfants du premier liét de grands avantages fur les biens du Pere , quoy que ce foyent des Filles. La Reine Fille d'Efpagne que le Roy avoit époufée étoit Fille unique du premier liét. Le Roy d'Efpagne n'étoit que d'un fecond liét, ce fut un pretexte pour envahir les Païs-Bas , & pour faire perir un grand nombre d'honnêtes gens. Quand il y auroit eu quelque juftice dans ce pretexte, qu'avions nous affaire de cela ? C'étoit un interêt particulier du Roy. Il nous importoit beaucoup que le Roy fût Duc de Brabant : Les Rois ont les armes en main uniquement pour l'interêt & pour la confervation des Peuples. Et nous ne fommes pas obligés de verfer nôtre fang pour les interêts particuliers du Prince. Cette guerre en produifit une autre qui n'étoit ni plus neceffaire ni plus jufte. Parce que les Hollandois firent faire la paix , & donnerent des bornes à cette vafte ambition qui commençoit à engloutir le Monde par fes defirs & par fes vûës, on fe promit bien de les en châtier. Ce fut pourquoy on entreprit la Guerre contre la Hollande l'an 1672. avec tant de frais & tant d'appareil ; uniquement *pour fe vanger d'une mauvaife fatisfaction.* Cette Guerre a duré 6. ans, & a coûté la vie à plus de cent mille perfonnes. Que de crimes accumulés fur une feule tête ! Nous êtions bien obligés de vanger le Roy pour la mauvaife fatisfaction qu'il avoit reçûë des Hollandois dans une affaire qui le regardoit perfonnellement, ou pour mieux dire qui ne le regardoit point du tout ! Car les Hollandois n'avoient fait que leur devoir en éloignant un tel ennemy de leurs frontieres , & en arrêtant les progrés d'une Guerre auffi injufte qu'étoit celle de 1672. Comment ces guerres ont-elles été entreprifes ? fans confulter ni les Grands ni les petits , ni les Princes ni le Peuple, fans avoir aucun égard au bien public , mais uniquement pour fatisfaire les paffions du Prince, avec une puiffance purement Defpotique. Aussi quand il plaît au Roy,& qu'il n'a pas de moyen plus commode de nous faire mourir, il nous envoye sans nous consulter perir aux pieds d'un rempart, sur le bord d'un fossé, dans une tranchée, ou dans un champ de bataille. Assurement c'est avoir puissance de vie & de mort sur les gens, comme on avoit sur les Esclaves.

Toutes ces preuves font voir que la Puissance Despotique & Arbitraire du Gouvernement de France s'étend sans reserve & sur nos biens & sur nos vies. Je ne vois donc plus rien qui soit à couvert. Dirons-nous qu'au moins la conscience & la Religion sont à Dieu & à nous? Point du tout: les exemples que nous avons rapportés font voir le contraire. Il ne m'est point permis aujourd'hui d'être Janseniste & de croire que les cinq Propositions condamnées par Innocent X. & Alexandre VII. ne sont pas de Jansenius. Il ne m'est point permis de croire que le Pape est Infaillible,& qu'il est au dessus du Concile. Il n'y a seureté ni pour ma vie ni pour mes biens, si je fais profession de croire ce que le Roy a défendu qu'on crût sur ces matieres. Sur quelle maxime peut être fondée la persecution qu'on a faite aux pretendus Réformés qu'on a contraints avec le fer & le feu à aller à la Messe? Il faut necessairement que ce soit sur cette maxime. *Le Roy est maître non seulement de la vie & des biens, mais aussi de l'exterieur de la Religion : tellement qu'il n'est permis à personne de faire profession d'aucune Religion que de celle qu'il plait au Roy.* Je dis qu'il faut necessairement que la persecution des Huguenots soit fondée sur cette maxime. Car on n'en peut pas imaginer d'autre, & sans elle la conduite du Gouvernement est violente & tyrannique. Aussi y a-t'il plus de dix ans qu'on la prêche à ces miserables ; *Le Roy ne veut qu'une Religion dans son Royaume, il en est le maître, il faut obeïr,* leur dit-on. Ainsi quand il plaira au Roy, il faut que nous renions Jésus-Christ, & que nous nous facions Turcs. Car je ne ne voy pas qu'il ait plus de droit sur la Religion des Huguenots que sur la Religion Chrêtienne en general. Voilà donc la Puissance Arbitraire qui s'étend à tout, aux biens, à la vie, à la Religion.

Les noms de *Puissance Arbitraire & de Pouvoir Despotique* sont demeurés odieux parmi tous les hommes. Les Tyrans même s'en défendent. *S'élever au dessus des Loix, n'avoir pour regle que sa volonté même ; faire tout pour son interêt ; tenir en sa main la vie des hommes, & la leur ôter sans forme de Justice ; ravir leurs biens, & s'en rendre maître ; exercer sur des personnes libres un Empire sans bornes, & les reduire en esclavage.* Tout le Monde frémit de cette idée ; les Rois Chrêtiens ne la peuvent souffrir.

Et

LES SOUPIRS

DE LA

FRANCE ESCLAVE

Qui aſpire aprés la Liberté.

IV. MEMOIRE,
Du 15. d'Octobre 1689.

PAR QVELS MOYENS LA COVR
de France ſoûtient, & exerce ſa Puiſſance Deſpo-
tique : Trois de ces moyens.

DANS les Chapitres precédens nous avons vû l'épouvantable joug de la Puiſſance Arbitraire qui repoſe ſur nos épaules; & le triſte état où nous a reduit cette Puiſſance. Quand on connoit les François, il n'eſt pas poſſible de concevoir d'où vient leur pa-tience à porter le joug. C'eſt la Nation du Monde la plus remuante, la plus impatiente, cherchant davantage le changement, aimant la liberté juſqu'au libertinage. Il faut que la Politique de la Cour ait trouvé des moyens merveilleux pour prévenir tous les mouvemens, pour étouffer toute amour pour la liberté, & pour tenir en bride tant des cœurs qui ge-miſſent & qui ſoûpirent ſous la peſanteur de leurs fers. Il eſt neceſſaire que nous examinions ces moyens, car ce ſont les ſources du mal, & com-me nôtre but eſt de remedier au mal, il en faut connoître les cauſes. Puis que nous voulons reveiller les François & les obliger à ſecoüer

H

ce pefant joug pour remettre la Monarchie fur l'ancien pied, il eft neceffaire que nous leur facions remarquer les voyes par lefquelles on affermit leur fervitude; car ce font ces voyes qu'il faut fermer, ce font ces
moyens d'efclavage qu'il faut anéantir.

Nous avons ci-devant comparé la Puiffance Defpotique de la Cour de
France à celle du Grand Seigneur & des Princes Mahometans; nous les
avons trouvées par tout femblables. Voici encore un endroit par où elles fe
reffemblent parfaitement. C'eft dans le premier moyen dont on fe fert en
France pour retenir les efprits des Peuples dans l'efclavage. Les Princes
Mahometans ont eu l'adreffe de faire un point capital de la Religion de
leurs Peuples, de la profonde foumiffion & de la parfaite obeïffance,
qu'ils doivent rendre à leurs Souverains. Les Turcs font perfuadés, que
porter fa tête aux pieds du Grand Seigneur, quand il le veut, & la luy
envoyer fans murmure & fans réfiftance, quand il la demande, eft l'a-
ction du plus grand merite qu'on fçauroit faire. Ils font perfuadés que
par là on gagne la Couronne du Martyre, & qu'on monte dans l'autre
vie au plus haut degré de la gloire. Le Grand Seigneur s'eft mis precifement dans la place de Dieu, l'obeïffance qu'on luy rend fait partie de la
Religion. Et l'on ne fçauroit dire combien ce malheureux entêtement a
fervi à maintenir cet Empire qui devoit perir en peu de temps à caufe de
fa violence. Comme le charme de cette fauffe perfuafion n'eft pas naturel, il fe rompt fouvent, & cela n'empêche pas qu'on ne voye des revoltes affés frequentes dans l'Empire Turc. Elles ont été auffi loin que
dans les Païs où la puiffance des Rois a le plus de bornes. On fait une
grande honte aux Anglois, d'avoir coupé la tête à un de leurs Rois par
condamnation de Juftice. Les Turcs n'en ont pas moins fait à *Ibrahim*
Pere du Grand Seigneur aujourd'huy regnant. On luy coupa la tête par
ordre du Divan approuvé & confenti par le Mufti; c'eft à dire par un
arrêt de Juftice dans toutes les formes. Mais ces exemples extraordinaires n'empêchent pas que fe ne foit là le cours ordinaire, & que les
Turcs ne fe facent une Religion d'une obeïffance aveugle à leurs Empereurs.

C'eft auffi la voye dont on fe fert en France pour affermir la tyrannie.
On y fait enfeigner une Jurifprudence folle, & une plus folle Theologie
fur la puiffance des Rois. On y entretient, & on y paye des Jurifcon-
fultes dans les Barreaux, des Profeffeurs dans les Ecoles, des Theologiens dans les Academies, des Predicateurs dans les Chaires, des Hifto-

riens à la Cour , & des flatteurs par tout qui prêchent continuellement :
Que les Princes Souverains font les vives images de Dieu fur la Terre ,
& des copies toutes femblables à l'original ; Qu'on ne doit pas moins
d'obeïffance pour le Temporel aux Rois qu'on en doit à Dieu pour le
Spirituel & pour les chofes eternelles ; Qu'on doit obeïr fans murmurer , & fans examiner fi les ordres du Souverain Seigneur s'accordent à
nos interêrs ou ne s'y accordent pas ; Que les Rois ne font obligés à rien
par rapport à leurs Peuples, qu'il n'y a point de pact mutuel entre le
Roy & les Sujets ; Que la puiffance des Rois eft fans condition , que les
devoirs du Roy & du Sujet ne font pas refpectifs , comme ceux du maître & du ferviteur , du Mari & de la Femme , du Pere & de l'Enfant ,
parce que le Roy de fa part n'eft obligé à rien : Qu'à la verité il doit
travailler à la confervation du Peuple , mais que s'il ne le fait pas , le
Peuple n'a aucun droit de luy en demander raifon & de fe fouftraire de
fon obeïffance : Que le Roy eft élevé au deffus des loix ; qu'il n'eft pas
obligé d'y obeïr , qu'il les peut caffer & changer quand bon luy femble : Que les Peuples font faits pour les Rois , & que les Rois font
maîtres des Peuples , tout autrement qu'un Pere n'eft maître de fes Enfans. Que les Royaumes font & appartiennent en propre comme les
Biens Fonds & Mobiliers appartiennent aux particuliers. Les particuliers
peuvent vendre leurs Fonds & leurs Meubles , les engager , les aliener ,
& les vendre fans qu'on foit en droit de leur en demander raifon. Que
les Rois ont le même pouvoir fur leurs Sujets & fur toutes les parties de
l'Etat, qu'ils peuvent les aliener & en difpofer comme bon leur femble. Que les Couronnes fucceffives font dans des familles comme les
autres heritages ; que le vivant entre naturellement en poffeffion du
bien laiffé par le mort , fans être obligé à aucun ferment ni à aucun
traité avec le Peuple ; & fans qu'il foit neceffaire que le Prince Succeffeur ait certaines qualités qui le rendent propre à fucceder : que les mau-
vaifes qualités du corps & de l'efprit , les criminelles difpofitions du
cœur , l'ambition , l'avarice , la cruauté , l'incapacité de regner , la
fauffe Religion , l'impieté , rien en un mot ne peut faire obftacle aux
droits d'un Prince legitime Heritier d'une Couronne : Que la Puiffance
des Rois vient immediatement de Dieu , & qu'ils ne la tiennent point
des Peuples ; c'eft pourquoy ils ne font obligés d'en répondre qu'à Dieu :
Qu'ils ne doivent pas abufer de leur pouvoir , mais que quand ils en a-
bufent , il en faut laiffer le jugement à Dieu. Qu'ils peuvent ravir les

H 2

Biens de leurs Sujets pour les employer à tel usage que bon leur semble ; Qu'ils peuvent enlever des Femmes à leurs Maris, attenter à la pudicité des Femmes impunément ; qu'ils peuvent tuer & massacrer leurs Sujets, en un mot qu'ils peuvent exercer une licence sans bornes, sans qu'il soit permis de se pourvoir autrement que par des prieres & de remonstrances. Que les mauvais Princes sont donnés du Ciel comme les bons, que ceux-ci doivent être regardés comme des presents du Ciel, mais que les autres doivent être consideres comme les verges de Dieu, auxquelles il se faut soûmettre & ne pas entreprendre de les jetter au feu. Que c'est là le droit de Dieu & qu'il luy en faut abandonner l'exercice : Que les Sujets opprimés par un mauvais Prince peuvent se tourner du côté de Dieu par des prieres & par des larmes, mais qu'ils ne doivent jamais employer d'autres armes ; Qu'il n'y a point de cas où il soit permis à des Sujets de se soulever contre un Roy : Que quand ce qu'il ordonne est injuste, si c'est du mal à souffrir, il faut le porter patiemment, que si c'est du mal à faire, à la verité on ne peut être obligé de le faire, parce qu'il vaut mieux obeïr à Dieu qu'aux hommes ; mais en ce cas il faut mourir, & non resister, parce que toute résistance contre la volonté d'un mauvais Prince est un grand crime devant Dieu : Que même sous pretexte de Religion jamais il n'est permis de se soulever contre un Roy qui devient Tyran, qui desole l'Eglise, qui ruïne ses Sanctuaires, qui proscrit les Ministres de ses Autels, qui ravage ses Domaines, qui profane ses Mysteres, qui abolit son culte, & qui établit l'Heresie & l'Idolatrie. Que l'Eglise doit gemir & se plaindre devant Dieu, mais que les Peuples n'ont aucun droit d'arrêter ces horribles excés par des voyes de fait. ⎯

Toutes ces belles maximes ne se debitent pas seulement comme des positions de jurisprudence, mais comme des points de Religion, des preceptes de la Morale Chrêtienne, & des articles de Foy. Parce que l'Ecriture appelle les Rois *les Oints de Dieu,* qu'elle dit, *obeïssés à vos Conducteurs, celuy qui resiste à la puissance resiste à la volonté de Dieu : & qu'il s'y faut soûmettre, non seulement pour la crainte du châtiment, mais aussi pour la Conscience ;* parce enfin que les devoirs des Sujets à l'égard de leur Roy, font partie de la Loy de Dieu, & de la Morale du Chrêtien. Et de peur que toutes ces maximes demeurant dans l'Idée generale sans application, ne fissent pas assés d'impression sur les esprits, la Cour fit assembler son Clergé & ses Evêques l'an 1682. & y fit définir, que le Roy eſt au deſſus de toutes les Loix de l'Egliſe, qu'il ne peut être excommunié par le Pape ni par l'Egliſe, que jamais les Sujets ne ſçauroient être liberés du ſerment de fidelité pour aucune cauſe, non pas même pour celle de Religion. Ainſi par ordre de Meſſieurs nos Saints Evêques, ſi Dieu nous envoye en ſa colere un Roy qui ruïne la Religion Catholique, qui ſoüille tous ſes Autels, qui nous veüille faire tous Turcs & qui employe les Dragons pour nous faire Mahometans, il ſera permis de mourir & de ſouffrir le Martyre. Mais il ne ſera pas permis d'oppoſer aucune digue à ce torrent, il faudra ſouffrir la ruïne du Chriſtianiſme, & voir patiemment planter le Mahometiſme & arborer le Croiſſant ſur les débris de la Croix de JESUS-CHRIST. S'il arrive à quelqu'un de faire ſentir qu'il n'aprouve pas ſes maximes outrées, on prend un grand ſoin de l'enterrer dans un cachot, afin qu'il ne puiſſe parler & ne puiſſe être entendu. Et pour ceux dont on ne ſçauroit fermer la bouche, & qui diſent que les peuples ſe ſont établis des Rois pour être leurs peres & non leurs tyrans. Que le droit des peuples ne ſe preſcrit pas, qu'on eſt obligé en conſcience de travailler à ſa propre conſervation contre les oppreſſions de quelque ordre qu'ils ſoient : que les Rois ne ſçauroient avoir plus de pouvoir ſur les ſujets que les peres en ont ſur les enfans, puis qu'ils ſont établis pour être les peres du peuple : que les Rois ont leurs bornes, non ſeulement dans les regles de la Juſtice & de l'Equité, mais auſſi dans les privileges que les peuples ſe ſont conſervés. Que les peres ſont des têtes ſacrées pour leurs enfans auſſi bien que les Rois ſont les Oints du Seigneur, & que neanmoins la puiſſance des peres a ſes bornes, au delà deſquelles toutes les Loix divines & humaines, Payenne & Chrêtienne permettent de reſiſter à la violence des peres : que le Prince a pouvoir de lever des tributs pour la conſervation de l'Etat, & non pour ſa ruïne : que le ſang du peuple ne doit pas être employé aux delices du Prince à luy bâtir de ſuperbes maiſons & à luy procurer un nombre infini de ſuperfluités, & deſales voluptés, que les Rois ont leur domaine, & que c'eſt beaucoup ſouffrir que de permettre que le Prince face de ſes domaines ce que bon lui ſemble pour l'aſſouviſſement de ſes plaiſirs. Mais qu'il eſt inoüy qu'on ait donné de l'argent par impôt extraordinaire & qu'on ſe ſoit épuiſé pour ſatisfaire aux paſſions dereglées d'un Roy. Ceux dis-je, qui debitent ces maximes ſont traittés en France de gens execrables, d'ennemis des Rois, de peſtes des ſocietés, d'ennemis du genre humain, de gens qui veulent rejetter tout dans la confuſion & dans le deſordre.

Ces clameurs & ce grand bruit étourdiffent les François, ils n'entendent qu'une partie , & par conféquent n'entendent rien. Ils fentent bien
que leur fens commun & leur cœur refiftent à ces maximes de tyrannie:
mais à force de les entendre debiter avec hardieffe d'un haut ton , & d'un
air d'affurance, ils ne fçavent qu'en croire. Ils voient le torrent qui va
de ce côté là , les Ecclefiaftiques & les Evêques qui donnent là dedans; le
Barreau qui ne s'y oppofe pas; les Avocats & Procureurs du Roy dans les
Tribunaux qui appuyent ces maximes, les Juges qui les approuvent par la
pratique & par un honteux filence, confus de refifter feulsils fe rendent,&
ployent fous le joug, refervant à un meilleur temps de s'inftruire de la verité. S'ils ne font perfuadés, au moins ils jugent à propos de parler &
d'agir comme s'ils l'étoient. Un pauvre Janfenifte à qui on dechire la
Soutane en le tirant à la fignature du Formulaire , ou un pauvre Hugue-
not à qui on met le poignard à la gorge pour lui faire abjurer fa religion,
croient faire un grand effort de liberté en difant ; *mes biens & ma vie font*
au Roy , mais ma confcience n'eft qu'à Dieu. Pauvre miferable, & que
veux tu dire, quand tu dis, que ton bien & ta vie font au Roy? Si cela fignifie que le Roy s'eft rendu maître de tes biens & de ta vie pour en faire
ce qu'il veut, tu as raifon. Mais par là ta confcience eft au Roy auffi-
bien que ta vie & tes biens. Car comme il paroît il s'eft rendu maître de
la confcience de tous fes fujets pour leur faire croire, ou au moins pour
leur faire dire tout ce qu'il luy plait en matiere de Religion. Si tu entens
que de droit le Roy a une pleine puiffance fur ton bien & fur ta vie pour
en faire ce qu'il jugera à propos fans être obligé d'en répondre qu'à Dieu,
où a tu pris ces maximes, eft-ce Dieu, eft-ce l'Eglife , eft-ce le fens commun qui te les a enfeignées. Ce n'eft point icy le lieu de les refufer.&
d'en faire voir l'abfurdité & le ridicule. Cela fe fera quand nous parlerons
des moyens d'abbâtre le Pouvoir Defpotique , & de rétablir les anciennes
Loix du Royaume. Pour le prefent c'eft affés d'avoir rapporté hiftorique-
ment cette bizare Jurifprudence & cette folle Theologie, qui eft le premier
moyen dont la Cour de France fe fert pour foûtenir fa Puiffance Arbitraire , voyons les autres.

Si ce 1. moyen étoit feul , il n'auroit pas grand fuccés , mais la tyrannie
s'eft affermie par plufieurs autres moyens. Le 2. moyen, c'eft que le Roy
s'eft rendu maître de l'Eglife, qui tient la premiere partie, & la principale
d'un tout, a bien tôt tout le refte. Et les Rois de France fe font rendus maîtres
de l'Eglife en fe rendant maîtres des benefices & tous les biens d'Eglife.

Les Ufurpateurs ne fe font pas fait en un jour. Il y a longtemps que les Princes Seculiers travaillent à opprimer la liberté de l'Eglife & à remplir avec autorité les Chaires de leurs creatures. Il eft clair à tous ceux qui font ufage de leur fens commun, que le Peuple & le Clergé doivent élire leurs Evêques & leurs Conducteurs. Cela s'eft ainfi fait dès le temps des Apôtres. Cela a toûjours été pratiqué dans tous les fiecles où l'Eglife a pû joüir de fes veritables droits. Il eft certain auffi que l'Eglife Gallicane a été fondée & a été gouvernée longtemps fur ce pied-là. Mais il eft vray auffi que depuis longtemps les Rois ont travaillé à fe rendre maître des Elections. Les Rois de la premiere race donnoient les Evêchés quand ils pouvoient, & l'Eglife s'y oppofoit toûjours, quand cela fe pouvoit avec feureté. Le troifiéme Concile de Paris tenu l'an 557. fous le regne de *Childebert*, fit là-deffus une fevere ordonnance, *qu'on n'ordonne point d'Evêque*, dit il, *contre le gré des Citoiens, mais celuy-là feulement qui aura été élû volontairement, & d'un plein confentement par le Peuple & par le Clergé, non par le commandement du Prince*. Depuis ce temps là, l'Eglife Gallicane a toûjours été aux mains avec les Papes, & avec fes Rois, pour la liberté des Elections. *Charles VII*. fit faire à *Bourges* la Pragmatique Sanction, qui rétabliffoit les Elections Canoniques en les delivrant de l'autorité des Rois, & de celle des Souverains Pontifes : *Loüis XI*. pour faire fa Cour au Pape lui livra le Pragmatique Sanction, & en envoya l'original à Rome. Ce qui y caufa plus de joye, que n'auroit fait la conquête d'un Royaume à Jesus-Christ. Les Succeffeurs de *Loüis XI*. rétablirent & anéantirent cette Pragmatique, felon qu'ils étoient bien ou mal avec la Cour de Rome. Enfin *Leon X*. & *François I*. partagerent entre eux le morceau & donnerent le dernier coup aux libertés de l'Eglife Gallicane, en aboliffant pour jamais les Elections Canoniques. Le Pape eut les Annates fur les benefices & la provifion des Bulles, & le Roy fe referva la nomination à tous les grands benefices. La memoire du Chancellier *du Prat* qui fit ce beau coup, en eft demeurée chargée de toute l'execration de l'Eglife. Depuis *François I*. tous les Rois de France ont exercé ce droit. Mais *Loüis XIV*. l'a fait valoir & l'a étendu plus loin que les autres : comme il paroit par le grand demêlé de la Regale, & par l'entreprife qu'il a faite de nommer des Superieurs & des Superieures aux Maifons Religieufes qui n'avoient jamais étés foûmifes à ce joug.

Or il eft clair comme le jour, que ce privilege que les Rois de France fe font acquis par une pure ufurpation, eft un des grands moyens par lefquels ils soûtiennent leur Pouvoir Despotique & leur Puissance Arbitraire. On sçait combien les peuples se laissent facilement persuader par les Directeurs de leurs consciences. Un Evêque prêche & fait prêcher telle doctrine qu'il veut. Il envoie & donne des Confesseurs dans tout son Diocese. Il n'admet aux Cures & ne met dans les Paroisses que des gens qui sont dans ses principes. La Cour nomme aux Evêchés des gens qui sont à sa devotion, & ces Evêques demeurent parfaitement soûmis à la Cour qui a fait leur fortune & de qui leur fortune dépend. Car la même autorité qui les a faits les peut défaire. La Cour nomme aussi aux grandes Abbayes. Et les Abbés Commendataires, ne manquent pas d'inspirer à leurs Moines l'esprit d'obeïssance & de soumission aveugle pour le Roy qui les a faits. Les Moines sont presque toûjours en different avec les Abbés pour le temporel & pour la cuisine. Mais cela même les oblige à vivre dans une grande soûmission pour la Cour afin d'y partager la faveur. Ils entrent en partage de la basse complaisance de leurs Abbés pour les Puissances, afin de les contrequarrer plus facilement & avec appuy dans leurs entreprises. Outre tout cela il faut considerer que par ce privilege de disposer de tous les grands benefices, la Cour se rend maîtresse de toutes les grandes Maisons du Royaume. Elles ne subsistent toutes que par les Biens d'Eglise. Un Aîné emporte tout le Bien, les Cadets ne sont riches que par les Evêchés, les Abbayes & autres Biens d'Eglise que le Roy leur donne. Et ces Biens deviennent comme Hereditaires dans les Maisons. Les Oncles les resignent à leurs Neveux de generation en generation : quand un Frere a longtemps possedé ces Biens d'Eglise, s'il luy prend envie de se marier, il les resigne à l'un de ses Cadets en se reservant une grosse pension sur le benefice.

Il est aisé de comprendre que toutes les grandes Maisons du Royaume qui ne sont riches que de ces Biens, doivent être dans une grande dépendance, puis qu'elles ne possedent ces grands revenus que par le benefice du Roy & dépendamment de sa volonté. Enfin quand le Roy veut recompenser quelqu'un qui ne peut pas recevoir un caractere Ecclesiastique, il luy assigne de grandes pensions sur des benefices qui sont possedés par d'autres. Ainsi les Biens Ecclesiastiques sont absolument secularisés, & ne servent qu'à fournir au Prince le moyen de rendre tout le Royaume esclave, de recompenser ceux qui sont les Ministres de sa Puissance Arbitraire, & se gagner des voix qui la soûtiennent. Il n'y a personne qui ne trouve bon un Gouvernement où l'on gagne, quoi

que

que tous les autres y perdent. C'eſt pourquoy toute la Nobleſſe de France & particulierement la grande Nobleſſe, ne ſçauroit avoir du chagrin contre la Puiſſance Arbitraire, qui les incommode à la verité quelquefois ; mais qui ſeule leur aſſure la poſſeſſion des revenus immenſes de l'Egliſe Gallicane. Car ſi le Pouvoir Deſpotique du Gouvernement ſur les Biens d'Egliſe étoit aneanti ; les Elections Canoniques étant établies, ce ne ſeroit plus la naiſſance, la faveur, la complaiſance pour la Cour, & l'attachement à ſes maximes qui emporteroient les grands benefices ; ce ſeroit la vertu, la pieté, le ſçavoir & le merite ſans avoir égard à la Naiſſance.

La Cour ſe ſert encore d'un autre moyen tres-efficace pour s'attacher les Evêques & pour rendre par eux toute la Nation eſclave. C'eſt qu'elle autoriſe la tyrannie de ces Evêques ſur leurs Prêtres, & ſur tout le bas Clergé. Les Prêtres ſont les eſclaves de leurs Evêques. Il n'eſt rien ſi miſerable, ſi abject & ſi foulé que ce bas Clergé. Pendant qu'un Evêque eſt grand Seigneur & fait une dépenſe ſcandaleuſe en Chiens, en Chevaux, en Meubles, en Domeſtiques, en Tables, en Equipages, les Prêtres du Dioceſe n'ont pas dequoi s'achêter une Soutane ; les fardeaux des Decimes tombent ſur ces miſerables & paſſent auprés de Meſſieurs les Prelats ſans les toucher. Les Evêques traitent leurs Prêtres non comme d'honnêtes Valets, mais comme des Valets d'écurie. Ils ne ſe couvrent jamais devant leurs Evêques, ils n'ont pas l'honneur de manger à leur table, il faut qu'ils marchent à leur mandement, & qu'ils obeïſſent aveuglement aux ordres de leur Prelat, comme s'ils étoient ſes Sujets, & qu'il fût leur Souverain. Dans un Etat libre & ſous une Monarchie bien reglée cette conduite n'auroit point de lieu, on apprendroit aux Evêques qu'ils ne ſont que les Chefs de leurs Prêtres & non leurs Rois, & qu'ils ne les doivent gouverner que ſelon les Canons. C'eſt pourquoy les Evêques & les Prelats ſont engagés à maintenir la Puiſſance Deſpotique qui les maintient. Les Tyrans ſe prêtent la main les uns aux autres, & les Tyrans les plus élevés permettent aux Tyrans inferieurs, d'exercer tyrannie ſur ceux qui ſont plus bas qu'eux, afin de les engager par là à conſerver un Gouvernement, ſous lequel ils ont un Empire qu'ils ne pourroient conſerver, ſi les affaires prenoient un autre train.

Loüis XIV. le plus imperieux & le plus autoriſé de tous les

I

Rois, a bien penetré cette politique, quoi qu'il ait efficacement travaillé à réünir dans sa personne toute l'autorité qui étoit répanduë en divers Sujets, il a permis aux Evêques d'aggraver le joug des Prêtres ; & même depuis quelques années il a fait rendre un arrêt dans son Conseil, par lequel les Curés sont destituables par leur Evêques *ad nutum.* C'est à dire qu'un Evêque transporte, chasse, bannit un Curé quand il luy plait, sans autre raison que son caprice & sa volonté. Il ne faloit plus que cela pour abbâtre le bas Clergé, & le rendre le mépris des Peuples, & l'esclave des Prelats. Jugés si des Evêques qui regnent si Despotiquement ne doivent pas tenir pour la Puissance Despotique ?

LE CLERGE' fait un grand Corps dans l'Etat, mais les Financiers, gens d'affaires, Traitans, Thresoriers, Receveurs n'en sont pas un moins grand : à tout comprendre depuis le premier Administrateur des Finances, tel qu'est un Surintendant ou tel qu'étoit M. *Colbert,* jusqu'au plus petit Commis, & jusqu'aux Archers de la Gabelle. Comme c'a été un grand mystere de politique d'interesser tout le Corps du Clergé à maintenir la Puissance Despotique, ce n'est pas un coup moins important d'engager tout le Corps des Financiers & gens d'affaires dans le maintien de la Puissance Arbitraire : & c'est ce qu'on a sçû faire dans ce dernier siecle. Toute l'Europe a vû avec étonnement & même avec effroy les prodigieuses & immenses fortunes qui se sont faites en si peu de temps. Des gens se sont trouvés en état de faire quelques prêts aux Ministres dans leurs pressantes necessités. Cela leur a été une porte pour entrer dans l'Administration des Finances. Et ils y ont fait des maisons puissantes & riches en moins de rien. Ils se sont remboursés au centuple de leurs avances. D'autres de petits Commis ont trouvé moyen de se pousser jusqu'aux premiers emplois des Finances : d'autres s'y sont fourrés par d'autres portes. Mais quoi qu'il en soit, quand ils y ont été introduits ils y ont fait des ravages horribles. Le Peuple a été succé par toutes ses veines, il n'y a point de violences & de vilainies qui n'ayent été commises pour l'épuiser. Les donneurs d'avis sont venus à la traverse comme des Troupes Auxiliaires des gens d'affaires. Une infinité de gens ont eu part au gâteau. Tout le Bourgeois de Paris a trouvé moyen de faire valoir son argent par là, & de s'interesser pour tirer vint, trente, quarante & cinquante pour

tent d'un argent qui felon les Ordonnances ne luy en devoit valoir
que cinq. Le regne des Financiers étoit monté à tel point dans le
Royaume, qu'il faifoit un autre Etat dans l'Etat, & paroiffoit avec
tant d'éclat, que tout ce qu'il y avoit de grand & de brillant dans
le Royaume en a été effacé. On voyoit ces Meffieurs achêter les
plus anciens Hôtels des Princes & des Ducs du fiecle paffé, jetter
par terre ces beaux & ces grands Hôtels, bâtir fur les ruïnes des Palais à la moderne plus magnifiques que les Maifons des Rois. Ils a-
chêtoient les premieres terres du Royaume dans les Provinces &
profitoient du débris des grandes Maifons ruïnées. Ils avoient des
Equipages de Souverain, des Tables magnifiques & delicieufes;
enfin il n'y eut jamais un fi prodigieux abus & une profufion de
richeffes fi demefurée. Toute la France a vû à quoi les Finances ê-
toient employées du temps du Surintendant *Fouquet* : les fommes
immenfes qu'il dépenfoit en fales volupté, en Bâtimens fuperbes,
en Fêtes d'une magnificence inconcevable, en terres fur lefquelles il
faifoit affembler toutes les raretés de la nature. Tous les autres gens
d'affaires fous luy à fon exemple pouffoient ces excés à toute extremité, & ne fe donnoient pas de bornes. Et qui fourniffoit à tout
cela ? La fubftance du Peuple & la Puiffance Defpotique : la volonté du Prince de laquelle feule dépendoient les Impôts. On hauf-
foit les tailles felon que les Traitans le jugeoient à propos : on faifoit monter les Fermes auffi haut qu'il étoit neceffaire pour fournir
aux befoins de l'Etat, pour affouvir l'infatiable cupidité des Miniftres, & pour combler la vafte convoitife de plufieurs millions de
gens affamés qui devoroient tout. Un Donneur d'avis étoit écouté
comme un Oracle ; on le produifoit à la Cour avec eloges, on le
récompenfoit magnifiquement : fes recompenfes animoient les autres,
tout le monde donnoit dans une profeffion fi bien payée. Toute la
France étoit couverte d'exacteurs, & perfonne ne leur pouvoit rien
dire. Si les Impôts avoient été reglés & gouvernés comme autrefois par les Etats du Royaume, les chofes n'auroient pas pû aller
ainfi. Cette foule de petits Tyrans qui profitoient de la Tyrannie
n'auroit pû regner. Ces grandes Fortunes ne s'élevoient qu'à la faveur & à l'ombre de cette Puiffance Defpotique qui dit fans réfer-
ve, *Il nous plaît, nous voulons, & tel eft nôtre plaifir.* Car on n'avoit
qu'à intereffer les Miniftres ou à tromper le Confeil pour obtenir

une Declaration ou un Arrêt par lequel comme avec une faux tranchante on moſſonnoit où l'on n'avoit pas ſemé.

Voilà donc encore une prodigieuſe quantité de gens intereſſés à ſoûtenir la Puiſſance Arbitraire, car leur regne dépendoit uniquement de là. Et outre que ces gens étoient en grand nombre, ils trouvoient moyen d'engager tout ce qu'il y avoit de Grands dans le Royaume. Il n'y avoit pas de Financier qui n'eût à ſes gages, les Gouverneurs des Provinces, Lieutenants de Roy, Commandants des Places, & même des grands Seigneurs de la Province. A l'un ils donnoient cinquante mille livres de penſion, à l'autre plus ou moins, afin qu'ils prêtaſſent main forte pour l'établiſſement & pour la levée des Impôts. Car le peuple n'eſt point ſi eſclave d'habitude qu'il ne ſe ſouvienne toûjours de ſon ancienne liberté; il ſe ſoûlevoit quand il pouvoit pour ſecoüer le joug peſant qu'on luy mettoit ſur les épaules. Mais les Commandants pour le Roy, les premiers Magiſtrats des Villes, & les principaux Seigneurs du Païs payés par les gens d'affaires tenoient la main pour contenir le peuple dans ſon devoir, c'eſt à dire pour l'empêcher de faire ſon devoir, & de faire valoir ſes droits. Voyés combien voilà de gens engagés à maintenir la tyrannie. Nous l'avons dejà dit, quand on gagne à un Gouvernement, on ne ſe met pas en peine que les autres y perdent. Aujourd'huy ces Meſſieurs qui du depuis ont ſenti le poids de la Puiſſance Deſpotique, & qui en ont été opprimés, ſentent auſſi-bien que nous la peſanteur & l'injuſtice du fardeau. Mais alors environnés de biens, nageant dans les richeſſes, ils beniſſoient les canaux qui les leur apportoient, & n'avoient garde de tendre à une liberté qui leur eût été fatale.

Il eſt vray que les choſes ont changé depuis ce temps-là: le regne des Financiers eſt fort diminué, le Roy a attiré à luy tout le profit. On voit peu de ces fortunes de gens d'affaires, comme on en voyoit autrefois. On n'a plus beſoin de donner des penſions aux Gouverneurs des Provinces, pour les obliger à tenir la main pour faire obeir le peuple. Le Roy s'eſt tellement autoriſé, & a porté ſon pouvoir ſi loin, qu'à preſent un ordre de la Cour porté par un valet de pied & produit par un Intendant, fait trembler toute une Province. Tout baiſſe la tête & grands & petits, & gens du Roy, & Magiſtrats & Peuples. Mais outre que cela ne revient pas à la décharge du peuple, il faudra necessairement que la Puissance Despotique & les Impôts continuant, les gens d'affaires remontent sur leurs thrônes. Les moyens que le Roy employe pour tenir le peuple dans la captivité sans dépendre de gens d'affaires, est plus onereux à l'Etat que n'étoit le regne des Financiers. Car c'est cette horrible multitude de Troupes dont il couvre le Royaume, & dont nous avons à parler dans la suite. Le Roy n'a pas autant gagné à reformer les Officiers des Finances, qu'il consume dans l'entretien de ces grandes Armées. La facilité que le Roy trouve dans les exactions vient de ce qu'on appelle la force du Gouvernement. On paye parce qu'on n'oseroit refuser : & l'on n'oseroit refuser parce qu'on a sur la tête une autorité qui paroît comme une Montagne toûjours prête à tomber & à écraser. Mais les Etats ne sçauroient longtemps subsister dans cette situation violente, : des Guerres étrangeres qui réüssissent mal, des Guerres Civiles causées par les Mécontents ; une Minorité sous laquelle l'autorité Royale demeure comme éclipsée, font aussi éclipser la terreur, les forces de Mer & de Terre diminuënt, on n'a pas de Troupes pour être par tout ; les Commandants de ces Troupes ne sont plus si soûmis. Le Peuple alors commence à sentir sa force. Ce temps reviendra indubitablement. Et alors il faudra que le regne des gens d'affaires retourne & qu'il face regner la Cour precisement par les mêmes voyes par lesquelles ils l'ont fait regner durant le Ministere du Cardinal *de Richelieu* & celuy du Cardinal *Mazarin.* Et par consequent, à moins qu'on n'y mette ordre, ce Ministere des Financiers, & la licence qu'ils ont de tout prendre sous l'Autorité Despotique du nom de Roy, sera toûjours l'un des plus puissants moyens pour soûtenir la Puissance Arbitraire. Tout abbaissés que sont aujourd'huy les gens d'affaires par les cours de Justices, par les taxes prodigieuses qu'on leur a fait payer, par la diminution de leurs gains immenses, ils ne sont point encore revenus du charme de cette Puissance Arbitraire ; & ils ne voudroient pas travailler à la détruire. Ils se souviennent des heureux temps qu'ils ont passés à la faveur de cette Puissance Arbitraire, de leur pompe, de leur regne, & de leurs plaisirs. *Menerot* disoit qu'il y avoit trois choses que le Roy ne luy pouvoit ôter, sa Noblesse, car il étoit de basse naissance ; son Patrimoine, car il étoit né gueux, & les bons repas qu'il avoit faits ; la memoire du passé les soûtient donc dans leurs maximes. Le present quoi que fâcheux ne laisse pas de les y engager ; car ces gens qu'on a vexés, taxés, ruinés, ont conservé de bonnes pieces de leur naufrage. A l'un le Roy a emporté quatre ou cinq millions., à l'autre deux, à l'autre quinze cens mille livres. Mais après cela ils ne laissent pas de vivre encore magnifiquement & dans l'abondance. Ils laissent bien plus à leurs Enfans que leurs Peres ne leur ont laissé. Ainsi ils n'ont sujet que d'être contents d'une Puissance Arbitraire de laquelle ils ont abusé longtemps, & qui dans la suite ne les a pas si bien jettés par terre, qu'ils ne se trouvent encore sur leurs pieds. Enfin l'esperance de l'avenir les retient dans les principes de la Puissance Arbitraire par la raison que je viens de dire ; c'est qu'ils prévoient bien que l'état present des affaires est trop violent & trop guindé pour subsister longtemps. Il faut qu'il tombe & alors les gens d'affaires reviendront à être les appuis de la Monarchie & les Ministres de la Puissance Despotique. On aura affaire d'eux & de leur Argent quelque jour, & alors ils feront bien payer, comme ils ont fait autrefois, le secours qu'ils auront prêté à la Couronne & aux Ministres. Voilà déjà trois moyens puissants & efficaces dont se sert le Gouvernement Arbitraire de la Cour pour se soûtenir : nous verrons les autres.

Fin du quatriéme Memoire.

LES SOUPIRS

DE LA

FRANCE ESCLAVE

Qui aspire aprés la Liberté.

V. MEMOIRE,

Du 15. de Novembre 1689.

OU SONT EXPLIQUÉS LE RESTE

des moyens dont la Cour de France se sert pour maintenir sa Tyrannie, & exercer sa Puissance Arbitraire.

N OU S avons commencé d'exposer les moyens par lesquels la Tyrannie de la Cour de France se conserve & se maintient, & nous en avons dejà trouvé trois : Le premier c'est la Theologie & la Jurisprudence esclave sur le Droit des Rois. Le second ce sont les Biens d'Eglise ; qui sont le quart ou le tiers des Biens du Royaume, de la distribution desquels la Cour s'est renduë maîtresse : Le troisiéme c'est d'avoir mis les Impôts en parti, & d'avoir établi le Regne des Gens d'affaire.

Le quatriéme moyen, dont on s'est servi pour retenir les Peuples dans l'Esclavage, c'est de les ruiner & de les abbaisser. Rien n'ôte le courage comme la bassesse & la pauvreté. Les Tyrans ont tous réconnu, qu'ils ne pouvoient regner tyranniquement sur un Peuple riche, C'est pour-

K

quoy ils ont toûjours travaillé à se rendre Maîtres de toutes les richesses des Etats qu'ils ont voulu opprimer. C'est par cette voye que les Arabes, les Turcs & les Tartares ont établi leur Domination depuis le Détroit de Gilbraltar jusqu'aux Frontieres de Siam & de la Chine. Ils ont pris tout le Bien des Peuples qu'ils ont conquis, & ont fait de tous leurs Sujets de pauvres Esclaves. Les Ministres de la Cour de France n'ont pas encore osé imiter entierement cet exemple, quoi qu'ils y ayent pensé, comme nous l'avons prouvé ci-devant. Mais ils ont succé & tiré tout le sang de leurs Peuples par d'horribles Impôts, & ont reduit la Noblesse & le Peuple à une telle pauvreté, que si l'on vouloit remuër dans le Royaume, on ne sçauroit comment s'y prendre. Car il n'y a ni Forteresses, ni Armes, ni Artillerie, ni Arsenaux, ni Munitions, dont on se peut rendre maître, parce qu'il n'y a pas d'argent hors des Coffres du Roy. Le Cardinal *de Richelieu* a commencé; le Cardinal *Mazarin* a poursuivi. Celuy-ci avoit accoûtumé de dire que la France êtoit un bon Asne, que plus on la chargeoit, mieux elle marchoit. Enfin le Ministere present a achevé d'executer ce moyen de tyrannie. Un Peuple demi ruiné est justement en état de se revolter. Il a assez de mal pour le sentir & pour desirer le changement. Il a encore assez de bien pour se soulever, & faire des affaires aux Tyrans. C'est precisement l'état où se trouva le Royaume aprés la mort de *Loüis XIII.* Roy titulaire sans pouvoir, & du Cardinal *de Richelieu* Roy Despotique sans tître. Durant la Minorité du Roy la France êtoit à demi ruinée par les Exactions que le Cardinal *de Richelieu* avoit exercées. Mais elle ne l'êtoit pas assez pour avoir perdu toutes ses forces. Elle s'en voulut servir pour recouvrer sa Liberté. De là vinrent les mouvemens de la France, & les Guerres de Paris. Le Royaume fut abandonné à la furieuse avarice d'*Emery* Surintendant des Finances, & de tous les Partisans qui commandoient sous luy. Le Ministere d'alors crut que le Cardinal *de Richelieu*, qui avoit regné Despotiquement, avoit suffisamment établi la Tyrannie, & que desormais on pouvoit tout entreprendre. L'experience les desabusa. *Paris* secoüa le joug, il fut suivi des Provinces de *Normandie*, de *Guienne*, de *Bourgogne*, de *Languedoc* & de plusieurs autres. Le Parlement de Paris prenant le nom de *Pere du Peuple*, entteprit de le proteger & de reformer les abus. Et la Monarchie se vit à la veille d'être rétablie dans son ancienne Liberté, & de rentrer sous son ancien Gouvernement. Mais l'ambition des Grands & les intérêts particuliers qui les faisoient aller les

uns d'un côté & les autres de l'autre , fit évanoüir toutes ces belles espe-
rances. Le Parlement devoit alors prendre les refnes de l'Etat , affembler
les Etats Generaux du Royaume , abolir la Tyrannie & chaffer les Tyrans , fe rendre Maîtres de la Perfonne du Roy , & le faire élever dans
les maximes d'un veritable Prince. Si cela fe fût fait comme on le devoit ,
la France feroit aujourd'huy le Royaume du Monde le plus heureux. La
Cour tremble encore aujourd'huy du peril qu'elle courut alors de fe voir
arracher des mains la Puiffance Defpotique. Elle a vû d'où venoit le danger , elle a couru à la fource pour le prevenir. Elle a conçû que c'eft tout
perdre que de ruiner & d'abbaiffer un peuple à demi : luy laiffer une partie de fes forces , c'eft luy donner le moyen de fe vanger des outrages
qu'on luy a fait , en luy arrachant l'autre. C'eft pourquoy le Roy s'eft
fait une neceffité d'abaiffer tous ceux qui avoient penfé luy ravir fa Puiffance Arbitraire. Les Princes du Sang avoient paru à la tête du parti :
on les a éloignés du Gouvernement & des Confeils , & même on les a
tenus dans un éloignement de la Cour qui reffemble mieux à l'exil qu'à
une retraite. Les Parlements avoient paru dans cette affaire , comme les
premiers moteurs , on n'a pas manqué de les abbaiffer , & de les jetter fur
la pouffiere. La Ville de Paris avoit fait grand bruit ; outre mille moyens
dont on s'eft fervi pour l'appauvrir , le Roy luy fait connoître qu'il eft
irreconciliable , & qu'il ne pardonne jamais. C'eft pourquoy il a renoncé à la demeure de cette Ville , & s'eft bâti une Cour à Verfailles.
Quand il en fort , c'eft pour aller en quelque autre de fes Maifons. Il eft
par tout ailleurs qu'en fa Ville Royale , à qui la prefence des Rois a
toûjours apporté de grandes richeffes & de grandes commodités. Enfin
parce que les Peuples avoient fuivi le mouvement , que le Parlement ,
la Ville de Paris & les Princes leur avoient donné , on les a abbaiffés ,
ruinés & appauvris , & mis dans le plus bas degré. Le Cardinal Mazarin
avoit fçû d'où venoit le mal : comme il étoit le premier inftrument de la
Tyrannie , il avoit été auffi le principal object du reffentiment & de la
fureur des Peuples. Il leur étoit échapé par un vray miracle. Pour fe vanger , il a laiffé des memoires qu'on a exactement fuivis. Et c'eft en
fuivant ces leçons qu'on a mis le Royaume fous le joug fous lequel il
gemit , & qu'on a achevé d'abbâtre les Peuples. Il eft vray que cette
maxime femble être juftifiée par l'experience : elle a tres-bien réüffi aux
Miniftres jufqu'ici. Mais un bon Roy devroit avoir honte de conferver
fon Autorité par de fi honteux moyens. C'eft une chofe étrange que les

Rois de France depuis le bon *Loüis* XII. ayent renoncé au glorieux titre de *Pere du Peuple*, & qu'ils ayent mieux aimé regner par la crainte que par l'amour. La veritable gloire d'un Prince, c'est de regner sur un Peuple qui le charge de Benedictions, en vivant paisiblement chacun chez soy dans l'abondance & dans la paix. Cette voye de violence, qui réüssit pour quelque temps, peut manquer enfin, & manquera sans doute. Il est vrai que naturellement les mouvemens sont plus difficiles au milieu d'un Peuple entierement ruïné. Mais sous la Domination des Romains on a vû des Guerres d'Esclaves, & l'abus que les Maîtres faisoient de leur pouvoir, a quelquefois fait trouver à ces miserables les moyens de s'assembler & de former des Armées formidables à la Republique. Il est impossible que la même chose n'arrive en France. Les Gens qui n'ont plus rien à perdre risquent tout, parce qu'ils n'ont plus rien à risquer qu'une vie qu'on leur a renduë pesante par les fardeaux insupportables dont on l'a chargée. Il y a une fin à tout : les François souffrent, mais il est tres-certain qu'ils sont las de souffrir, & que leur patience est é-puisée.

Le cinquiéme moyen dont on se sert pour conserver au Prince la Puissance Arbitraire, & aux Sujets l'esprit de soumission & d'obeïssance aveugle, c'est de se rendre Maître du Bien des particuliers, qu'on n'a pas voulu, ou qu'on n'a pas pû leur ôter. C'est à quoy visent & ce que produisent ces prodigieux Emprunts que la Cour fait sur les Maisons de Villes. Le Roy en une seule année a emprunté plus de trente millions de ses Sujets, on assigne les Rentes de ces Fonds sur les Maisons de Villes ; ces rentes se payent fort bien. Rien n'est plus commode à des personnes qui font une grande dépense, & même à ceux qui ne sont en état d'en faire qu'une mediocre, & qui par consequent ont besoin d'être plus regulierement payés. Cependant c'est un aveuglement prodigieux à nos François de donner dans ces pieges, pour les raisons qui ont été ci-devant deduites. Mais c'est une excellente Politique à la Cour de les tendre, & d'y attirer les Gens. Sans conter que la Cour de la maniere qu'elle gouverne, est maîtresse du Fonds & des rentes, & les retranche quand il luy plait. Supposé même que de bonne foy on eût dessein de payer regulierement & constamment ces Rentes, elles ne laisseroient pas d'établir l'Esclavage, & d'affermir la Tyrannie. Premierement ces Emprunts ne coûtent rien au Roy. Il reçoit trente & quarante millions en une année : son Fonds & son Revenu n'en dimi-

nuënt pas d'un ſoul. On augmente les Impôts à proportion : cela ſe
met ſur les Charges ordinaires de l'Etat, auxquelles il faut que l'Etat
ſurvienne. Ainſi on tire des particuliers ce qu'on leur doit, afin de les
payer de leur propre argent. De cette maniere ces Emprunts que le
Roy fait, ſont de nouveaux moyens d'appauvrir les Peuples. De plus,
c'eſt un frein que le Prince tient en main, par lequel il mene les Peuples où il veut. Il n'a qu'à les menacer de fermer les Contoirs, &
le faire en effet. Voilà tout le monde aux abois, qui vient à deux genoux ſe ſoumettre & baiſer la terre, s'engager de nouveau à tout ſouffrir, & à tout faire ſelon la volonté du Prince.

En general, c'eſt peut-être là le meilleur moyen qu'un Etat puiſſe
employer pour ſe maintenir, & pour éviter les revolutions, qui peuvent arriver par les mouvements interieurs & même celles qui pourroient
arriver par les invaſions des Etrangers. Des Peuples qui ont tout leur bien
entre les mains d'un Etat, ſont intereſſés autant qu'on le peut être à le conſerver, comme il eſt. La Republique de Veniſe par ſa Banque, la Ville
d'Amſterdam par la ſienne, la Republique des Hollandois par ſes Obligations ſur les Contoirs de l'Etat, & par ſes Actions ſur les Compagnies des Indes Orientales & Occidentales, tiennent tous les Biens de leurs Sujets, &
par ce moyen ils ſont maîtres des Perſonnes. Peut-être que la Hollande
n'a pas penſé à cela quand elle a fait ſes emprunts. Elle a ouvert ſes Contoirs pour établir des rentes ſelon les beſoins qu'elle a eu durant la Guerre. Mais elle doit remarquer là-dedans une ſinguliere Providence, qui
vouloit par là poſer le plus ſeur fondement de ſa ſubſiſtence. l'Etat étant
maître de tout le Bien du Païs, n'a rien à craindre de la part des particuliers. Car ils ne pourroient ruïner l'Etat ſans ſe ruïner eux-mêmes. C'eſt
auſſi ce qui leur fait porter avec tant de patience ces Impôts, qui par
tout ailleurs paroîtroient & exceſſifs & inſupportables. L'Etat doit payer
peut-être ſept ou huit millions de livres de rentes, ſi on ne lui donne
dequoi les payer, il fera banqueroute : qu'en reviendra-t'il ? C'eſt que
tous ces particuliers qui penſoient épargner deux ou trois cens livres
d'Impôts, perdront trois ou quatre mille livres de rente que l'Etat leur
paye. Les Actions ſur les Compagnies des Indes Orientales & Occidentales ne ſont pas d'autre nature ; elles dépendent entierement du bon ou
du mauvais état de la Republique. C'eſt pourquoy le prix en eſt ſi roulant, ſelon la bonne ou mauvaiſe ſituation des affaires. Enfin c'eſt ce
qui oblige ces Republicains à faire de ſi grands efforts & à depenſer ſi

largement pour se défendre des invasions des étrangers. Si le Païs passe sous une Domination étrangere, tout le Bien des particuliers est perdu. Un nouveau Maître n'entrera point dans les engagements du Gouvernement precedent. Il ne connêtra point d'autres biens de particuliers que leurs Champs & leurs Maisons, il croira qu'on luy en doit bien de reste s'il ne touche pas à ces fonds : & pour les rentes établies sur les Contoirs, il n'en voudra prendre aucune connoissance. Ainsi le veritable interêt de la Republique de Hollande est de rendre tout ce qu'elle a aux Etrangers, mais de ne rembourser jamais ses propres Sujets. Car en les remboursant elle les ruïneroit & leur ôteroit le moyen de payer les Impôts qui soûtiennent l'Etat. Et elle perdroit le frein par lequel elle les retient dans l'obeïssance & dans la soumission.

Ce moyen est donc bon & legitime dans les Etats libres & dans les Païs où les Peuples se gouvernent par eux-mêmes. C'est un lien qui les unit au Corps de l'Etat. Mais il est pernicieux dans les Païs de Gouvernement Monarchique : Car il est impossible qu'une Monarchie ne degenere incontinent en Tyrannie, quand le Monarque tient en sa main tout le Bien des particuliers. Aussi est-ce tres-assurement l'une des choses qui mettent le plus à couvert la Puissance Despotique de la Cour de France. Car il n'y a point de particulier interressé dans les Rentes que paye le Roy, qui ne puisse penser, *si nous remüons pour reformer l'Etat, le Gouvernement changera ; & si le Gouvernement change, le nouveau Gouvernement ne se croira pas obligé de payer les rentes qui ont été creées par le desordre du Gouvernement precedent.* Mais c'est une difficulté, à laquelle on peut tres-bien répondre, & nous ferons voir dans la suite qu'il seroit tres-facile de ramener la Monarchie à ses anciennes Loix, sans rien faire perdre aux particuliers.

Le sixiéme appuy de la Tyrannie & de la Puissance Despotique, c'est de rendre la subsistence de tout ce qu'il y a de Grands & d'Importants dans le Royaume dependante de la Cour. Il n'y a Etat, ni Royaume dans l'Europe, où les choses aillent à cet égard comme elles vont en France. Par tout les Grands du Royaume vivent de leurs fonds & de leurs revenus, & ne s'attendent point aux pensions & aux bienfaits de la Cour. On sçait comme les Grands d'Espagne vivent independants de la Cour. Cette independance pourroit aller à l'excés. Car cela les porteroit à negliger les affaires de la Couronne & la gloire de l'Etat. En effet on croit que c'est delà qu'est venu le changement, qu'on croit remarquer

dans ce grand & puissant Etat , qui comprend tant de Royaumes & tant
de Provinces , qui possede autant de terre dans l'Europe & dans le nouveau Monde , qu'il en faudroit faire l'un des plus puissants Empires
qu'on ait vûs. Si l'Espagne ne fait pas ce qu'elle a fait autrefois, cela
vient peut-être de ce que les Grands d'Espagne ne se mettent pas assés
en peine des affaires du dehors , & se contentent de vivre chés eux riches,
puissans , & independants , sans beaucoup s'interesser à la grandeur & à
la gloire de l'Etat, au moins les en accuse-t'on. Et cette reflexion , pour
le remarquer en passant , doit faire comprendre que la France ne doit pas
fort conter sur la pretenduë foiblesse de l'Espagne. Car quand il lui plaira elle peut devenir aussi formidable qu'elle a été autrefois. Deux ou
trois Provinces que la France lui a enlevées n'ont pas diminué ses forces,
& ne sont gueres de choses en comparaison des prodigieux Domaines
qui luy restent. Les Grands n'ont qu'à se reveiller & incontinent le
Gouvernement roulera sur un autre pied. La même observation se peut
faire sur l'Angleterre. C'est que les Grands Seigneurs ne sont pour leur
subsistence dans aucune dépendance de la Cour. Ils ont de grands Biens ,
ils vivent chés eux en petits Souverains. La Cour ne les tenant point
par là , ils ne sont pas ses Esclaves, & sont toûjours en état de s'opposer
à ses usurpations , sans craindre la perte des pensions. C'est toute autre
chose de la France. Le Roy a trouvé moyen de rendre tout miserable,
afin qu'on ne puisse vivre sans lui ; & par consequent qu'on soit toûjours
dans l'Esclavage. L'Angleterre pour l'étenduë n'est point comparable à
la France ; cependant, on y trouvera peut-être deux ou trois fois plus
de grands Seigneurs, capables de se soûtenir par eux-mêmes qu'en France. D'où peut venir cela ? Cela vient de la Politique des Rois de France, qui ruinent toute la grande Noblesse, par les dépenses prodigieuses
auxquelles ils l'obligent, tant pour paroître à la Cour, que pour la
guerre. Alors quand les maisons sont ruinées , le Roy leur tend la main
pour les empêcher de tomber. On leur donne des pensions, on les pour-
voit de charges , & de gouvernements, dont ils vivent ; mais ils vivent
dans la dépendance de la Cour , il sont ses Esclaves, & par consequent ils
sont engagés à soûtenir la Tyrannie & la Puissance Arbitraire. Car si
cette Puissance étoit abâtuë, si le pouvoir d'exiger des sommes prodigieuses sur l'Etat étoit borné, les pensions necessairement tomberoient.
Si la grande Noblesse de France entendoit ses veritables intérêts, elle
vivroit dans les Provinces ; les Grands s'y rendroient considerables par

une dépense honnête, & par les services qu'ils rendroient & la protection qu'ils fourniroient aux Peuples & aux Gentilshommes ; par ce moyen ils seroient là comme de petits Rois. Ils iroient à la Cour autant que leur devoir les y engageroit, pour rendre leurs Hommages au Roy. Mais ils ne s'amuseroient pas à grossir la Cour d'un Prince qui les oprime, & ne se ruineroient pas pour luy faire honneur & pour bâtir la Tyrannie. Par ce moyen conservant leurs biens & leur crédit dans leurs Provinces, ils seroient toûjours en état de s'opposer efficacement aux entreprises de la Puissance Despotique & sans bornes. C'est ainsi que la Noblesse de France vivoit autrefois, & avant le Regne des *Valois*, les Grands ne venoient à la Cour que quand on les y appelloit, & qu'on avoit affaire d'eux.

On peut conter pour un septiéme moyen de conserver la Tyrannie, ce qu'on s'est rendu maître de tous les emplois, & de toutes les charges ; & de ce qu'on a permis l'introduction des abus dans celles dont la Cour s'est en quelque façon défaisie. Premierement les abus qui se souffrent dans la possession & l'alienation des charges de Justice est un grand appuy à la Tyrannie. Par exemple la venalité des charges de Justice dans les Tribunaux, est une des grandes corruptions qui puissent être introduites dans un Etat. Cela remplit les Sieges de mal-honnêtes gens, mal-habiles, sans connoissance, sans conscience, sans honneur & sans foy. Il n'y a rien plus rare qu'un homme qui a toutes les qualités necessaires pour faire un bon Juge. Et ces qualités ne se rencontrent pas toûjours dans le plus riche, & dans celui qui a le plus de moyen de faire de la dépense, & d'achêter cherement le Droit de s'asseoir sur les Fleurs de Lis. Il faut donc qu'un homme sans merite & sans vertu remplisse les places, qui ne sont dûs qu'au merite, parce qu'il a de l'argent. C'est vendre proprement la Justice au plus offrant ; & l'on peut être fort assuré que celui qui achête bien cher le Droit de la distribuër ne la donnera pas à bon marché. Les Cours Souveraines ne sont pas exemptes de ces corruptions ; au contraire elles y sont sujettes plus que les Tribunaux inferieurs. Les places y sont plus honorables, on les paye bien plus cher, ainsi cela est destiné à ces nouveaux riches, qui avec un sang sorti de la boüe, en ont encore l'esprit, & les inclinations. Les Peres ont amassé du bien dans des Emplois souvent peu honnêtes ; il faut relever la maison, & effacer l'infamie, en s'acquerant des places d'honneur. Ainsi un Parlement se remplit de jeunes Gens,

souvent

souvent sans esprit, qui n'aiment que le plaisir, le jeu, la débauche, l'oy-
sivité, qui n'ont pris des Licences & des Degrés, que par forme
& en les payant bien. Voilà les Gens de qui dépendent la vie, les
Biens, & la fortune de tout un Royaume. Dans les Tribunaux
Inferieurs le plus riche de la Ville, qui souvent en est le plus mal-
honnête homme, s'en fait le premier Magistrat, en achêtant la premiere Charge; les autres Dignités du Barreau qui sont au dessous,
se vendent de même : & ces Messieurs qui ont achêté ces Emplois,
n'oublient rien pour se dedommager. Ils allongent les procés, ils
multiplient les Formalités ; ils se font adjuger de grosses sommes pour
des Vacations, pour des Décentes sur les lieux, & pour cent
autres choses. Jugés si de telles Gens assis sur le Tribunal sont fort
propres à corriger les desordres du Barreau. Des Juges qui sont eux
mêmes des Fripons, sont-ils bien propres à châtier les Solliciteurs &
les Procureurs de leurs friponneries ? Au contraire ils partagent avec
eux & les soûtiennent. De là vient que de tous les Païs du Monde, la France est celuy où la Justice s'administre le plus mal. On le
peut dire, & sans exageration & sans exception. Souvent il faut
manger la moitié de ce qu'on prétend & de ce qu'on demande pour
avoir l'autre. Il y a des Familles ruïnées par l'injustice des Juges,
par la friponnerie des Gens de Barreau, & par l'iniquité des Juges
qui refusent Justice, & qui font durer des procés plusieurs vies d'hommes. Pourvû que l'injuste Usurpateur d'un Bien, ait de l'argent
pour payer des Gens habiles en Chicane, il est assuré d'être quitte pour
le reste de ses jours : aprés luy ses Heritiers y aviseront. Si on juge,
la brigue, les amis, la sollicitation des Grands, & particulierement
celle des Femmes belles & galantes, decident de tout : parce que
ceux qui jugent sont des ames venales, basses, corruptibles, & agitées
par des passions impures. La Cour voit bien tous ces desordres, elle
feint même d'y vouloir remedier. Il n'y point de Regne où l'on ne
façe de nouveaux Codes. Mais tout cela s'en va toûjours en fumée,
& l'on a jamais aucun dessein serieux de faire finir des crimes qui
sont utiles à la conservation de la Tyrannie. Car qui ne voit que par
ces desordres & ces abus de la Justice voici encore un grand Peuple engagé à maintenir une authorité qui tolere leurs desordres ? Ne
sent-on pas bien que si les Rois n'êtoient Souverains comme ils sont,
& s'ils n'avoient pas secoüé le legitime joug des Etats du Royaume

L

les Grands & les Sages assemblés, comme on les assembloit autrefois, arrêteroient le cours de tant de maux, aboliroient la venalité des Charges, puniroient severement les prévarications des Juges, & ne laisseroient aucun lieu à l'exercice des voleries & des friponneries des Gens du Barreau ? Ainsi l'impunité dans cet article important attache encore une infinité de Gens aux intérêts de la Cour pour la maintenir dans ses cruelles usurpations. Car combien y a-t'il de Juges, de Cours, de Procureurs, d'Avocats ? Il ne faut pas trouver étrange que les Peuples n'osent soupirer, ayant tant de Tyrans sur la tête, qui se tiennent par la main, & qui se maintiennent les uns les autres.

Le mal n'est pas moindre par les Charges dont la Cour s'est reservée la pleine & entiere disposition. Il est aisé de juger qu'elle ne met dans ces emplois que des Esclaves & des ames qui luy sont aveuglement attachées. Ainsi soit que la Cour donne les Charges, soit qu'elle les vende, soit qu'elle les laisse vendre, c'est à peu prés la même chose. Et elle sçait se servir de tout utilement pour s'affermir dans la possession de la Puissance Arbitraire & sans bornes.

Mais comme si tout cela ne suffisoit pas ; la Cour depuis quelque temps a distribué dans les Provinces & dans toutes les Generalités, certaines Gens auxquels elle donne le nom d'*Intendants*. Ce sont des Plenipotentiaires, ce sont des hommes revêtus du pouvoir de tout abâtre, & de tout mettre sur la poussiere dans tout le Royaume. Ils s'appellent *Intendants de Justice, Police & Finance*. C'est parfaitement bien les définir. Car en effet ils embrassent & rassemblent dans leurs personnes toutes les affaires & toutes les Jurisdictions. On les voit tenir Seance chés eux pour juger les procés des particuliers ; recevoir les plaintes & les griefs du premier venu, & particulierement du bas Peuple & du Paysan ; & par ce moyen ils ont abaissé la Noblesse. Il est vrai qu'ils ont reprimé les excés que les mauvais Nobles commettoient : ce n'est pas en quoi ils ont tort. Mais sous le prete- xte de remedier à quelques desordres, d'empêcher l'oppression, il n'y a pas de vexation qu'ils n'ayent fait & qu'ils ne façent à la Noblesse. Il faut que les premiers Gentilshommes de la Province rampent devant eux ; les Intendants les envoyent querir par un Laquais : quand M. l'Intendant passe en un lieu, tout est en mouvement, le Seigneur de la Paroisse se ruine à luy faire des magnifiques receptions,

Et avec toutes les baſſeſſes qu'on peut employer , un Gentilhomme n'évite pas le malheur d'être mal-traité comme le plus miſerable de tous les hommes, s'il vient à manquer le moins du monde à ce qu'on appelle *ſon devoir.* On ruïne ſes Fermiers par des Impôts exceſſifs. On fait demeurer ſes terres ſans culture ; on fait venir des Lettres de Cachet pour l'arrêter, pour le releguer, ou pour le mettre en priſon. Ou pour mieux dire on manifeſte une de ces Lettres de Cachet dont les Intendants ont toûjours proviſion, & qui ſont comme des blancs ſignés. Ces Gens ſont encore deſtinés à abâtre tous les Juges & tous les Magiſtrats des Villes. Car non ſeulement ils attirent devant eux les procés des particuliers, mais ils interdiſent & font interdire les Juges qui ne ſuivent pas aveuglement leurs volontés. Quand il y a des affaires importantes à juger, l'Intendant de ſon autorité, & en celle du Roy choiſit des Preſidiaux de la Generalité tels Membres que bon luy ſemble, il en compoſe un nouveau Conſeil, & là on juge ſelon les Ordres ſecrets qu'on a de la Cour. Si les Jugements rendus dans les Tribunaux ordinaires ne leur plaiſent pas, il les caſ- ſent, ou du moins ils en ſuſpendent l'effet : ils ouvrent les priſons, ils arrachent quand il leur plaît les Criminels des mains de la Juſti- ce. En un mot ils ont réüni dans leurs ſeules Perſonnes toute l'autorité des Tribunaux. Enfin ils ſont les Maîtres abſolus des Finances. Ils ont englouti toute l'autorité des Tréſoriers de France qui ne ſont plus aujourd'huy que de noms. Ils ont comme aboli toute la Juriſ- diction des Elus & des Elections. Ils font les Impoſitions , ils ſig- nent & autoriſent les Roolles. Ils taxent d'office qui bon leur ſem- ble. Ils jugent des procés & des difficultés qui naiſſent ſur la levée des Impôts : tout eſt de leur reſſort. Cet établiſſement des Inten- dants a de beaux dehors. C'eſt, dit-on, pour empêcher la prévari- cation des Juges qui ſe laiſſent corrompre , & pour veiller ſur leur conduite : c'eſt pour remedier à la negligence des Maires, Eſchevins & autres Juges de Police qui negligent les affaires des Communau- tés. C'eſt pour empêcher l'oppreſſion des foibles ; & reprimer la vio- lence des Puiſſants. C'eſt enfin pour reprimer ces petits Juges des Elections qui faiſoient autrefois les Souverains dans leur reſſort : qui affranchiſſoient leurs Terres & leurs Fermiers , & ceux de leurs a- mis , & qui chargeoient qui bon leur ſembloit. Et tout cela pretex- te : car il y avoit d'autres moyens efficaces de remedier à ces déſor-

dres pretendus ou veritables. Mais il est clair que ces Intendants ont
été établis & envoyés pour abâtre toutes les puissances sous celle du
Roy. Sur les Frontieres ils font desesperer les Gouverneurs des Places, ils les contrequarrent, ils leur ôtent leur pouvoir, & s'erigent
en Inspecteurs ou plûtôt en Maîtres sur eux. Et comme nous avons
vû, ils ont commission d'opprimer dans les Provinces tout ce qui
s'éleve un peu, & tout ce qui seroit capable de concevoir des pensées de Liberté. On ne se tient pas encote assés assuré par les moyens que nous avons ci-dessus deduits, des Gouverneurs & Lieute-
nans de Roy des Provinces, des Juges, & de tous ceux qui ont
quelque autorité. Il a falu envoyer en chaque Generalité un homme
nourri aux pieds de la Cour, rempli de ses maximes, comblé de ses
bienfaits, & payé tout exprés pour exercer immediatement la Puissance
Arbitraire sur tous les Ordres du Royaume. Cet Intendant a des Gardes
comme un General d'Armée, jamais il ne marche sans eux. Ce sont les
Executeurs de ses volontés. Ce sont les instruments de toutes ses violences. Et outre cela, il n'a qu'à écrire à la Cour, & on luy envoye des Compagnies & des Regiments, qui se mettent en Garnison dans les Villes, dans les Parroisses, & dans les Maisons des Gentilshommes, pour ruïner tous ceux à qui il est échapé quelques sou-
pirs tirés par la pesanteur de l'Esclavage, & par quelque reste de souvenir de l'ancienne Liberté. C'est ce que j'appelle le huitiéme moyen
de soûtenir la Tyrannie, & la Puissance Despotique : & sans doute
ce moyen est des plus efficaces & des mieux concertés.

Le neufvième moyen de maintenir la Puissance Arbitraire & la
Tyrannie, c'est le Ministere, & la maniere dont le Roy compose le
Conseil qui gouverne l'Etat, les Princes du Sang & les Grands du
Royaume font Conseillers nés du Roy & de la Couronne. C'est à
eux à prêter leurs secours aux Souverains, & ils on droit de donner
leurs avis, & de faire leurs remontrances sur les desordres qui se glissent
dans le Gouvernement, c'est d'eux dont devroient être composés les
Conseils, & qui devroient posseder les premieres places du Ministere.
La Cour n'a pas garde d'en user ainsi. Les Grands & les Princes qui
sentent ce qu'ils font veulent être êcoutés, ils ne trouvent pas bon
qu'on neglige leurs avis, ils s'interessent aux maux de l'Etat. Ils prenent en main la cause du Peuple qu'on opprime, & quelquefois
quand on les pousse trop loin ils se mettent à la tête. C'est ce que

l'on craint ; & c'est ce que l'on ne veut pas à la Cour. C'est pourquoy on n'admet au Gouvernement que des Gens propres à faire des Esclaves, des hommes d'une Naissance au dessous de la mediocre ; tel est un Monsieur *de Louvoy*, petit fils d'un bourgeois de Paris, en son temps occupant une charge de Judicature au Chastelet ; tel étoit un Monsieur *Colbert* fils d'un Marchand de Rheims. On éleve ces viles têtes au dessus de toutes celles du Royaume. Ils regnent pendant que les Princes du Sang plantent des Choux dans leurs maisons de Campagne : on comble ces indignes Ministres de bienfaits, on les rend riches & puissants au de là de tout ce qui se peut imaginer. Aussi prenent-ils un air d'autorité qui foule aux pieds tout ce qui passe devant eux. Un Monsieur *de Louvoy*, un *Segnelay* traitent tous ceux, sur qui leur autorité s'étend, avec une brutalité sans pareille, & une hauteur qu'on auroit peine à souffrir dans le Souverain luy même. Il est aisé de comprendre, comment de telles gens sont interessés à maintenir une Tyrannie & une Puissance Despotique dont ils sont les ouvrages, les instrumens, & les maîtres. Aussi font ils avec une grande exactitude tout ce qu'on demande d'eux. Et il n'y a crime, oppression, violence, brûlements, massacres, exactions, ni fureurs qu'ils ne soient capables d'exercer sur les Sujets & sur les Voisins, pour ce qu'ils appellent *le service & la grandeur du Roy*. Si les choses alloient comme autrefois, & comme elles devroient aller, les Etats du Royaume feroient faire bonne Justice de ces Tyrans ; & sur la simple liste de leurs Biens immenses & de leurs revenus prodigieux, on les traiteroit sans autre information comme des Voleurs du Bien Public, coupables du plus énorme Peculat qui se soit jamais vû. Cette politique de la Cour de France de n'admettre au Gouvernement que des ames souples, & capables de tout faire pour établir la Tyrannie, va si loin, que l'on exclut de la connoissance & de l'administration de toute affaire, jusqu'à Monseigneur le Dauphin Heritier de la Couronne, & celui qui a plus d'interet que personne, à ce que les affaires soient bien administrées. On aime mieux écouter des Ministres violents jusqu'à la fureur, qui donnent dans tous les foibles du Prince, que de prendre les conseils d'un fils qui sans doute auroit horreur de la conduite que l'on tient au dedans & au dehors ; & qui tâcheroit de remettre le Roy sur des voyes de douceur, de bonne foy, de Justice & de sagesse. Outre

l'injuſtice qu'il y a à traiter ainſi un Dauphin, qui n'a jamais fait paroître la moindre inclination à la revolte, il y a auſſi de l'imprudence. C'eſt ainſi qu'on fait les Rois faineants : quand un Prince
né pour l'adminiſtration des affaires a été nourri juſqu'à trente ou
trente cinq ans à faire ſon affaire de la Chaſſe du Loup, qui ſçait
ſi après cela il pourra ſe refoudre à ſe charger du plus peſant joug
qui ſoit au Monde, qui eſt le Gouvernement d'un grand Etat. Auſſi eſt-ce la vûë de ce Miniſtre ambitieux qui poſſede & qui gouverne l'eſprit du Roy. Il l'entretient dans cet eſprit de jalouſie contre Monſeigneur le Dauphin & éloigne ce Prince du Conſeil Privé pour
l'accoûtumer à ne rien faire, afin que changement arrivant par la
mort de *Loüis XIV. Loüis XV.* ſe repoſe de tout ſur lui, & le laiſſe
regner ſous ſon nom. Mais on eſpere qu'il ſera trompé dans ſes
vûës, & que Dieu ne tardera pas à rompre une tête ſi chargée de
crimes énormes. C'eſt donc là le neufviême moyen dont la Cour ſe
ſert, pour maintenir la Tyrannie, ſçavoir d'éloigner du Gouvernement toutes les grandes têtes qui ont intereſt à la conſervation des
Peuples, & de n'y recevoir que des miſerables qui font leur unique
intérêt de la grandeur perſonnelle d'un Prince ambitieux & fier juſqu'à l'excés.

Mais il faut avoüer que tous ces moyens de ſoûtenir la Tyrannie
ſeroient encore trop foibles ſans un dixiéme : c'eſt la force, c'eſt la
violence, ce ſont les ſupplices, ce ſont les Armées, qu'on entretient
en temps de Paix plus nombreuſes, que les Rois d'autrefois n'en a-
voient en temps de Guerre. Il paroît par les mouvemens arrivés de
ce Regne en *Bretagne*, à *Bourdeaux*, dans le *Languedoc* & en d'autres lieux, que les Peuples n'ont pas tout à fait perdu & l'amour
& le deſir de la Liberté. Mais à quoi peut ſervir cela ? Des pauvres
Gens qui ſoupirent & qui veulent faire quelque mouvement pour diminuer la peſanteur de leur joug, ſe voyent incontinent une puiſſante
Armée ſur les bras. On roüe, on pend, on exile, on relegue, on
ôte aux Villes leurs Privileges, on interdit, on tranſporte les Parlements. Et qui eſt-ce qui pourroit remuër, accablé de ces Armées effroyables qui couvroient la France au milieu de la Paix. Dejà la
Cour entretient 40. ou 50. mille hommes ſous le nom d'Archers de
la Gabelle, qui font autant de Soldats devoüés à exercer toute ſorte
de violence par ordre du Prince. Et outre cela, on a des Troupes

reglées répanduës par tout. Un Intendant n'a qu'à donner un signal, & on luy envoye Infanterie, Cavalerie, Dragons, autant qu'il en faudroit pour dompter un Païs Ennemi. C'est là le plus vif caractere d'un Tyran qui se puisse trouver. Les bons Rois n'ont pas besoin d'Armées pour se faire obéïr, l'amitié de leurs Sujets leur sert de Rempart, & obtient l'obéïssance. Autrefois nos Rois n'avoient pas même des autres Gardes que les Officiers de leur Maison. Ces Troupes reglées & toûjours sur pied sont de nouvelle invention; quelque jour nous verrons quand a commencé cette pernicieuse coûtume, qui a été le plus puissant moyen dont les Rois de France se sont servis pour se rendre Souverains sans bornes. Quand les Rois avoient des Guerres, on levoit des Troupes, la Paix étant faite on les licentioit toutes sans rien excepter. On n'avoit pas besoin de Troupes pour garder des Places Frontieres. Car comme de part ni d'autre il n'y avoit sur pied aucuns Soldats, on ne pouvoit rien craindre nulle part. Mais même depuis qu'on a pris la coûtume de conserver des Corps au milieu de la Paix, on n'en reservoit qu'autant qu'il en faloit pour garantir les Villes Frontieres de surprise. *Louis XIV.* est le premier qui s'est avisé d'avoir toûjours 150. hommes sur pied; de faire des Campemens au milieu de la Paix, de vexer des Sujets par des passages continuels de Gens de Guerre & par des logemens. C'est à la faveur de ces Troupes qu'il a porté la Puissance Despotique plus loin que n'ont jamais fait les Empereurs de Turquie.

Ce sont là les moyens generaux : outre cela il y en a qui sont particuliers au Roy, & qui lui ont beaucoup servi à établir sa Puissance Arbitraire. C'est par exemple un grand air de capacité; des manieres d'autorité & qui font trembler, & enfin une grande apparence de Pieté & de Religion. On sçait combien ces sortes de choses imposent aux Peuples. Peut-être se trouvera-t'il quelque jour quelqu'un qui arrachera le masque, & qui fera voir que toutes ces grandes qualités du Roy se reduisent à un souverain amour propre, à une fierté qui n'a point d'égale, à un amour extreme pour la grande reputation, à une conscience épouvantée par la grandeur de ses pechés, de ses Fornications, de ses Adulteres & de ses Violences, & qui essaye d'appaiser Dieu en gardant les dehors de la Religion, & en outrant le faux zele. Le Roy veut paroître tout faire, si on l'en croit, il ne se laisse pas gouverner. Et jamais il n'y eut au Monde Prince plus Esclave de ses Ministres. La difference de luy & des autres Rois conduits par leurs Ministres, c'est que les autres se laissent conduire par un seul; & ci-devant le Roy en croyoit plusieurs. Il est vrai qu'il est aussi aujourd'huy tombé dans les mains d'un seul homme. Quand on connoîtra ce Prince dans son interieur, on verra qu'il a merité le surnom d'Heureux plus que celui de Grand. Mais il est bon de se souvenir du mot de *Solon* qui disoit, *qu'il ne faut appeller personne heureux avant sa mort.* Il y aujourd'huy dans l'Europe deux Etoilles heureuses qui menacent fort celle de *Loüis XIV.* Le temps nous apprendra ce qui en doit arriver.

Fin du Cinquiéme Memoire.

LES SOUPIRS

DE LA

FRANCE ESCLAVE

Qui aspire aprés la Liberté.

VI. MEMOIRE,
Du 15. de Decembre 1689.

QUE LA MONARCHIE FRANCOI-se n'a pas êté fondée sur le pied de la Puissance Arbitraire. Premiere Preuve generale, la Couronne êtoit Elective. Vanité de la Loy Salique.

JE PENSE avoir fait la moitié de ce que j'avois promis en commençant cet Ouvrage. J'ay promis de faire voir premierement jusqu'où va l'Oppression & la Tyrannie que la Cour de France exerce sur les Peuples de sa Dépendance ; & jusqu'où elle pousse l'usage de la Puissance Arbitraire. Je me suis engagé en second lieu à exposer à la vûë du Public tous les moyens dont elle se sert pour établir, pour soûtenir, pour exercer & pour défendre cette Puissance Souveraine sans bornes. J'ay fait ces deux choses, & je prétends les avoir fait sans rien outrer, & avec une si exacte verité, que je défie tous les Esclaves de la Cour, & tous les Ministres de ses violences, de me marquer un seul article où je puisse être accusé avec

M

justice d'avoir avancé quelque chose de faux. Cela étant, il est clair que nous avons démontré que la Nation Françoise est aujourd'huy la plus Esclave qui soit dans l'Europe, que ses fers sont insupportables, & qu'elle ne peut être obligée à souffrir plus longtemps une Tyrannie si énorme.

Mais là-dessus les Défenseurs de la Tyrannie qui en vivent & qui s'en engraissent, nous disent : Hé bien, quand une partie de ce que vous dites seroit veritable, qu'y peut-on faire ? La Monarchie est ainsi fondée : on sçait bien que l'authorité des Rois n'est pas égale par tout : l'usage & les Loix reglent cela ; de temps immemorial les Rois de France sont Maîtres chés eux : la Monarchie a été bâtië sur le fondement de la Puissance Absoluë & sans bornes : voulés-vous renverser l'ouvrage de tant de siecles, & remettre l'Etat sur un pied sûr lequel il n'a jamais été ? C'est vouloir ruiner l'Etat aussi-bien que le Roy ; c'est mettre le feu dans les entrailles. Puis que les choses ont toûjours été ainsi, il faut qu'elles continuënt. Voilà ce que ces Messieurs disent de plus specieux. Mais il faut voir si cela est vray : c'est justement où nous mene nôtre dessein. Car nous nous sommes engagés pour troisiéme article de faire voir qu'elle a été la vraye forme du Gouvernement sur laquelle nôtre Monarchie a été fondée, pour découvrir comment & en quel temps ces usurpations se sont faites, & comment enfin de nos jours elles ont été portées au souverain degré de la Tyrannie. Ce n'est pas que je m'oblige à dire là-dessus tout ce qui pourroit être dit, & tout ce qu'on pourroit titer de l'Histoire de nos Rois, & de nos Antiquités. Car on feroit de ce seul Chapitre un gros Livre, dont la vûë seule dégoûteroit la plûpart des Gens. Au lieu que mon dessein est de faire un Ouvrage qui invite les Lecteurs autant par sa brieveté que par l'importance de la matiere. Je ne diray donc sur un si grand sujet que ce qui sera d'une necessité absoluë, mais j'en diray assés pour convaincre les plus opiniâtres, que ce qu'on avance avec tant de temerité est tout à fait faux ; sçavoir que nos Rois sont en possession de tout temps de cette Puissance Arbitraire, absoluë, & sans bornes.

Le premier moyen que je veux employer pour prouver la fausseté de cette avance, c'est que la Couronne n'a point été Successive, mais Elective ; au moins durant les deux premieres Races, & assés avant dans la troisiéme. Si cela est ainsi, il est bien évident que la Puissance de nos Rois ne pouvoit être d'une Souveraineté sans bornes. Car jamais Nation né s'eſt fait un Maître par Election , pour avoir un Tyran , & pour luy abandonner leurs biens , leurs fortunes & leurs vies. On ne trouvera point de Couronnes Electives , où les Princes ne ſoient bridés par les Loix. Le Roi de Pologne qui eſt Electif eſt plûtôt un Chef de Republique qu'un Souverain : l'Empereur qui obtient la dignité par Election regne ſur des Princes & des Etats libres , & à peu prés indepen ntes de luy. Il eſt ſi éloigné d'avoir ſur l'Empire une Puiſſance Arbitraire & ſans limites , que ſon pouvoir dans la plûpart des affaires n'eſt qu'un fantôme d'authorité , qui n'a de vie qu'autant que les armes & la force lui en donnent. Et c'eſt pourquoy les Etats de l'Empire craignent ſi fort la trop grande augmenta-tion de la Maiſon Dominante ; les Rois de Suede & de Danemarck ne ſe ſont rendus Maîtres que depuis qu'ils ont trouvé moyen d'amener leurs Peuples à faire la Couronne Succeſſive d'Elective qu'elle étoit auparavant. Toute Nation qui ſe fait un Roy , ſe conſerve le Droit de le défai-re , quand il va au delà des bornes de ſon devoir , & quand il ruïne l'E-tat au lieu de le conſerver ; & cela même fait voir que les Princes élus ne ſont point & ne peuvent être Souverains d'une Puiſſance Arbitraire. Car on ne pourroit jamais les dépoſer après les avoir faits , ſi on leur a-voit donné en les éliſant une Puiſſance ſans bornes. Les Allemands ont dépoſé l'Empereur *Wenceſlas* Predeceſſeur de *Sigiſmond.* L'Hiſtoire de Po-logne & celle de Suede eſt pleine de ces exemples de dépoſition des Rois. Nos Rois étoient dans la même condition : on les éliſoit , & on les dé-poſoit quand ils ne faiſoient pas leur devoir. Or c'eſt ici un point d'Hi-ſtoire important , tres-digne de la curioſité des honnêtes Gens , & peu connu de ceux qui ne ſçavent que mediocrement l'Hiſtoire de France. Parce que dans la premiere & dans la ſeconde Race auſſi-bien que dans la troiſiéme , on voit preſque toûjours le Trône Royal paſſer de Pere en Fils , on ſe perſuade que c'eſt par le Droit de Succeſſion. Ceux de nos François qui ont étudié l'Hiſtoire de leur Païs , ne ſont pas dans ce ſen-timent. C'eſt d'eux que nous apprenons ce que je m'en vais dire , car nous ne ſçavons rien par revelation : & nous n'avancerons rien par conjecture. Ce ſeront tous faits certains , indubitables ; & en même temps deciſifs. Car s'il demeure conſtant que durant ſept ou huit cens ans on a élu & dépoſé les Rois de France , il demeurera évident que la Cou-ronne eſt devenuë Succeſſive par une pure uſurpation : puis qu'on ne voit aucun endroit dans nôtre Hiſtoire , où la Nation ait conſenti à ce changement. Par cela même il paroîtra que la Puiſſance Arbitraire des

Rois de France n'eſt point de même âge que la Monarchie, & qu'ainſi ſans violer les Loix Fondamentales on peut & on doit renfermer l'Authorité Royale dans ſes juſtes bornes, en rétranchant ſes excés.

Pour prouver que la Monarchie Françoiſe a été fondée avec le Droit du Peuple d'élire ſes Rois; il n'eſt pas neceſſaire de remonter juſqu'à la premiere origine des Francs. Tous ceux qui ont un peu étudié l'Hiſtoire, ſçavent ce qui s'en dit plûtôt peut-être que ce qui en eſt. Car cette origine eſt fort obſcure & fort embaraſſée par la diverſité des opinions des Auteurs. Il y a ſeulement trois ou quatre choſes certaines. La 1. que les Francs ſont originaires de la Germanie qu'on appelle aujourd'huy l'*Allemagne*, & qu'ils ſont venus d'au-delà du Rhin. La ſeconde qu'ils avoient donné leur nom à tout ce vaſte Païs qui eſt depuis l'Ocean Occidental juſqu'à la Hongrie & juſqu'à la Pologne, comme tout le monde l'avoüe & comme le diſois Nauclerus. * *Charlemagne*, dit-il, *s'appelloit Roy des François. Ce qui valoit autant que ſi on l'eût appellé Roy de la Gaule & de la Germanie. Car il eſt certain qu'en ce temps-là, toute la Gaule Tranſalpine & auſſi la Germanie, depuis les Monts Pyrenées, juſqu'à la Pannonie, s'appelloit France. Celle-là, c'eſt à dire; la France Germanique s'appelloit France Orientale, & l'autre, c'eſt à dire, la France Gauloiſe s'appelloit France Occidentale.* La troiſiéme choſe certaine, c'eſt que bien que nous ne contions les Rois des Francs ou des François que depuis *Pharamond*, cependant il y en a eu beaucoup d'autres devant. Mais pour nôtre but, il nous ſuffit de commencer nos obſervations par où commence nôtre Hiſtoire. Enfin la quatriéme choſe certaine & indubitable, c'eſt que les Rois des anciens Francs ou François ſe faiſoient par Election. Ce n'eſt pas une choſe qui puiſſe être diſputée. Il ſuffiroit pour le prouver d'obſerver que les Francs étoient des Peuples Barbares, & une eſpece de *Nomades*, c'eſt à dire, de Peuples errants, qui paſſoient de lieu en lieu pour y chercher des demeures. Or il eſt certain que ces ſortes de Peuples n'avoient point de Rois Succeſſifs. Leurs Rois n'étoient que des Capitaines, qu'ils éliſoient pour mettre à leur tête; & ils choiſiſſoient toûjours le plus vaillant: auquel ils ne donnoient point de Puiſſance abſoluë. Au contraire ils ſe reſervoient le Droit de le dépoſer, quand ſon âge ou ſes vices le rendoient incapable du ſervice auquel on l'avoit deſtiné. Le nom ſeul de ces Peuples eſt une preuve de l'amour qu'ils avoient pour la Liberté. Car tout le monde avoüe que

* *Nauclerus Generat.* 27.

le mot *Franc* fignifie dans leur Langue comme il fignifie encore aujour-
d'huy dans la nôtre un homme libre ; & delà eft venu que nous appellons les Afyles des *Franchifes*, & nous difons *affranchir* pour fignifier
mettre en liberté. Ce n'étoit donc pas feulement par rapport aux Romains dont ils n'ont jamais voulu fubir le joug, qu'ils prenoient le
nom de Francs ; c'étoit par rapport à la forme de leur Gouvernement.
Ils ont toûjours eu des Rois, mais fans préjudice à leur liberté. Car o-
béïr à un Roy ce n'eft pas fervitude, quand on fe referve le Droit de
le chaffer, lors qu'il devient Vicieux, Brigand, & Bourreau. Que
Pharamond que l'on conte pour le Fondateur de la Monarchie Françoife ;
l'ait établie fur ces deux Loix, la premiere que le Peuple feroit Maître
de l'Election de fes Rois, la feconde que l'Authorité des Rois feroit
bornée felon la volonté du Peuple, cela, dis-je, eft certain & indubitable. Tous les anciens Auteurs en font témoins. *Aimoinus* § dit, *que
les Francs en imitant les autres Nations s'élurent un Roy & le mirent fur la
Trône.* Ces mots, *comme les autres Nations* font dignes d'être obfervés,
car ils montrent que tous les Rois des Gaules & de Germanie fe faifoient
par Election. *Hunibaldus* un Auteur tres-ancien dit pareillement, *que
l'an 405. tous les Ducs, grands Seigneurs & Nobles d'entre les Francs s'affemblerent à Neopagus pour faire l'Election d'un nouveau Roy, & d'un commun
confentement ils choifirent pour Roy Pharamond qui étoit de la Race Royale.*
Ces dernieres paroles que *Pharamond* étoit de la Race Royale, font propres à refuter la chicane des Adulateurs de Cour, qui difent que *Pharamond* fut élu, parce qu'alors les François n'avoient pas de Rois, ni de
Famille Royale. Il paroît au contraire, qu'ils avoient des Rois, que
Pharamond étoit de la Famille de ces Rois, que s'il y eût eu un Droit
de Succeffion dans la Couronne des Francs, il auroit regardé *Pharamond*
à caufe de fa Naiffance ; & enfin que nonobftant fa Nobleffe & fon o-
rigine Royale, il ne fut Roy qu'en vertu de l'Election que les François
en firent.

Paroît-il quelque part que *Pharamond* ait changé cette ancienne Loy
des François, & qu'il ait ordonné, ou que ce Peuple ait confenti que la
Couronne des Francs fût deformais Succeffive? Pourquoy & comment au-
roit-on porté ces Peuples Idolâtres de la liberté, & qui en avoient emprunté le nom, à fe rendre Efclaves d'un feul homme & de fes Décendants ?
Mais au contraire ne paroît-il pas dans toute l'Hiftoire que les François fe

M 3

§ *Aimoinus lib. 1. cap. 4.*

sont conservés le Droit d'élire de la Famille Royale celuy qui leur paroisses-
soit le plus propre à les proteger & à les défendre, & à les bien gouverner ? Gregoire de Tours nous dit * *que les François ayant rejetté Chilperic*
se choisirent unanimement Eudes pour Roy. Et dans un autre lieu il dit, † *que*
les François après avoir jetté les yeux sur le vieu Childebert, envoyerent une
Ambass. de à Sigebert, afin qu'il vint à eux, pour être établi Roy, en la place
de Chilperic auquel ils renonçoient. Et peu après il dit, *toute l'Armée s'af-*
sembla auprés de Sigebert, & l'ayant élevé selon la costume sur un Bouclier,
ils le firent Roy. Le même Auteur dit encore ailleurs que *Sigebert consen-*
tant à la demande des François fut mis sur le Bouclier, fut proclamé Roy, & prit
le Royaume de son frere Chilperic. Le même *Gregoire de Tours* dit, *que les*
Bourguignons, & les Austrasiens ayant fait la Paix avec les autres François é-
lurent Clotaire pour Roy des trois Royaumes. Ce qui est confirmé par l'Abbé
d'Usperg en autant de mots, & il adjoute peu après, *que les François éta-*
blirent pour eux sur le Roy Chilperic son autre frere qui regnoit déja sur l'Au-
strasie. Aimoin dit, *que les François prirent un certain homme du Clergé ap-*
pellé DANIEL, *auquel ils laisserent croître les cheveux, l'établirent pour Roy,*
& l'appellerent Chilperic. l'Historien *Adon* ne parle point autrement, quand
il rapporte de quelle maniere les Rois de France se succedoient les uns
aux autres. Sur l'an 686. il dit, *que le Roy Clovis mourut, & que les Fran-*
çois établirent pour Roy son fils Clotaire, & peu après, que Clotaire après avoir
regné quatre ans mourut, & que les François élurent en sa place Theodoric son
frere. Sur l'an 669. il dit, *que les François établirent sur eux, Theodoric*
fils de Dagobert. Gregoire de Tours ne parle pas non plus autrement. * *A-*
prés la mort de Theodoric, dit il, *les François élurent pour Roy son fils Clovis*
qui étoit encore petit. § Et dans la suite, il rapporte *que les François s'établirent*
pour Roy un certain Chilperic. † *Celuy-ci étant mort ils éleverent Theodoric sur*
le Siege du Royaume. Enfin tous les Auteurs, & de ce tems là, & des âges
suivans ne parlent pas autrement. On peut lire *Otthon de Frisingue, Gode-*
froy de Viterbe, Sigebert, Huldric Mutius, & cent autres. Souffriroit-on
un Historien qui diroit aujourd'hui ; après qu'*Henry IV.* eût été assassiné
les François élurent *Loüis XIII.* & après la mort de *Loüis XIII.* ils s'établirent son fils *Loüis XIV.* pour Roy ? Il est indubitable que ceux qui ont
pouvoir d'élire, ont aussi celuy de deposer. Aussi voyons-nous que les
Grands de France ont usé de ce Droit de deposer leurs Rois, quand ils se

* Lib. 2. cap. 12. † lib. 4. cap 51. * Appendix lib. 11. cap.
101. § cap. 106. † cap. 107.

font rendus indignes de regner. Pour être assuré de cela, il ne faut que voir le 12. Chapitre du deuxiéme livre de l'Histoire des Francs de *Gregoïre de Tours* : où il rapporte la déposition de *Chilperic* pere du grand *Clovis*, l'élection de *Gilles* Capitaine Romain, & le rétablissement de *Chilperic*. *Chilperic*, dit cet Historien, *se plongea dans la plus honteuse débauche, pendant qu'il étoit Roy des François, il enlevoit leurs filles pour les violer ; à cause de quoy ils le mirent à bas du Trône. Et luy s'étant apperçû que non contents de cela, ils le voulurent tuer, s'enfuit en Thuringe. Aprés cela ils élurent* GILLES *Romain qui regna huit ans.* Mais parce que *Gilles* devint cruel & superbe, ils le déposerent & rapellerent *Chilperic* : l'Abbé d'*Usperg* & *Sigebert* rapportent la même chose à peu prés en mêmes termes, qu'ils ont tous empruntés de *Gregoïre de Tours.* * *Les François se servirent du même Droit contre Theodoric douziéme Roy : il voulut s'ériger en Maître de la vie & des Biens de ses Sujets, mais les François s'éleverent contre luy, le déposerent, le raserent, & le jetterent dans un Convent, pour mettre son frere Chilperic en sa place.* Enfin les Etats du Royaume déposerent *Chilperic* le dernier du nom, & le dernier de la premiere race, & mirent *Pepin* en sa place. Aprés cela ne doit pas être le moins du monde douteux, que la Couronne de France ne fût Elective & non Successive sous la premiere Race de nos Rois. Et il est clair pareillement qu'ils n'étoient ni Maîtres absolus, ni Souverains sans bornes, puis qu'on les déposoit pour leurs maléfices ; il ne faut point dire que c'étoit par violence, car il est clair qu'ils aquiesçoient à leur déposition & réconnoissoient le Droit du Peuple. *Chilperic* Pere du grand *Clovis* demeura dans le Royaume comme particulier aprés sa déposition autant qu'il le pût avec seureté, ce qu'il n'auroit fait s'il eût regardé sa déposition comme une violence. Il ne s'enfuit en Thuringe que quand il s'apperçût qu'on en vouloit à sa vie. Et même dans sa retraite de Thuringe il n'implora pas le secours ni de son protecteur, ni des autres Princes ses voisins & amis pour être rétabli. Il attendit patiemment le retour de la bonne volonté des François, & laissa seulement un fidele ami dans le Royaume pour menager les esprits, En quoy cet ami réüssit si bien & profita si heureusement du chagrin que les François conçûrent contre *Gilles* Romain, qu'il fit rappeler son amy *Chilperic.* Au reste ce n'étoit point par tendresse de conscience que *Chilperic* en usa avec tant de moderation. Car il demeura fort mal-honnête homme dans son exil. Il ne profita pas du châtiment qu'il avoit reçû, & pour recompenser le

* *Aimoinus lib.* 4. *cap.* 44.

Roy de Thuringe, qui l'avoit ſi genereuſement protegé, il débaucha *Baline* ſa femme, la fit venir en France, l'épouſa, & c'eſt d'elle qu'eſt né le grand *Clovis* nôtre premier Roy Chrêtien. Pour détruire ce Droit des François de pouvoir élire & dépoſer leurs Rois, il ne faut point non plus oppoſer ce qu'on voit ordinairement dans cette primiere Race de nos Rois, les fils ſucceder au Pere. Car outre que cet ordre ſouffre à tout coups des interruptions dans nôtre Hiſtoire, cela ne prouve rien du tout. Combien de temps la Famille des *Jagollons* a-t'elle regné en Pologne? n'y a-t'il pas plus de deux cents ans que la Maiſon d'Auſtriche poſſede l'Empire de pere en fils? eſt-ce donc que la Couronne de Pologne, & celle de l'Empire ne ſont pas Electives? Tous les Peuples en ont toûjours uſé ainſi, quoy que Maitres de leurs Couronnes: quand une Famille poſſede la Dignité Royale, on ne l'en dépoüille pas qu'il n'y en ait de fortes raiſons: on élit le fils en la place du pere autant qu'on le peut. Mais cela ne fait aucun préjudice aux Droits du Peuple. Le grand *Clovis* partagea le Royaume de France à ſes quatre enfants, *Theodoric* fut Roy de Mets, *Clovis* d'Orleans, *Clotaire* de Soiſſons & *Childebert* de Paris. On regarde cela comme une preuve que les Rois de France étoient maîtres du Royaume comme de leur Domaine. Mais on ſe trompe tresfort, car ces partages ſe faiſoient du conſentement des Etats, & par les Etats mêmes. Les Grands du Royaume s'aſſembloient tous les ans au mois de May, comme le ſçavent les moins verſés dans nôtre Hiſtoire, & dans cette Aſſemblée on jugeoit de toutes les grandes affaires, on jugeoit le Roy même, comme nous le verrons dans la ſuite. C'eſt là qu'on aſſignoit aux enfants des Rois leur partage, qu'on établiſſoit, & qu'on dépoſoit les Rois. On le peut voir particulierement dans l'Hiſtoire de *Gregoire de Tours* Hiſtorien digne de foy ſur la matiere, & parce qu'il étoit François, & parce qu'il vivoit dans les Siecles dont il nous donnoit l'Hiſtoire. Mais peut-être que les flatteurs de la Cour, & de la Puiſſance Arbitraire ſe rétrancheront à dire, que ces Droits du Peuple ſur les Rois pour les élire & les dépoſer n'ont eu de vigueur que dans la premiere Race de nos Rois. C'eſt ce qu'il faut voir.

Dés l'Entrée nous trouvons *Pepin* élu Roy des François aprés la dépoſition de *Chilperic.* Les Auteurs de delà les Monts ſont ridicules, & ne meritent pas d'être refutés, en ce qu'ils prétendent que ce fut le Pape *Zacharie* qui dépoſa *Chilperic,* & qui donna la Couronne à *Pepin.* Outre qu'alors il n'étoit pas encore monté dans l'eſprit des Papes, qu'ils fuſſent

fuſſent les Superieurs des Rois, pour le temporel, & qu'ils puſſent ôter
& donner les Couronnes à qui bon leur ſembloit : outre cela dis-je, les
François n'avoient pas beſoin d'aller à Rome pour ſe défaire d'un Roy
Tyran, ou faineant, & pour s'en faire un autre, eux qui depuis la fon-
dation de leur Monarchie, étoient en poſſeſſion de ſe faire des Rois, &
de les défaire, quand ils le jugeoient à propos ; comme nous venons de
le prouver par tant d'exemples & tant de témoignages inconteſtables.
Mais pourquoy donc *Pepin* envoya-t'il à Rome ? Cela eſt aſſés aiſé à de-
viner. Il étoit prudent & ſage, il ſçavoit que les François avoient accoûtumé de s'élire des Rois de la Famille Royale, quand ils rejettoient le
plus prochain Heritier, c'étoit ordinairement pour en prendre un autre
de la même Maiſon : Il ſçavoit de plus que la Nation Françoiſe étoit
fort legere & inconſtante : caractere qu'elle conſerve encore aujourd'huy.
Il ſçavoit enfin que les nouvelles Dominations ſont longtemps branlantes,
devant que d'être affermies. Il voulut donc prendre toutes ſes ſeuretés.
Et il crût que c'en étoit une fort bonne de mettre dans ſes interêts le Pape,
parce que dés lors les Evêques de Rome, quoy qu'il ſe contentaſſent de
leur Puiſſance Spirituelle, ſe faiſoient fort écouter ſur les affaires temporelles. Voilà donc dejà une preuve inconteſtable dans le premier Auteur
de la ſeconde Race de nos Rois, que les François avoient le pouvoir de faire
& de défaire leurs Maîtres.

Aprés *Pepin* nous trouvons *Charlemagne*, l'honneur & la gloire de cette
ſeconde Race, le Fondateur de l'Empire d'Occident, qui nous fournit
une preuve inconteſtable de la verité que nous ſoûtenons. Il laiſſa trois
Enfants, auxquelles il partagea ſes vaſtes Etats. Mais comment le fit-il ?
Avec le conſentement & ſous l'authorité de ſes Peuples. Ainſi le rapporte
Reginon dans le 2. livre de ſa Chronique en ces termes. *Charlemagne
ayant trois enfans, voulut aſſurer leur fortune durant ſa vie. Pour cela il fit un
Arrêt de l'avis des Grands, & des Seigneurs du Royaume pour leur partager
ſes Eſtats, & les ayant diviſés en trois, il en fit un Teſtament qui fut confirmé par ſerment par les François.* Voilà un fait bien exprés : ce ſont les Grands
du Royaume qui font le partage avec le Roi : ce ſont les François qui
le confirment par leur Serment. *Eginart* qui a écrit la vie de *Charlemagne*,
dit, que ce Prince appella auprés de luy ſon fils *Loüis* Roy d'Aquitaine, le ſeul
de ſes fils qui luy reſtoit d'Hildegarde, & qu'ayant convoqué les Principaux
de tout le Royaume de France, de leur avis, il s'aſſocia *Loüis*, & partagea avec
luy toute l'Autorité Royale ſur tout le Royaume. Ce ſont donc les François qui

N

choififfent leurs Rois ; & ceux qui font déja faits ne peuvent s'en affo-
cier d'autres, que par le confentement des Peuples. Mais fi tous ces faits
n'étoient pas affés parlants, voicy une regle de Droit contre laquelle il n'y
a rien à dire. C'eft le Teftament du même *Charlemagne*, on le trouve
dans *Nauclerus* & dans *Huldric Mutius*, & l'on y lit cette claufe en propres
termes. *Si l'un de mes trois fils vient à avoir un fils, que le Peuple veüille éli-*
re pour fucceder à fon pere dans l'heritage du Royaume, nous voulons que fes
Oncles y confentent, & permettent que le fils de leur Frere regne fur la portion
du Royaume échuë à fon Pere. Je ne fçay s'il y aura encore quelque opiniâtre-
té, qui puiffe tenir bon contre cette preuve. *Charlemagne* dit expreffement
que le Fils pour fucceder au Pere doit être élu & confirmé par le Peuple.

De *Pepin* nous fommes venus à *Charlemagne*, à caufe qu'étant de grande
autorité, fes exemples & fes Loix font de fortes preuves. Mais cependant
nous ne devons pas negliger, ce qui fe fit après la mort de *Pepin*, &
avant *Charlemagne*. Comme *Pepin* avoit été élu par les François, auffi
furent élus fes Enfants. * *Aimoin* dit expreffement, que *Pepin étant mort*
Charles & Carloman fes deux fils furent créés Rois par le confentement de tous
les François. Le terme de *Créés* eft affés fort pour être remarqué, & l'on
ne s'en fervit jamais pour exprimer une fimple ceremonie d'Onction ou
d'inauguration. Le même *Aimoin* dans un autre endroit dit encore ; *après*
la mort de Pepin, les François ayant fait une affemblée folemnelle s'établirent
pour Roy fes deux Enfants à condition qu'ils partageroient tout le Royaume éga-
lement. C'eft donc le Peuple qui non feulement élit les Rois. C'eft luy
qui ordonne la division du Royaume. Lors que *Carloman* fut mort, les
Deputés de tout le Royaume fe raffemblerent felon le même Auteur,
Charles fon frere fut établi Roy du confentement de tous les François. La premiere Election ne fuffifant pas, à caufe qu'elle n'avoit été faite que pour
une partie, il en falut faire une feconde, pour tout le Royaume. Voilà
donc de notables preuves du Droit des Peuples dans le commencement &
dans la force de cette feconde Race : en voicy qui ne font pas moins
confiderables fur le déclin de cette même Race.

Loüis le Begue Roy de France mourut l'an 878. & laiffa fa Femme
groffe d'un Pofthume qui fut appellé *Charles le fimple* ; auquel il donna pour Tuteur *Eudes* Fils de *Robert*, Comte d'Angers. Voilà le Royaume entre les mains d'une Femme, d'un Enfant, & d'un Tuteur ; c'é-
toit une authorité mal affermie, & peu capable de mettre l'Etat à couvert des infultes des Normands qui en ce temps là défoloient la France.

* *Lib. 4. cap. 67.*

Cela obligea les Etats du Royaume à laisser là *Charles le Simple* encore Enfant, à luy refuser la Couronne pour la donner à *Loüis* & *Carloman*, Fils naturels de *Loüis le Begue.* Ces deux Princes moururent & laisserent le Royaume à *Loüis* Fils de *Carloman*, qui vêcut aussi tres-peu. De sorte que voilà derechef la Couronne retombée sur un Enfant. C'est *Charles le Simple*, à qui on l'avoit ôtée pour la donner à ses Freres Bâtards. *Charles* n'étant pas plus en état de gouverner qu'auparavant, quoy qu'ils eût quelques années de plus, & même les François ayant réconnu qu'il avoit l'esprit foible & bas, ils le laisserent encore une fois là, & élurent pour Roy *Eudes* Comte d'Angers son Tuteur : quand *Charles le Simple* fut arrivé à l'âge de douze ans, *Hervé* Archevêque de Rheims forma un parti contre le Roy *Eudes*, que le Clergé & la Noblesse avoient élu. Il consacra *Charles* à Rheims ; il y eut Guerre Civile : *Eudes* mourut peu de temps aprés ; *Charles* fut élu & réconnu Roy de France sans Concurrent. Ce Prince jeune, foible d'esprit, & possedé par un Favori nommé *Aganon*, choqua par sa conduite tous les Grands du Royaume : lesquels s'étant assemblés à Soissons chasserent *Charles*, & le reduisirent à telle extremité qu'il fut obligé de se mettre en retraite chés l'Archevêque de Rheims son bon ami, & d'y vivre aux dépens de l'Archevêque, tous ses Revenus luy étant retranchés : & enfin mourut en prison. On ne croyoit pas encore en ce temps-là que les Rois de France pussent faire tout ce que bon leur sembloit impunement contre leurs Sujets, ni qu'ils eussent le Droit de disposer des Revenus de la Couronne, pour enrichir des Favoris. La mauvaise conduite de *Charles le Simple* obligea donc les François à le déposer & à faire Roy *Robert* Comte & Gouverneur de Paris. Il fut élevé à cette Dignité par le choix de la Noblesse & du Clergé : Aprés sa mort on élut pour Roy de France *Raoul de Bourgogne* Gendre de *Robert*. Aprés *Raoul* on élut *Loüis d'Outremer* ; Aprés *Loüis d'Outremer* son Fils *Lothaire* parvint à la Couronne, mais par la même voye, qui est celle d'Election, comme tous nos Historiens en demeurent d'accord. Aprés *Lothaire* les François élurent le Fils de *Lothaire*, *Loüis* le dernier de la seconde Race, & enfin aprés *Loüis* ils élurent *Hugues Capet* au préjudice de *Charles* Frere de *Loüis* & second Fils de *Lothaire*, & par conséquent Legitime Heritier de la Couronne, si elle eût été Successive. Remarqués premierement que voilà sept Rois consecutifs, qui obtiennent la Couronne par voye d'Election. *Eudes* Comte d'Angers, *Robert* son

Frere Comté de Paris ; *Raoul de Bourgogne* , *Loüis d'Outremer* , *Lothaire* ; le dernier *Loüis* de la Race de *Pepin* , & *Hugues Capet*. Observés en second lieu , que quelques-uns de ces Rois élus furent élevés au préjudice des Heritiers. *Eudes* fut élu contre *Charles le Simple* Fils de Roy ; & *Hugues Capet* contre *Charles de Lorraine* Fils de *Lothaire*. Enfin il est à remarquer que même ceux qui étoient de la Race Royale , monterent sur le Trône par Election ; sçavoir , *Loüis d'Outremer* , *Lothaire* son Fils , & le dernier *Loüis* son petit Fils. C'est une erreur sans fondement de s'imaginer , comme disent quelques-uns , que les troubles , où se trouva lors le Royaume , donnerent occasion à ces Elections. Car il ne se peut faire qu'une Nation passe tout d'un coup d'une coûtume à l'autre. Et l'on ne persuadera jamais à des Gens judicieux , que les François sans aucune deliberation ayent fait passer leur Couronne de l'état de Couronne Successive à celuy de Couronne Elective. L'on ne croira jamais que *Loüis d'Outremer* , *Lothaire* , & le dernier *Loüis* eussent voulu recevoir la Couronne par Election , si incontestablement elle leur eût appartenu par Droit de Succession. Aprés tant de preuves , quel égard doit-on avoir au témoignage du Grec *Agathias* , qui dit * *que les Rois de France reçoivent la Couronne de pere en fils.* Il n'est pas fort étonnant qu'un Grec ait ignoré la forme du Gouvernement des François. Mais il est plus étrange que *Theodoric à Niem* ait écrit , † *que Charlemagne avoit ordonné que desormais les François recevroient des Rois par la Succession.* Il n'est rien de plus impertinent & de plus fou que tout ce que dit cet Auteur dans cet endroit. Il est bon de voir le passage entier. *Parce que Charles* , dit-il , *étoit Roy de France ; ce Royaume luy étoit échû par Succession. Mais voyant qu'étant devenu Empereur par là il dépoüilloit ses Heritiers de leur bien propre , sçavoir du Royaume de France , il ordonna que les François auroient un Roy Successif par Droit d'Heredité , qui ne récognoîtroit point de Superieur pour le Temporel.* Il y a là-dedans presqu'autant de fautes que de mots. On sçait que *Charlemagne* divisa & partagea la France , l'Allemagne & l'Italie entre ses trois Enfans , sous les mêmes Droits & aux mêmes conditions ; sçavoir qu'ils seroient agrées & confirmés par les Peuples. Nous avons là-dessus les paroles de *Reginon* , & les propres termes du Testament de *Charles* luy même. Un homme si mal instruit ne merite donc nullement d'être crû. On nous opposera l'authorité de *Pasquier* qui appelle *Heresie* , l'opinion de ceux

* *Lib* 1. † *In Libro, nenius unionis tract.* 6.

qui difent que la Couronne des François êtoit Elective. Nous pouvons
répondre que *Pafquier* ne fçavoit peut-être pas tout & pouvoit n'avoir
point vû le Teftament de *Charlemagne*, ou n'y avoir pas fait attention.
Ou plûtôt nous répondrons que *Pafquier* êtoit partial, grand Ennemi
de la Ligue & des Ligueurs; dont c'êtoit le grand principe : que
quand le *Bearnois*, ainfi appelloient-ils *Henri*, eut êté Legitime Heritier, il êtoit pourtant au pouvoir des Etats de l'exclurre & de choifir
un autre Roy, parce que la Couronne de France eft originellement
Elective, & n'eft devenuë Succeffive que par ufurpation. Auffi *Pafquier* fe contredit-il manifeftement. Car au même lieu, où il nous dit
que c'eft une herefie de croire la Couronne de France Elective, il nous
conte fept Rois élus les uns après les autres, & il nous apprend de
quelle maniere *Hugues Capet* & fes Décendants ufurperent le Droit de
Succeffion, & firent éclipfer infenfiblement celuy d'Election. C'eft
que *Hugues Capet* durant fa vie fit facrer & couronner fon Eils *Robert*
du confentement des Etats du Royaume. *Robert* en ufa de même à l'é-
gard de *Henri* fon Fils ; *Henri* fit auffi élire & confacrer fon Fils *Philippes I.* Les François trouvant un Roy tout fait après la mort du precedent, n'êtoient plus en Droit d'en élire un nouveau. *Philippe I.* crut
que le Peuple & les Grands du Royaume avoient oublié leurs Droits,
& qu'une poffeffion de quatre Generations fuffifoit pour affermir ce
Droit de Succeffion. Dans cette penfée il negligea de faire couronner
fon Fils *Loüis le Gros.* Ce qui penfa faire exclurre ce Prince. Car l'Archevêque de Rheims & plufieurs Grands du Royaume s'oppoferent à
fon inftallation. Il furmonta ces difficultés, mais il fe donna bien de
garde de faire la faute qu'avoit fait fon Pere. Car durant fa vie il fit
facrer fon fils *Loüis le Jeune* ; * & *Loüis le Jeune* fit facrer fon fils *Philippe Augufte. Ces fages refignations admifes dés le temps des peres, firent
oublier les Elections.* Ce font les propres paroles de *Pafquier.* C'eft à dire
que la Couronne demeura encore Elective dans la troifiéme Raçe durant plus de dix ou douze Generations, comme celle de l'Empire eft
demeurée Elective dans la Maifon d'Autriche. Les Princes de cette
Maifon fe fuccedent de Pere en fils, mais avec cette precaution de faire
élire leurs fils de leur vivant Roy des Romains.

Le témoignage de *Pafquier* n'eft donc d'aucun poid contre une verité
fi évidente ; Auffi les Auteurs qui font venus du depuis, & qui êtoient

N 3

* *Lib. 2. des Recherches chap. 9.*

exempts des partialités opposées à la Ligue, ont reconnu la verité de cé que je viens de prouver. *Bernard de Girard* Seigneur du Haillan, celebre Hiſtoriographe & Hiſtorien de France parlera pour tous; voicy comme il commence la vie de Merouée. *Quoy qu'il en ſoit, aprés la mort de Clodion le Chevelu, Merouée fut élu Roi par les François: & il faut noter que juſqu'à Hugues Capet tous les Rois de France ont été élus par les François; qui ſe reſerverent cette puiſſance d'élire, bannir, & chaſſer leurs Rois. Et bien que les Enfants ayent ſuccedé quelquefois à leurs Peres, & les freres à leurs freres; ce n'a pas été par Droit Hereditaire, mais par l'Election & conſentement des François, qui ſe trouvant bien d'un Roy ont voulu en récompenſe des biens reçûs de luy, élire & recevoir pour Roy ſon Fils ou ſon frere. Ce qui ſera vû bien amplement au fil de cette Hiſtoire, encore que quelques-uns ſe ſcandaliſent de ce que nous diſons, que nos premiers Rois ont été élus & électifs, comme s'ils fuſſent nés d'eux-mêmes de la terre, ſans aucune cauſe premiere & mouvante, qui eſt l'Election que les Peuples ont faite d'eux. Et n'y a au Monde aucune Monarchie ou Principauté Hereditaire, qui premierement n'ait été Elective, parce que les Peuples ſont devant les Monarques, & les ont faits, choiſis, & élus; & en aprés ont rendu leurs Etats Hereditaires, ou l'ont ſouffert par la puiſſance des Princes élus.*

Il n'eſt rien plus certain que le fait qui eſt icy expoſé ſur l'ancienne forme de la Monarchie Françoiſe, & rien plus judicieux que la reflexion qu'adjoûte *Du Haillan* là-deſſus, touchant l'origine des Principautés Hereditaires. Mais ſi cela eſt ainſi, que deviendra cette fameuſe Loy Salique qui fut faite, dit-on par *Pharamond* pour regler les ſucceſſions à la Couronne, & qui ordonna qu'elle iroit toûjours de mâle en mâle à l'excluſion des femmes? Nous dirons que cette Loy Salique eſt une des grandes chimeres que l'Hiſtoire ait jamais forgées, & la plus grande illuſion que la Chicane ait inventée dans les procés. Ce n'eſt point icy le lieu de diſputer de ſon origine, de ſon antiquité, & pourquoy elle eſt appellée *Salique.* Je veux qu'elle ait tiré ſon nom des *Saliens* anciens Peuples de Germanie, habitans au-delà du Rhin, & dont *Ammian Marcellin* parle aſſés ſouvent. Je veux qu'elle ſoit fort ancienne; je conſens même qu'on la regarde comme un article de l'ancien Droit des premiers Francs. Mais je ſoûtiens qu'elle ne regarde en façon du monde l'heredité de la Couronne. Il ne faut que la repreſenter & la lire pour voir que c'eſt une coûtume regardant ſimplement les particuliers. La voicy en Original. *De terra Salica nulla portio Hereditatis tranſit in Mulierem. Sed ubi inter Nepotes aut*

Pronepotes post longum tempus de Alode terra contentio suscitatur, non per stir-
pes, sed per capita dividatur. (*Nulle portion de la Terre Salique ne doit passer*
aux femmes, elle doit appartenir au Sexe Masculin. Mais quand aprés un long
temps il arrive contention touchant les Alleuds entre les petits fils & arriere-pe-
tits fils, on les doit diviser non par souches, mais par têtes :) Aprés avoir lû
cette Loy , il faut être sans esprit ou sans conscience pour soûtenir qu'elle
regarde directement la Couronne, & la succession dans la Maison Royale. 1. Premierement il est clair qu'elle a été faite uniquement pour regler
les Droits des particuliers : car elle ne parle que d'eux , & elle ordonne
de quelle maniere on doit partager les *Alleuds* entre les Descendants, voulant que le partage se face par têtes & non par souches. 2. Secondement
cette Loy ne parle pas même des Fiefs , elle ne parle que des *Alleuds. Al-*
lodia, ou *Alleuds* signifient les Terres Roturieres , qui doivent Cens &
Rentes, par opposition aux Fiefs & Terres Nobles : voyés si cela n'a pas
grand rapport à la Couronne de France, l'heritage le plus noble qui soit
dans l'Europe. 3. Ce partage entre les petits fils & arriere-fils par têtes
& non pas par souches, ne ressemble-t'il pas fort au Droit , selon lequel
la Couronne de France se donne à ceux qui l'heritent ? En quel siecle
a-t'on partagé le Royaume entre les petits fils & arriere-fils par têtes &
non par souches ? 4. Outre cela , quand même on voudroit êtendre
cela jusqu'au plus nobles Fiefs & jusqu'à la Couronne même, par quelle
machine y trouvera-t'on l'exclusion des femmes ? Quand la Loy dit
que la femme ne doit pas entrer en partage de la terre Salique , cela se
doit entendre pendant qu'il y a des Heritiers Mâles immediats & de même proximité que les femmes. L'usage explique la Loy, selon la plûpart des coûtumes les femmes ne partagent point avec les Mâles dans les
Fiefs ou Terres Nobles. Mais si les Enfants Mâles manquent dans la famille , les Filles heritent les terres les plus nobles, & les peuvent porter
en d'autres Maisons : les Femmes ne seroient donc excluses par cette Loy
de la succession & du partage de la Couronne , qu'au cas qu'il y eut des
enfants mâles. 5. Enfin cette Loy est surannée & il y a lieu de douter
qu'elle ait jamais de lieu. Car on ne voit pas que les Filles & les Femmes ayent été excluses de la succession dans les Terres en roture. Ce fut
sous *Philippe de Valois* qu'on produisit pour la premiere fois ce beau titre
dans le démêlé qu'il eut avec *Edoüard III.* Roy d'Angleterre sur la succession à la Couronne de France ; mais je ne sçay à quoy pensoient ses
Avocats ? Car c'est gâter une bonne cause que de la soûtenir par d'aussi

méchans titres. D'où vient dira-t'-on , que jamais on n'a vû Femme af-
fife fur le Trône des François ? D'où cela vient! nous l'avons affés découvert , & c'eft une nouvelle preuve évidente que la Couronne des
François êtoit Elective. Jamais Femme n'a été choifie pour remplir un
Trône Electif. Les Peuples qui fe font des Rois , fe les font pour tous
les ufages ; non feulement pour le Cabinet & pour le Gouvernement ;
à quoy les Femmes peuvent fervir, mais principalement pour la Guerre,
pour le Combat & pour le Commandement ; à quoy les Femmes font
inutiles, Sous les deux premieres Races, & jufqu'à la dixiéme Generation de la troifiéme , les Rois de France fe font faits par Election. Aprés
cela les Rois ayant ufurpé l'Heredité, ils ont continué l'exclufion des
Femmes. Injuftice qui demeure comme une marque indubitable de leur
ufurpation. Car cette exclufion ne venant point de la Loy Salique,
comme on l'a ridiculement prétendu ; il eft fenfible qu'elle ne vient que
de ce que leur Couronne eft Elective. Tellement que pour remettre les
chofes dans leur ordre naturel , il faudroit que les Rois fe fiffent par
Election, ou fi la Couronne demeure Succeffive , que les Filles des Rois
& leurs Enfans fuffent admiffibles à la Couronne , au défaut d'Enfants
Mâles au même degré de proximité. Voilà la premiere preuve generale
que nous avons à produire, pour prouver que la Couronne n'a pas été
fondée fur le pied de la Puiffance Arbitraire : y face des exceptions qui
pourra.

Fin du Sixiéme Memoire.

LES SOUPIRS

DE LA

FRANCE ESCLAVE

Qui aspire aprés la Liberté.

VII. MEMOIRE,
Du 15. de Janvier. 1690.

Second moyen general pour prouver que la Puissance Abso-
luë des Rois de France est usurpée : Les Etats ont toû-
jours êté les principaux Depositaires de la Souveraineté,
& sont superieurs aux Rois.

ENTRE les moyens dont on se peut servir pour ruiner les pretentions de la Cour de France au sujet de la Puissance Arbitraire, il y en a de generaux & de particuliers. Nous avons déja employé le premier moyen general, en faisant voir que la Couronne de France n'est Successive que par usurpation, & qu'elle est originellement Elective : que la Loy Salique faite pour regler les Successions est une fable inventée par les Flatteurs de la Cour, & que les paroles de l'ancien Droit des Francs, que l'on employe à composer cette Loy Salique, ne signifient rien de ce qu'on leur fait dire. Voicy un second moyen general : c'est que rien de grand & d'important ne se faisoit dans le Royaume que de l'avis & du consentement

O

des Etats ; de forte que le Gouvernement de France étoit plûtôt Ariftocra-
tique que Monarchique, ou du moins c'étoit une Monarchie temperée
par l'Ariftocratie, precifement telle qu'elle eft en Angleterre. C'eft ici
que nous allons voir la forme du Gouvernement ancien de nôtre France
fi different de celuy d'aujourd'huy. Nous verrons premierement la coûtume conftante d'affembler les Etats, & enfuite nous chercherons dequoy
ils connoiffoient ce qu'ils pouvoient dans toutes les grandes affaires, &
comment les Rois ne pouvoient rien fans eux ; & au contraire comment
ils pouvoient tout fans les Rois.

A l'égard de la premiere & de la feconde Race de nos Rois, la coûtume d'affembler les Grands & les Deputés du Royaume eft fi connuë &
fi confeffée, que nous n'aurions pas befoin de nous y arrêter, ni d'en apporter des preuves, n'étoit qu'écrivant principalement pour ceux qui ne
fçavent pas l'Hiftoire, il eft bon de les inftruire des faits hiftoriques qu'ils
ne fçavent pas. Il eft donc certain que fous les Rois de la premiere Race,
c'étoit la coûtume d'affembler tous les ans au mois de May tous les
Grands du Royaume : * quand l'Affemblée étoit formée, le Roy s'y
faifoit conduire fur un ‡ Char de bois traîné par des Bœufs, & conduit
par un Bouvier. Lors que le Prince étoit arrivé au Palais, les Barons &
les Grands du Royaume le prenoient & le plaçoient fur un Thrône d'Or,
§ & chacun prenoit la place qui luy appartenoit. Il ne faut pas s'imaginer que la fimplicité & la rufticité de cet Equipage fur lequel le Roy fe
rendoit à l'Affemblée, doive être uniquement attribué au temps, dans
lequel la magnificence de nos jours étoit entierement inconnuë. Il eft
clair que l'on vouloit faire comprendre au Prince qu'il n'étoit Roy que
dans l'Affemblée de fes Etats. Là il étoit revêtu d'habits Royaux, & là
il étoit affis fur un Thrône d'Or, digne de la Majefté Royale. Mais hors
de là on vouloit que le Prince fe confiderât à peu prés comme un particulier, & comme le premier Membre de l'Etat, qui n'avoit autre pouvoir
que celuy d'executer les Ordres & les Loix que luy-même avoit faites
avec fes Barons. C'eft pourquoy en fortant de l'Affemblée il quittoit fes
habits Royaux, il décendoit de deffus fon Thrône d'Or & remontoit
fur fon Char à Bœufs, pour retourner en fa Maifon. En ce temps-là on
ne connoiffoit point encore la maxime qui paffe pour fi conftante aujour-
d'huy, qu'un Roy eft Roy & Souverain par tout : auffi-bien quand il
joüe aux Cartes & badine avec des Femmes, que quand il eft dans le
Confeil & fur fon Lict de Juftice. Le Sceau qu'on appelle de la Chan-

---

* *Eguinard in vita Caroli Magni.* ‡ *Nauclerus Generat.* 26. § Grande
Chronique dans la vie de Charlemagne.

cellerie , femble nous conferver des marques des fentiments oppofés où étoient nos Ancêtres. Le Roy y eft repréfenté en Robe longue , la Couronne fur la Tête , le Sceptre dans la main droite , & dans la gauche le Baton de Juftice , affis fur un Thrône & prefidant fur le Confeil du Royaume. Cela fignifie clairement que le Roy ne doit exercer aucun acte de la Puiffance Royale que quand il eft affifté des Confeillers de fon Royaume, qui luy aident à porter le Sceptre & à gouverner l'Etat. Le lieu de l'Affemblée n'étoit point fixe , mais il dépendoit de la volonté du Roy. * *Le Roy Dagobert affembla les Etats dans un lieu appellé BIGARGE , où fe rendirent prefque tous les Grands de France au premier jour de May , & le Roy étant affis fur fon Thrône d'Or leur parla ainfi. Charlemagne les affem*bloit où il fe trouvoit , tantôt à Compiegne , tantôt à Noyon , tantôt à Wormes , tantôt à Aix la Chapelle , & tantôt ailleurs. Car la coûtume d'affembler les Etats & de ne rien faire fans eux , fe garda religieufement fous les Rois Carlovingiens. *Charlemagne* fi grand , fi puiffant par fes conquêtes , fi redouté par fon courage , & par confequent fi authorifé n'abufa jamais de fon pouvoir. On peut voir dans l'Hiftoire d'*Aimoinus* , combien fouvent il affembloit les Grands de fes Etats , afin de ne rien faire que de leur avis. § *Quand il eut achevé fa Chaffe à Aix , il revint*, dit cet Auteur , *& fit felon la coûtume l'Affemblée Generale de fon Peuple.* Et dans un autre Chapitre ‡ du même Livre il dit , *que Charlemagne tint deux Affemblées Generales , l'une à Noyon , l'autre à Compiegne.* * *Et qu'au mois d'Aoust il vint à Wormes , qu'il y fit l'Affemblée Generale , & y reçut felon la coûtume , les dons annuels , & y donna audience à plufieurs Ambaffadeurs.* * Dans le Livre fuivant , il dit , *que le 13ᵐᵉ. de Juin il tint fes Etats à Douza , où il reçut les prefents qu'on luy faifoit annuellement.*

Il eft bien aifé de comprendre que fi *Charlemagne* ne fe difpenfa point d'affembler fouvent les Etats , fes Succeffeurs & même fes predeceffeurs, qui étoient beaucoup moins authorifés que lui , ne s'en difpenferent point. *Pepin* y étoit fort exact. † *L'an 773. il affembla les Etats à Nevers. L'an 764. il les affembla à Wormes. L'an 766. à Attigny ; & enfuite à Orleans.* C'eft *Rheginon* qui le dit ainfi. Et fi les Etats de chaque année ne font pas marqués , ce n'eft pas qu'on ne fût regulier à les affembler tous les ans. Mais les Hiftoriens ne font mention que de ceux dans lefquels il avoit été fait quelque chofe de memorable , ou qui avoient precedé une grande action. Les Succeffeurs de *Charles* en uferent

O 2

* *Aimoinus lib. 4. cap. 30.* § *lib. 4. cap. 13.* ‡ *cap. 116.*
* *cap. 117.* ᵖ *lib. 5. cap. 31.* † *Rheginon chron. lib. 2.*

de même. ‡ *Aimoinus* dit , que *Loüis le Debonnaire après la mort de Charles,* convoqua l'Assemblée generale du Peuple dans un lieu appellé THEOTUADUM. Et sur le démêlé du Roy *Loüis* & son Cousin du même nom, ils assemblerent les *Etats,* dit cet Historien , *du consentement de leurs Conseillers.* Toute l'Histoire de ces Princes de la seconde Race est pleine de ces exemples, Il n'y en a pas moins dans l'Histoire des premiers Rois de la troisiéme Race. *Hugues Capet* se fit élire par l'Assemblée des Etats du Royaume. Ce seroit une chose trop longue de citer toutes les Assemblées d'Etats qui se sont tenuës sous cette troisiéme Race. Il suffira d'en marquer quelques-unes des psincipales. L'an 1327. le Roy *Charles le Bel* étant mort sans Enfants , *Edoüard* Roy d'Angleterre né d'*Isabelle* Sœur de *Charles* prétendit que la Couronne luy appartenoit par Droit de Succession ; *Philippe de Valois* soûtenoit au contraire qu'étant le plus prochain Prince du Sang dans la Ligne Masculine , la Couronne luy devoit revenir. L'affaire fut portée aux Etats , & selon *Claude de Seyssel* Archevêque de Marseille dans son Livre intitulé , *La Monarchie de France* , les deux Rois y assisterent & y firent plaider leur cause. *Philippe de Valois* gagna la sienne , & il fut ordonné par les Etats qu'il seroit preferé à *Edoüard* , qu'il auroit la garde de la Reine , qui étoit demeurée grosse , & si la Reine accouchoit d'une fille, qu'il seroit mis en possession de la Couronne. L'an 1356. le Roy *Jehan* ayant été pris Prisonnier par les Anglois , bien qu'il y eût trois fils du Roy en état de gouverner le Royaume, ces Princes n'oserent pourtant rien entreprendre sans l'authorité des Etats Generaux qui furent convoqués à Paris l'an 1379. On assembla les Etats pour examiner le Testament de *Charles V.* surnommé *le Sage.* Par ce Testament il avoit institué *Philippe* Duc de Bourbon Frere de sa Femme pour Tuteur de ses Enfants , & faisoit *Loüis* Duc d'Anjou son Frere Administrateur du Royaume. Mais les Etats convoqués à Paris casserent , ou du moins corrigerent le Testament de *Charles* : ordonnant que *Loüis* Duc d'Anjou seroit Administrateur du Royaume. Mais on luy adjoignit certaines personnes selon les avis desquelles il devoit gouverner. Et c'est dans ces Etats qu'il fut ordonné que les Rois seroient reputés Majeurs à quatorze ans, qu'à cet âge on les couronneroit & qu'on leur rendroit hommage. L'an 1592. on assembla encore les Etats de tout le Royaume à l'occasion de la maladie d'esprit dans laquelle tomba *Charles VI.* premierement au Mans & ensuite à Paris. Et il y fut ordonné que les Ducs de Berri & de Bourgogne administreroient le Royaume pendant la maladie du Roy. L'an 1426. *Philippe* Duc de Bourgogne & le Duc de Glocester Ennemis declarés l'un de l'autre voulurent ter-

‡ *Appendix Aimon. lib.* 5. *cap.* 10.

miner leur different par le dûel. Mais les Etats s'affemblerent, leur ordon-
nerent de pofer les armes, de renoncer aux voyes de fait, & de terminer
leurs démêlés par la Juftice. L'an 1478. démêlé étant né entre *Loüis XI.*
& *Charles* fon Frere, on affembla les Etats à Tours. Et il fut ordonné
parmi plufieurs autres chofes que *Loüis* donneroit à fon Frere en titre d'A-
pennage quelque Duché qui vaudroit au moins douze mille livres de rente, & que le Roy outre cela luy fourniroit tous les ans de fon épargne
une penfion de foixante mille livres. Aprés la mort de *Loüis XI.* on affembla les Etats au même lieu de Tours, & il y fut ordonné que *Charles VIII.*
qui n'avoit que 13. ans feroit élevé par la Princeffe *Anne* Sœur du Roy,
& que le Gouvernement du Royaume feroit commis à certaines perfonnes qui furent nommées ; quoy que *Loüis* Duc d'Orleans le plus proche
Parent le demandât. Environ l'an 1300. le Pape *Boniface VIII.* ayant écrit à
Philippe le Bel une lettre infolente, les Etats furent affemblés à Paris & de
leur avis on écrivit à *Boniface* une réponce qui luy fit fentir fa folie, &
combien étoient ridicules & mal fondées, les pretentions qu'il avoit fur
le temporel du Royaume de France. Cet exemple pouvoit être placé a-
vant les Regnes de *Charles V. Charles VI. Charles VII.* & *Loüis XI.* mais
nous l'avons mis icy à part & hors de fon rang pour le diftinguer & pour
faire voir que les Etats fe mêloient des affaires Spirituelles auffi-bien que
des affaires Temporelles, puis qu'ils jugerent des pretentions des Papes fur
les Rois. Le Regne de *Loüis XI.* touche au Siecle precedent dans lequel
on fçait que les Etats ont été fouvent affemblés. Et au moins en avons
nous eu un exemple dans le Siecle prefent par les Etats affés celebres de
l'an 1616, *Loüis XIV.* eft le premier à qui il a plû d'en abolir l'ufage &
quafi la memoire. C'eft un nom odieux aux Grands & à leurs Miniftres.
C'eft pourquoy ceux qui ont fi malheureufement abufé de l'Authorité du
Roy dans le dernier Regne, ont aboli l'ufage d'affembler les Etats Generaux du Royaume. Et par là ils ont donné le dernier coup de mort à la
Liberté Françoife. C'eft une des obligations que nous avons au Cardinal
de Richelieu & au Cardinal *Mazarin*, dont *Loüis XIV.* a fi bien fuivi les preceptes & les maximes.
    Ces Affemblées Generales qu'on appelle aujourd'huy les Etats s'appel-
loient au commencement *Placitum*. On les appelloit auffi *Curia* la Cour,
& toutes les anciennes Chroniques Françoifes les appellent *Parlements:*
Aimoinus dit, que *Dagobert indixit Placitum in loco nuncupato Bigargio*. Et
en parlant de *Charlemagne, generale Placitum idibus Juniis in villa Duziaco*
tenuit. Le treifiéme de Juin il tint l'Affemblée Generale à Duzy. Ainfi

les appelloit aussi Gregoire de Tours, * *igitur* dit-il, *adveniente Placito directi sunt à Childeberto Rege, &c. sed cum ad Placitum Childebertus cum Proceribus suis convenisset.* ‡ Witic... ...s en parlant de *Charles le Chauve*, dit que *Charles* voulant aller ... ..., *Compendii Placitum Generale habuit*; qu'il assembla son ... ...ment à Compiegne. Et qui doute que delà ne soit venuë cette superbe clause des Arrêts de nos Rois & de leurs Ordonnances ; *Car tel est nôtre plaisir ?* dans les anciens temps on écrivoit les Arrêts & les Ordonnances en Latin, & même tous les Actes publics. Ce n'est que du Siecle passé que la coûtume en est abolie. On écrivoit donc en Latin *tale est Placitum nostrum.* Ce qui ne signifioit pas comme aujourd'huy telle est nôtre volonté, mais tel est le resultat de nôtre Assemblée, ou telle est la volonté & le decret de nos Assemblées. Jamais *Placitum* ne s'est dit de la volonté d'un seul, comme nous aurons lieu de le remarquer dans la suite. C'estoit donc un terme consacré aux Arrêts qui se faisoient dans les Etats Assemblés. Ensuite les Rois l'ont employé generalement dans toutes leurs Ordonnances, & l'ont paraphrasé par ces paroles *Nous voulons, entendons, commandons de nôtre pleine Puissance & Autorité absoluë.* Parolles odieuses & qui sentent la Tyrannie. On appelloit aussi les Etats Generaux Assemblés *Curia.* Ainsi les appelle souvent *Aimoinus,* § *Carolus Danorum Regis Filius Flandria Proceres quosdam Judicio Curia convenienter petebat.* Et dans le Chap. suivant. * *Defuncto Henrico Romanorum Rege in ea qua maxima & generalis est habita Maguntia Curia.* Et ce nom fait bien connoître quelle étoit la Puissance de ces Assemblées Generales. Car *Curia* vient du *Cura* des Latins qui signifie, *Soin, Gouvernement & conduite :* On en donna le nom de *Curia* aux Etats assemblés, parce que le Royaume étoit conduit & gouverné par eux. Il est vray que les Parlements se sont conservé ce nom. Mais les Rois qui ont pris à eux toute l'Autorité s'en sont aussi attribué les noms par prérogative. Aujourd'huy le Roy & ses Conseils s'appellent *Curia*, la Cour par excellence.

Il est assez peu important de sçavoir comment on composoit ces Assemblées Generales du Royaume. Il semble qu'au commencement de la Monarchie, c'est à dire durant les deux premieres Races, on n'y appellât pas le Peuple ; au moins ordinairement. Car les Historiens ne nous parlent en la plûpart des lieux que des Grands. § *Regino* dit que *Charlemagne* avisa aux moyens de conserver la Paix entre ses Enfants *cum Primoribus & Optimatibus Regni. Aimoinus* fait ainsi parler *Clothaire* au sujet de la Reine *Brunehault* & de ses demandes, *conventum Nobilium debere cam ag-*

* *Lib. 7. & lib. 8.* ‡ *lib. 5. cap. 35.* § *Aimoin. lib. 5. cap. 50.* * *51.* § *Re; l. 2*

gregare; qu'elle devoit affembler les Nobles. *Gregoire de Tours* dit que *Childebert* vint *ad Placitum cum Proceribus suis*, avec les Grands. Entre ces Grands on contoit auffi les Evêques. Car *Jaquin* parlant de la Conjuration des Enfants de *Loüis le Debonnaire* pour le dethrôner, dit que n'ofant pas dépofer le Roy fans avoir le confentement des Grands du Royaume; *Il affembla à Compiegne les Evêques & les Grands de tout le Royaume, tira fon Pere de prifon pour le mener là*. Mais bien qu'en plufieurs endroits de l'Hiftoire il ne foit parlé que des Grands, il n'y a cependant aucun lieu de douter que le Peuple n'eût fes Deputés dans ces Affemblées. Il eft le plus intereffé dans les grandes affaires; c'eft luy qui porte le fardeau dans les grands mouvemens; il doit donc être confulté dans les importantes refolutions. Auffi paroit-il par les anciens monuments qu'il avoit fa part au Gouvernement de l'Etat. L'Appendice de *Gregoire de Tours* ‡ dit que *Clothaire cum Proceribus & Leudibus Burgundia Trecaffinis conjungitur* (Il affembla les Grands & les Leudes,) c'eft à dire ceux qui poffedoient les Biens Allodiaux oppofés aux Biens Nobles. *Clovis II.* en parlant à l'Affemblée des Etats les appelloit * *Francigena Cives, Citoyens de France*; ce nom comprend tous les Habitans d'un Royaume. Le même Auteur § dit en parlant de *Charlemagne, publicum Populi fui conventum in loco qui Padabruno vocatur more folenni habuit*. Il tint une Affemblée Publique de fon Peuple, &c. Le Peuple fignifie les Habitans du Royaume, même par oppofition aux Grands de l'Etat. Peu aprés il dit auffi, que *Charles* ayant trouvé fa Femme à Wormes, *refolut d'y faire une Affemblée de fon Peuple*. ‡ Il dit de même de *Loüis le Debonnaire* qu'aprés la mort de *Cl...les*, il tint une *Affemblée Generale de fon Peuple*. Un ancien Hiftorien rapporté par *Veneric de Vercel*, en parlant de la depofition de *Chilperic* & de l'Election de *Pepin*, dit qu'elles fe firent *cum confilio & confenfu omnium Francorum*, par le confeil & du confentement de tous les François. Le Peuple y eut donc fa part. * *Aimoinus* dit que *Loüis le Debonnaire* dans les débats qu'il eut avec fes Enfants, ordonna que fon Peuple s'affembleroit à Thionville. Tous ces témoignages auxquels on en pourroit ajûter beaucoup d'autres, font connoître manifeftement, que le Peuple c'eft à dire cette partie qui eft diftinguée des Grands & de la Nobleffe compofoit avec les Seigneurs les Affemblées Generales, entre les mains lefquels étoit le Souverain Pouvoir de la Monarchie. Mais il ne paroît pas que l'on puiffe avoir le moindre fcupule là-deffus, aprés ces paroles qui fe lifent dans le Capitulaires de *Charlemagne*: *Que le Peuple foit confulté fur les cha-*

‡ *Lib.* 11. *cap.* 54. ' *Aim. b.* 4. *c.* 41. § *lib.* 4. *c.* 71. ‡ *lib.* 5. *c.* 10 * *l.* 5. *c.* 13;

pitres qu'on ajoûtera nouvellement à la Loy : & quand tous auront consenti ; qu'ils facent les souscriptions & confirmations de leur propre main dans les chapitres. Ce passage prouve que le Peuple faisoit & confirmoit les Loix , & qu'on n'en pouvoit faire sans luy. Il étoit consulté & on prenoit ses avis. Or on ne le pouvoit faire que dans les Assemblées des Etats : il faloit donc qu'il y fût. Il ne faut donc pas douter que ceux-là ne se trompent qui croyent que le Peuple n'a été appellé aux Etats que vers le milieu de la seconde Race , quand les Impôts commencerent en France. Mais quand il seroit vrai qu'on n'auroit composé ces Compagnies Souveraines que des grands Seigneurs du Royaume , cela suffiroit pour nôtre but , & prouveroit suffisamment que les Rois n'avoient pas de Puissance Absoluë, & qu'ils dependoient de leurs Sujets.

Ce qu'il y a donc d'important dans cette affaire , c'est de voir jusqu'où alloit la Puissance des Etats , & de montrer qu'ils étoient Superieurs au Roy , qu'ils le pouvoient juger , condamner & deposer ; qu'ils connoissoient de toutes les grandes affaires , de Paix , de Guerre , de partage entre les Enfants des Rois , qu'ils donnoient les grandes Charges de la Couronne , que rien d'important ne se faisoit sans eux ; & que le Roy n'étoit pas Maître des resolutions pour faire ce que bon luy sembloit , après avoir oüy les avis de l'Assemblée des Etats ; comme un Souverain est maître de faire ce qu'il veut après avoir oüy les avis de son Conseil.

Premierement quand nous n'aurions point de preuve de fait de cette verité , la raison seule nous en persuaderoit. Si les Rois avoient été maîtres des resolutions des Etats , comme aujourd'huy nos Rois se sont rendus maîtres de celles des Parlements , c'auroit été une folie extreme d'assembler un Peuple à grands frais de toutes les parties d'un Royaume , seulement pour les entendre & pour avoir leur avis. La sagesse & les bons conseils se trouvent rarement dans la multitude. Vingt ou trente bonnes têtes qu'on auroit fait venir de divers côtés , en auroient autant dit que tout un Royaume assemblé , & il n'en auroit pas tant coûté. Il est évident que tout un Royaume ne s'assemble que pour regler les affaires & pour ordonner avec une authorité souveraine. Mais nous ne sçavons pas l'étenduë du pouvoir des Etats seulement par cette raison , nous la sçavons par toute nôtre Histoire. Il est vray que les Rois paroissoient dans ces Assemblées comme les Maîtres ; ils y étoient reçûs en grande ceremonie , on les reveütoit d'habits Royaux , on les asseoit sur un magnifique Thrône. Mais ils y paroissoient pourtant comme les Chefs & les Presidents d'une Assemblée , au jugement de laquelle ils étoient soûmis. Ils étoient plus

qu'aucun

qu'aucun des Membres de l'Assemblée pris en particulier, mais ils étoient moins que tous les particuliers pris en Corps. S'ils recevoient des hommages ils en rendoient aussi. *C'étoit la coûtume des Rois des Francs,* dit * *Sigebert, de présider tous les mois de May sur l'Assemblée de toute la Nation, de la saluër & d'en recevoir les salutations, les hommages & les presents.* Non seulement ils recevoient des salutations de leurs Peuples, mais ils luy en faisoient, comme il paroît par cet Auteur : & la chose étoit si certaine que la connoissance en étoit passée chés les Grecs. *George Cedrenus* Historien Grec, de l'onziéme Siecle dit en termes encore plus forts. *Que tous les ans au mois de May le Roy de France présidoit sur toute la Nation, qu'il la saluoit & en recevoit la salutation, qu'il en recevoit des presents. & leur en rendoit.* Et il est à remarquer que pour exprimer ces civilités mutuelles que le Roy & l'Assemblée des Etats se rendoient, il employe le même terme pour l'un & pour l'autre ; Προσκυνεῖν ἀυτοῖς, καὶ ἀντὶ Προσκυνεῖσδαι ὑπ' αὐταν. *Il les adoroit & en étoit adoré.* C'est le terme de la plus grande soûmission, & dont les Grecs se servent aussi pour exprimer les Hommages qu'on rend à la Divinité. On doit observer de plus que non seulement les salutations étoient mutuelles, comme de pair à pair, mais aussi les presents. Car *Cedrenus* dit expressément que si le Roy recevoit des presents, il en rendoit aussi. Et il ne faut pas douter que dans ces occasions les Rois ne fissent leurs liberalités pour se faire des amis & mettre leurs Sujets dans leurs interêts par toute sorte de moyens.

Nous avons cy-devant fait voir par des preuves invincibles que ces Assemblées de tout le Royaume étoient au dessus du Roy : puis que nous avons prouvé qu'elles avoient le pouvoir de l'élire & de le deposer, de le faire & de le défaire. Nous avons vû les François deposer *Chilperic premier,* & mettre en sa place *Gilles* Romain ; & ensuite deposer ce *Gilles* pour rétablir *Chilperic.* Nous les avons vû raser & jetter dans un Convent le dernier *Chilperic* pour mettre sur le Thrône *Pepin* Maire du Palais. Nous les avons vû réjetter un autre *Chilperic* pour donner la Couronne à *Sigebert* son Frere. Nous les avons vû réjetter *Charles le Simple* Fils de *Loüis le Begue* pour élire *Eudes* Fils de *Robert* Comte d'Angers. Nous les avons vû enfin refuser la Couronne à *Charles de Lorraine* Frere de *Loüis* dernier Roy de la seconde Race, pour la donner à *Hugues Capet,* le Fondateur de la troisiéme Race de nos Rois. Il ne faut donc que remonter à ces exemples cy-dessus cités & rapportés pour juger ce que pouvoient les Etats. Car il faut qu'une Puissance soit sans bornes quand elle va à pouvoir deposer celuy qui est le principal Depositaire de la Souve-

* *In Chronico ad annum* 662. P.

raineté. Et il eſt ayſé de comprendre que ceux qui pouvoient tant ſur la perſonne & ſur la dignité Royale , devoient avoir la même puiſſance par tout & en toutes choſes. Nous avons des exemples dans l'Hiſtoire que leur pouvoir s'étendoit même ſur la vie des Perſonnes Sacrées & des Têtes Couronnées. Du temps de *Clothaire*, la Reine *Brunehaald* accuſée & convaincuë des crimes énormes fut miſe entre les mains des Etats du Royaume aſſemblés , auxquels le Roy parla ainſi. * Mes Chers *Compagnons d'Armes premiers Seigneurs de France , ordonnés à quelle peine doit être expoſée une Femme coupable de tant de crimes.* Et par le jugement des Francs, elle fut condamnée en preſence du Roy à être dechirée par des Chevaux indomtés. En ce temps là les Rois avoient un Style fort different de celuy d'aujourd'huy. Voicy comme le Moine de *St. Germain* fait parler *Clothaire* à l'occaſion de la demande que luy faiſoit *Brunehauld* , du Royaume d'Auſtraſie. ‡ *Elle doit* diſoit-il, *convoquer l'Aſſemblée des Nobles François , & traiter des interêts communs par un avis & un conſentement commun , & pour moy j'obeïray en toute choſe à leur jugement, & ne m'oppoſeray point à ce qu'ils ordonneront.* Greg. de *Tours* rapporte la même réponſe de *Clothaire* à peu prés dans les mêmes termes. § *Clothaire répondit, qu'il obſerveroit tout ce qui ſeroit jugé & reglé par l'Aſſemblée des François.* Cela eſt un peu different du *Nous voulons* , *Nous commandons* , *Nous ordonnons* , d'aujourd'huy.

Mais voyons plus diſtinctement & par ordre , de quoy jugeoient les Etats. Premierement ils éliſoient & dépoſoient les Rois. C'eſt un article prouvé. Secondement ils confirmoient le partage des Enfants des Rois ; de ſorte que rien ne pouvoit être bon pour le partage de l'Etat qui n'eut été confirmé par les Etats. Lors que *Clovis* partagea ſon Royaume entre ſes quatre Enfants , ce fut avec le conſentement des Etats du Royaume. Quand *Charlemagne* voulut auſſi faire le partage de ſes Etats entre ſes Fils ; ce fut avec l'avis & le conſentement des Grands de France & d'Allemagne. * *Rheginon* dit, *que Charlemagne tint une Aſſemblée Generale appellée Placitum avec les Principaux & les Seigneurs de France pour établir la Paix entre ſes Enfants & leur partager le Royaume.* ‡ Le Moine *Aimoinus* en parlant de *Charles le Chauve* dit , *qu'il tint une Aſſemblée Generale à Lariſy, qu'il revêtit ſon Fils Charles d'Armes d'Homme , c'eſt à dire qu'il luy ceignit l'épée ; il luy mit la Couronne ſur la tête , & luy donna la Neuſtrie , & à Pepin l'Aquitaine.* L'Aſſemblée Generale n'avoit pas été convoquée ſimplement pour être Spectatrice de l'action. On ſçait qu'ils avoient dans ces occaſions une pleine autorité d'approuver ou d'improuver le choix du Roy. On ſe

* *Aimoinus lib.* 4. *cap.* 1. *Adv. etat.* 6. ‡ *Aimoinus lib.* 4. *cap.* 1. § *Lib.* 11. * *Lib.* 2. *ad annum* 606. ‡ *Lib.* 5. *cap.* 17.

peut souvenir de l'Article du Teſtament de *Charlemagne* que nous avons
cité dans le chapitre precedent, par lequel il paroît que le conſentement
de la Nation étoit d'une neceſſité abſoluë pour confirmer dans la Dignité
Royale un Prince deſigné par ſon Pere. On peut voir auſſi dans l'Hiſtoire que les Enfants de *Loüis le Debonnaire* partagerent les Etats de leur
Pere par l'avis des Deputés de tout le Royaume aſſemblés dans la Ville
d'Amiens. Quand il y avoit débat entre les Freres pour le partage, les
Etats en jugeoient. * *Caroloman ayant aſſemblé les Etats à Wormes, Hugues ſe*
rendit à cette Aſſemblée Generale pour demander cette partie du Royaume que ſon
Frere Loüis avoit poſſedée par engagement. Aprés la mort de *Charlemagne*, ‡
Loüis le Debonnaire eut un demêlé avec *Loüis* ſon Couſin: Les Etats furent
aſſemblés pour terminer leur different & en jugerent. Aprés la mort de
Charles le Bel, *Edoüard* Roy d'Angleterre pretendit être Heritier de la
Couronne. § *Philippe de Valois* ſoûtint que la Couronne ne pouvoit être
donnée à aucun Prince décendu de la Race des Rois ſeulement par les
Femmes, parce que les Femmes ſont excluſes de la Succeſſion du Royaume de France. Ce furent les Etats qui jugerent ce fameux demêlé; &
même quelques Auteurs nous diſent que les deux Rois y comparurent
en perſonne. Puis que ces Aſſemblées jugeoient les Rois, il n'eſt pas é-
tonnant qu'ils jugeaſſent les Grands du Royaume. * Sous le Regne de
Clothaire & de *Childebert*, *Rojo Gunthran* fut accuſé d'avoir violé les Sepul-
chres. Il fut cité, il s'enfuit, mais il fut condamné à perdre tous les revenus qu'il poſſedoit en Auvergne. Quand les Princes étrangers s'intereſ-
ſoient dans les affaires du Royaume, il faloit que les Etats jugeaſſent de
eurs demandes. ‡ Sur la fin de la ſeconde Race, *Loüis IV.* Fils de *Charles*
le Simple ayant été exclus de la Couronne s'étoit ſauvé en Angleterre avec
ſa Mere. *Edmond* Roy d'Angleterre envoya en France & interceda pour
le rétabliſſement de *Loüis.* Les Etats du Royaume s'aſſemblerent ſous la
direction de *Hugues le Grand* Fils de *Robert* Comte d'Angers, & on accorda au Roy d'Angleterre ſa demande en rétabliſſant *Loüis,*

    Quand les Rois, ou à cauſe de leur jeuneſſe, ou à cauſe de leurs in-
firmités, ou par l'abſence ne pouvoient adminiſtrer eux-mêmes les affaires, c'étoient les Etats qui nommoient les Tuteurs des Rois & les Adminiſtrateurs du Royaume. *Charles le Chauve* voulant faire un voyage à Rome qui devoit être long, *Il aſſembla,* dit * Aimoinus, *les Etats Generaux*
à Compiegne au premier de Juin, & fit des articles pour regler comment pen-
dant ſon abſence ſon Fils Loüis gouverneroit le Royaume avec les Officiers & les

P 2

   * *Aimoinus lib. 5. cap.* 41. ‡ *Idem lib. 5. cap.* 10. § *L'an* 1328. * *Gregoire de*
Tours lib. 8. *cap.* 21. ‡ *L'Auteur des Annales de Rheims ſous l'an* 946. * *lib. 5. c. 3 5.*

Grands de l'Etat. Nous avons ci-devant vû que les mêmes Etats du Royaume voyant l'incapacité de *Charles le Simple* luy donnerent *Eudes* pour Tuteur & pour Administrateur du Royaume. *Loüis étant mort,* dit le continuateur ‡ de l'Histoire d'Aimoinus, *Charles son Fils qui dans la suite fut surnommé* LE SIMPLE, *étoit encore au berceau quand il perdit son Pere. Et les Grands de France voyant son âge incapable de gouverner le Royaume, prirent conseil sur les affaires importantes. Et les Seigneurs François, Bourguignons & Gascons assemblés ensemble élurent Eudes pour Tuteur de Charles, & pour Administrateur du Royaume.* Lors que *Charles VI.* tomba dans une alienation d'esprit, les Etats s'assemblerent à § Paris ; & par leur authorité il fut ordonné que les Ducs de Berri & de Bourgogne seroient les Regents de l'Etat. Quand le Roy *Jehan* fut pris prisonnier par les Anglois dans la Bataille de Poitiers ‡, il avoit trois Fils dont l'Aîné avoit l'âge requis pour gouverner. Cependant les Etats s'assemblerent à Paris, & l'on y nomma douze personnes notables de chaque ordre pour avoir soin du Royaume avec le Fils Aîné du Roy *Jehan.* * En même temps on envoya une Ambassade en Angleterre pour traiter de la Paix, & de la delivrance du Roy : pour la rançon duquel on leva un Impôt sur tout le Royaume, par l'ordre des mêmes Etats.

On ne sçauroit douter que ceux qui avoient le Droit de donner des Tuteurs aux Rois & des Regents au Royaume n'eussent le Droit de Creation pour les grands Officiers, qu'on appelle *Officiers de la Couronne.* Nous en avons une notable preuve dans la vie de *Charles le Chauve,* qui devant que d'avoir été sacré Roy, avoit donné les Gouvernements comme il luy avoit plû. Les Grands du Royaume convoquerent une Assemblée Generale, voulurent choisir un autre Roy, & ne voulurent jamais couronner *Charles,* qu'il n'eut distribué les Charges & les Gouvernements de leur avis & de leur consentement. *Les Grands du Royaume,* dit ‡ l'Historien, *indignés de ce qu'il avoit donné des Dignités à plusieurs personnes sans leur consentement, à cause de cela conspirerent contre luy,* & s'étant assemblés à Ville-Witmar, *ils envoyerent leurs Deputés à Loüis,* & *Loüis leur envoya les siens.* § Rheginon rapporte que *Charlemagne ayant assemblé les Etats à Compiegne, il commit au Comte Robert de l'avis des Grands le Duché qui est entre la Loire & la Seine.* * Le Continuateur de *Gregoire de Tours* rapporte que le Roy *Clotaire ayant assemblé les Etats à Troyes, il les pressa pour qu'ils consentissent à l'Election d'un Maire du Palais en la place de Warnhier qui étoit mort depuis peu. Mais ils n'y voulurent pas consentir, disant qu'ils*

‡ *lib. 5. cap. 42.* § *l'an 1392.* ‡ *1356.* * *Froissart lib. 1. cap. 170,*
‡ *Append. Aimo. lib. 5. cap. 36.* § *Rheginon lib. 2.* * *lib. 11. cap. 54.*

ne vouloient point remplir cetteCharge. Ce qui fait voir que cette grande
Charge ne se donnoit que par les Etats, ou du moins avec leur consentement. Ce qui paroit encore par ce que dit le meme Auteur : * *Que le Roy*
Theodoric étant mort les François élurent Clovis son fils qui étoit encore Enfant ;
lequel étant mort peu d'années aprés, Childebert son Frere fut mis sur le Thrône ;
& en même tems que Childebert fut élu Roy, on élut aussi Grimoald pour Mai-
re du Palais sur les François. Dans toute nôtre Histoire on voit toûjours
une tres-claire distinction entre les Officiers de la Maison du Roy, &
ceux de la Couronne. Et cette distinction est encore demeurée aujour-
d'huy comme un monument de l'ancienne Liberté des François. Car on
dit, le Grand Maître d'Hôtel de la Maison du Roy, le Grand Chambellan &c. Mais on dit le Connêtable de France, l'Amiral de France,
le Chancelier de France. Et ces dernieres Charges ne meurent point avec
le Roy. Les grands Officiers de la Couronne demeurent dans leurs Dignités quand le Roy meurt : & même on ne sçauroit leur ôter ces Charges qu'avec la vie. Au lieu que les Charges de la Maison du Roy meurent avec le Roy & peuvent être changées par son Successeur. Et la raison de cette difference vient de ce que ce qui est donné par un Roy peut
être ôté par un autre. Mais les Officiers de la Couronne étant faits par
le Peuple & par le Royaume ne pouvoient être deposés par le Roy seul.
Et il est tres-remarquable que ces Offices de la Couronne, que les Etats
du Royaume donnoient & pouvoient seuls ôter, s'étendoient à tout, à
la Guerre, à la Justice, & aux Finances. Car les trois grands Officiers
qui sont élevés sur tous les autres dans la Guerre ; dans la Justice, &
dans les Finances portent encore aujourd'huy le surnom *de France* & non
du Roy. On ne dit pas un Connêtable, ou un Maréchal du Roy. Mais
le Connêtable, ou un Maréchal de France. C'est pour la Guerre. Le
Chancellier est le Chef de la Justice ; mais on ne dit pas le Chancellier du
Roy : on dit le Chancellier de France. Enfin le Grand Thresorier est pour
les Finances, & l'on ne disoit pas le Grand Thresorier du Roy ; mais le
Grand Thresorier de France, auquel répondoient tous ceux qui s'appellent aujourd'huy Thresoriers de France. Ce qui est une preuve que les
Etats avoient inspection sur tout ce qui s'administroit dans le Royaume.
En ce temps-là le Roy & l'Etat, les Officiers & les Conseillers du Roy
& ceux de la Couronne étoient si distingués, qu'on ne vouloit point admettre les Conseillers du Roy dans les Etats qui sont le Grand Conseil
du Royaume. Il y a un peu plus de 300. ans que le Roy *Jehan* ayant é-
té pris par les Anglois, les Etats s'assemblerent à Paris. Les Conseillers

* *cap.* 101.

du Roy y voulurent prendre place ; mais ils en furent exclus. Et on leur declara que les Etats ne s'assembleroient plus s'ils ne cessoient de s'y trouver. C'est ce que rapporte la grande Chronique Françoise dans le 2 livre.

La Puissance Legislative est assurement le plus noble caractere de l'Authorité Souveraine. Or il est certain que c'étoient les Etats & le Peuple de France qui faisoient les Loix. C'est de là qu'est venu l'ancien nom que portoient les Etats, *Placitum.* Car proprement ce mot signifie la determination de plusieurs personnes sur une matiere agitée, & sur laquelle elles font un Arrêt, une Loy & une Decision. Les Arrêts du Senat Romain commençoient ainsi *Placuit Senatui.* Il a plû au Senat. Et encore aujourd'huy on opine ainsi dans les Conciles *Placet,* ou *non placet.* Je suis de cet avis, ou, je n'en suis pas. Or que les Loix du Royaume ayent été faites pas les Etats, il ne semble pas que cela ait besoin de preuves. Car ces ombres d'Etats qui ont été tenus dans le siecle passé & dans celuicy, se sont donné la liberté de faire des Loix & des Ordonnances. Nous avons vû une Ordonnance de *Charlemagne* qui est formelle là-dessus : *Que le Peuple soit consulté sur les choses qu'on ajoûte nouvellement à la Loy, & quand tous auront consenti, que la confirmation s'en face par la souscription de tous.* On lit à la fin d'une ancienne Loy : *cecy a été arrété par le Roy, par ses Princes & par tout le Peuple Chrétien du Royaume des Merovingiens.* Aussi est-il certain qu'autrefois rien ne pouvoit passer pour Loy qui n'eût été confirmé par les Etats. Et tout le monde sçait que pour corriger, augmenter ou diminuer le Droit Local, qu'on appelle *Coûtume,* il falloit assembler les Etats de la Province. Ainsi pour faire des Loix generales il falloit avoir le consentement des Etats Generaux.

Enfin c'étoit aux Etats à pourvoir à tous les desordres du Gouvernement ; soit que le desordre vint du Roy ou de ses Ministres. Il ne faut pas avoir la moindre sincerité pour n'en pas tomber d'accord après avoir lû nôtre Histoire. Un seul exemple notable suffira pour tous : il est tiré de la vie de *Loüis XI.* l'un des plus rusés & plus cruels Princes qui ait jamais été ; mauvais Fils, mauvais Pere & mauvais Roy, comme on l'a défini : & celuy qui a donné le coup mortel à la Liberté Françoise. Ce Prince gouvernoit selon son esprit & selon son genie. Pour remedier aux maux & arrêter les progrés de la Tyrannie, toute la France aspira après une Assemblée d'Etats, le Roy n'avoit garde d'y donner les mains. Ce que les Grands du Royaume voyant, ils leverent des Troupes, & firent contre *Loüis* cette Guerre qui fut appelée *du bien commun.* Et dans cette affaire entrerent le Duc de Charolois, le Duc de Bourbon, le Duc de Berri Frere du Roy, les Comtes de Dunois, de Nivernois, d'Armag-

ñac , d'Albret. C'eſt à dire tout ce qu'il y avoit de Grands dans le Royaume. La principale de leur demande fût que l'on convoquât l'Aſſemblée
des trois Etats ; qui avoit toûjours été le remede à tous les maux de la
France. *Loüis XI.* aprés avoir longtemps refuſé ce qu'on luy demandoit,
l'accorda enfin , & convoqua les Etats à Tours. Dans cette Aſſemblée il
fut arrêté qu'on éliroit trente-ſix Conſeillers de l'Etat, par les conſeils deſ-
quels le Roy ſe conduiroit pour mettre fin à tous les deſordres , & pour
corriger tous les abus. On choiſit donc douze perſonnes du Clergé , douze
du Corps de la Nobleſſe & douze du tiers Etat. Et le Roy donna ſa parole
Royale qu'il ratifieroit tout ce que ces perſonnes ordonneroient. Mais il
ne tint point ſa parole , & à cauſe de cela le Royaume fut rempli de confuſion. *Loüis XI.* ne s'aviſa jamais de diſputer aux Etats leurs Droits. Il ne
leur dit pas que ce n'étoit pas à eux de corriger les deſordres , & qu'ils
n'avoient rien à voir ſur ſa conduite.

Il n'y a donc aucune partie de la Souveraineté qui ne fût autrefois entre les mains des Etats. * Le Sçavant *Budée* dans ſon Livre *de Aſſé* , aſſure
que la puiſſance de hauſſer & de baiſſer les Monnoyes avoit toûjours appartenu au Peuple. § *Charles du Moulin* ce Sçavant Juriſconſulte dit qu'il
a trouvé & vû dans les Archives du Parlement & de la Chambre des
Monnoyes pluſieurs Loix faites par le Peuple des François , par leſquelles
il étoit défendu de faire aucun changement dans la valeur des Monnoyes
ſans le conſentement du Peuple. Or il eſt clair que ce Droit de changer
les Monnoyes eſt un Droit de Souveraineté & par conſequent le Peuple
qui partageoit ce Droit avec nos Rois , partageoit auſſi la Souveraineté
avec eux. Il y avoit encore un privilege notable du Peuple & des Etats.
C'eſt qu'on ne pouvoit lever de Tributs , ni faire aucunes impoſitions
ſans eux. Mais comme c'eſt là un Chapitre important , je ne l'ay point
voulu toucher icy legerement comme les autres articles qui regardent les
Droits des Etats & du Peuple François. Nous en parlerons plus amplement quand nous parlerons de l'origine des Tributs & de la maniere dont
on les impoſoit. La coûtume de lever & impoſer des Tributs ordinaires
eſt beaucoup plus nouvelle que celle de conſulter les Etats du Royaume
ſur toutes les affaires importantes. Elle n'a commencé que vers le milieu
de la ſeconde Race ; c'eſt pourquoy il n'étoit pas neceſſaire de traiter du
Droit que le Peuple a de regler les Tributs qui ſe levent ſur luy , dans
l'endroit où l'on traitoit des Droits anciens du Peuple François.

Préſentement raſſemblons tous ces articles de la Puiſſances des Etats ;
& nous verrons comment ils s'accorderont avec cette Puiſſance Abſolüe

† *Lib.* 3. & 5.   § *Molin. Commen. de contract. & uſur.*

que les Rois de France exercent aujourd'huy. 1. Les Etats du Royaume élisoient les Rois & les deposoient, par consequent ils étoient leurs Juges. 2. Ils jugeoient entre le Peuple & le Roy. 3. Ils jugeoient entre Roy & Roy, quand plusieurs aspiroient & prétendoient à la Couronne. 4. Ils jugeoint des demêlés que les Rois avoient avec leurs Vassaux. 5. Ils donnoient des Tuteurs aux Rois, & des Regents au Royaume. 6. Ils donnoient les grandes Charges de l'Etat. 7. Ils faisoient des Ordonnances qui seules avoient force de Loy dans le Royaume. 8. Ils regloient les affaires des Monnoyes. 9. Ils ordonnoient les levées & les impositions de Tributs. 10. Ils étoient consultés sur toutes les grandes affaires. 11. Enfin ils étoient en droit de corriger tous les defauts du Gouvernement, même ceux dont les Rois étoient auteurs. Par tous ces articles il paroît qu'à certains égards les Etats étoient Superieurs au Roy, par exemple, quand ils l'élisoient, le deposoient, le jugeoient, & le corrigeoient; & que dans les autres ils partageoient toutes les parties de la Souveraineté avec le Roy. Si nous avions besoin de nouvelles preuves, le nom de *Parlement* que toutes nos vieilles Histoires donnent à l'Assemblée des Etats, nous en fourniroit une. C'est le nom que les Anglois donnent à cette Assemblée qui partage la Souveraineté avec le Roy. Les Gaulois & les anciens Bretons avoient les mêmes Loix, & la même langue. Ils se gouvernoient par Etats, donnoient même nom à leurs Assemblées : & sans doute qu'elles avoient la même authorité. Aussi est-il certain que les Etats avoient autrefois en France le même pouvoir que les Parlements en Angleterre. Les Cours de Justice, à qui on a transporté le nom de *Parlement* & une partie du Droit des Etats, s'appellent *Cours Souveraines*, nom qu'elles ont emprunté de l'Assemblée des anciens Etats qui étoit Souveraine.

Par toutes ces preuves il paroît que la *Puissance Absoluë* est un monstre qui n'étoit pas même connu en France il a quelques siecles. Il ne faut donc plus s'étonner que les Rois de France pour se rendre absolus ayent entierement supprimé l'usage des Etats. Au commencement on les assembloit tous les ans, sous la seconde Race *Loüis le Debonnaire* ordonna qu'ils s'assembleroient deux fois par an. Mais les Rois de la troisiéme Race qui ont aboli peu à peu la Liberté Françoise, ont aussi peu à peu rendu la tenuë des Etats rare, jusqu'à ce qu'enfin on a oublié ce que c'est. Les derniers se sont tenus en 1616. sous la Minorité de *Loüis* XIII. S'il eût été Mayeur il n'y auroit jamais consenti. Et ceux qui ont gouverné sous la longue Minorité de *Loüis* XIV. avoient trop d'intérêt à entretenir & augmenter la Tyrannie, pour souffrir que les Etats s'assemblassent. Car le nom seul est la terreur des Rois & de tous ceux qui abusent sous eux de l'Authorité Royale. Aux dix moyens que j'ai expliqués dans la seconde Partie de cet Ouvrage, & dont j'ai dit qu'on se servoit pour maintenir la Tyrannie, on peut ajouter celuy-ci. C'est la suppression des Etats. Car c'est dans ces Assemblées uniquement qu'on pourroit trouver du remede à nos maux.

Fin du septiéme Memoire.

LES SOUPIRS
DE LA
FRANCE ESCLAVE,
Qui aspire aprés la Liberté.

VIII. MEMOIRE.
Du 1. de Mars 1690.

Troisiéme moyen pour ruiner les prétentions de la Puissance Arbitraire. Histoire de l'origine du Parlement de Paris. Il fut établi pour réprésenter les Etats Generaux, & donner un frein aux entreprises de la Cour.

NOUS avons déja trouvé deux articles essentiels dans l'établissement & dans le cours de la Monarchie Françoise : la Couronne Elective & non Successive ; & le Souverain Pouvoir entre les mains du Peuple & des Assemblées composées de ses Députez. Ces deux articles prouvez par nôtre Histoire détruisent absolument la prétention de la Puissance Arbitraire des Rois de France d'aujourd'huy. Ce sont les deux premiers moyens generaux que nous avions à produire pour ruiner cette injuste prétention. Nous en trouverons un troisiéme dans l'histoire de l'origine & de l'authorité des Parlements. Ces

Q

Cours

Cours Souveraines qu'on appelle aujourd'huy Parlements étoient inconnuës dans les commencemens de la Monarchie, on n'en voit point de traces ni dans la première ni dans la seconde Race de nos Rois. C'est une invention des Rois Capevingiens, qu'ils ont heureusement avancée pour l'établissement de la tyrannie, & pour la ruïne de la Liberté des Peuples. Cette troisiéme Race de nos Rois s'est peu à peu renduë Souveraine par une politique tout à fait fine, & qui paroît fort au dessus des lumieres des siécles dans lesquels les premiers Princes de cette Race ont vêcu. Dans ce temps-là les Italiens se croyoient seuls Sçavans en Politique. Nos Ancêtres ne sçavoient pas l'art de tromper. Cependant la Cour de France a bâti sa Puissance Despotique dans les mêmes siécles de la simplicité des François, & l'a élevée avec un grand artifice. Nous avons déja vû comment *Capet* & ses Décèndans par une conduite prudente & sage selon les principes des Usurpateurs trouverent moyen de rendre la Couronne Successive, d'Elective qu'elle avoit été auparavant. Nous allons voir comment ils ont peu à peu aboli les Assemblées Generales de la Nation, où residoit le Souverain Pouvoir, & leur ont substitué ces Cours qu'on appelle Souveraines; auxquelles ils transporterent non seulement l'ancien nom des Assemblées libres de la Nation, qui est celuy de *Parlement*; mais aussi quelques-uns de ses Privileges : ou plûtôt une image & une ombre de ces Privileges; ombres qui pourtant faisoient peur, & qu'à cause de cela on a presque entierement éfacées dans ce dernier Regne. Quoy que les Parlements ayent été établis pour ruïner peu à peu la Liberté des François, il est pourtant certain que nous trouverons dans leur origine & dans leur Histoire une preuve incontestable que la Puissance Arbitraire est absolument opposée aux Loix de la Monarchie.

Aujourd'hui les Parlemens sont des Cours fixes, où l'on juge les Procés Civils & Criminels, & où l'on termine les differens qui divisent les Familles & les Particuliers. Mais au commencement ces Cours fixes étoient inconnuës. Ces mêmes Assemblées que nous avons appellées, *Etats, Placita, Curia, & Parlements* jugeoient des affaires des Particuliers aussi bien que des affaires generales. C'étoient des Cours de Justice, aussi bien que des Conseils d'Etat & de Politique. Les Rois y étoient eux-mêmes assis & jugeoient en personne. Ces Etats étoient destinez principalement à recevoir les hommages des Sujets, à écouter les Ambassadeurs des Etrangers, & à rendre justice à tous ceux qui se plaignoient, ou du Gouvernement, ou des Ministres du Roy, ou des lésions qu'ils croyoient avoir reçuës de leurs Concitoyens. C'étoit comme un espece de Grands jours où ressortoient tous les Tribunaux roulants du Royaume. On les tenoit sous la premiere Race une fois tous les ans au mois de May. Dans la suitte ils s'assembloient deux fois par an & duroient jusqu'à ce que toutes

tes les affaires fussent vuidées. *Charles Martel* qui se sit élire Prince des
François , & qui regna sous ce nom sous le Regne des derniers Rois de
la premiere Race , reçût sa dignité de l'une de ces Assemblées , & sut
fort exact à ne rien faire sans le conseil des Etats du Royaume qui l'a-
voyent éleve à cette grandeur ? *Pepin* son Fils qui regna sous le nom de
Roy & qui fit jetter *Chilperic* dans un Monastere , continua de ménager
les esprits de la Nation en lui conservant tous ses Privileges. *Charlemagne*
Fils de *Pepin* quelque puissant qu'il se trouvât , ne sit jamais rien contre les
Droits du Peuple & n'entreprit jamais rien de grand sans le consulter. *Loüis
le Debonnaire* Fils de *Charlemagne* au lieu de diminuer les privileges de
ces Assemblées du Royaume , les augmenta , & voulut qu'elles se tinssent
deux fois par an. *Charles le Chauve* son Successeur n'en usa pas tout à fait
de même , il sut moins exact à conserver le Peuple dans ses Priviléges , il
assembloit plus rarement le Parlement General de la Nation , & les choses n'en allerent pas mieux sous son Regne. Aprés luy les Parlements reprirent leur train ordinaire , & continuerent ainsi jusqu'à ce que peu à
peu ces Parlements Generaux devinrent plus rares , on établit sous la troisiéme Race de nos Rois ces Cours Souveraines qu'on appelle aujourd'hui de
ce nom; ni le lieu ni le tems de la durée de ces Assemblées Générales n'étoient
fixes. A la fin de chaque Parlement l'Assemblée convenoit du lieu où elle
devoit se retrouver & du tems auquel on devoit faire l'ouverture d'une Assemblée à l'autre : ou les causes demeuroient en suspens, ou les Rois les jugeoient
par des Commissaires qu'ils députoient , & quelquefois ils jugeoient eux-mêmes. *Eginart* dans la vie de *Charlemagne* nous dit , que ce grand Prince qui
ne laissoit perdre aucun moment de sa vie , jugeoit des Procés tout en s'habil-
lant. *Pendant qu'on le chaussoit & qu'on l'habilloit* , dit cet Auteur , *non
seulement il recevoit ses amis , mais si le Comte du Palais luy faisoit sçavoir
qu'il y avoit quelque Procés qui ne pût être terminé sans son authorité , il ordonnoit sur le champ qu'on fit entrer l. Parties , il s'asseoit sur le Tribunal ,
il écoutoit , il jugeoit & rendoit des ...* On trouve encore cette Ordonnance dans ses Capitulaires ; *que ... .oyez façent sçavoir aux Comtes &
au Peuple , que nous voulons empl... ... un jour de la Semaine à écouter les
causes & à les juger.* Cette cour... ... n'étoit pas aboli du tems de S. Loüis
le neufviéme du nom qui regn... ... s le milieu du treisiéme Siecle. * *Joinville* qui a écrit sa vie , nous di... ... le Roy avoit accoûtumé de commander
au Seigneur de Neilles , au Sei... ... r de Soissons & à luy , de vaquer à connoître des Causes qui par Appe... ... noient à sa Cour. Il envoyoit querir ces
Seigneurs & s'enqueroit d'eu... ... le étoit la nature de ces Procés & l'éta
des Affaires. Et il arrivoit... ...vent que s'étant fait instruire des Procés , i
faisoit entrer les Parties , & leur rendoi ... justice. Souvent en se promena
dans le Bois de Vincennes , dit l'Authe... , il s'asseoit sur un gazon au pi...

... * *Joinville chap. 91*   Q 2   d'un

d'un Chêne, il faisoit asseoir autour de luy ses Conseillers. Et si quelqu'un avoit quelque affaire il le faisoit appeller. Et même il crioit à haute voix que si quelqu'un vouloit avoir justice il s'approchât & exposât son Droit. Si quelqu'un se presentoit, le Roy l'écoutoit patiemment & attentivement, & prononçoit l'Arrêt selon l'équité. *Joinville* adjoûte qu'il avoit souvent vû ce bon Roi vêtu d'une simple veste entrer dans son jardin du Faubourg, faire mettre une table & un tapis dessus, & commander aux Plaideurs de s'approcher pour être oüis & jugez. Ces manières populaires sont à la vérité bien éloignées du faste & de la pompe qui se voit aujourd'huy dans les actions & dans la conduite de nos Rois. Mais sous de tels Princes & avec de telles coûtumes les Peuples vivoient bien plus heureux ; la Justice étoit bien mieux administrée ; & les Sujets n'étoient pas consumez par cette épouvantable multitude de Juges, de Procureurs, d'Avocats, de Solliciteurs, qui raffinent aujourd'huy en chicanes, pour multiplier les Procés, pour les faire durer éternellement & pour s'attirer toute la substance des Familles.

Cette maniere de juger & de terminer les différens se continua fort avant sous la Race des Capevingiens, comme il paroît par cette Histoire de *Saint Loüis*, qui étoit le neuviéme de cette troisiéme Race de nos Rois. *Hugues Capet* fut autant exact qu'aucun de ses Prédécesseurs à tenir ces Assemblées Générales qui jugeoient généralement de tout, & des démêlez entre le Roi & le Peuple, & des différens des principaux Sujets entre eux, & de toutes les affaires de Paix & de Guerre, parce qu'il vouloit se conserver l'amitié des François dont il avoit affaire étant le premier Roi de sa Maison. Les premiers Successeurs de *Hugues* eurent le même soin de convoquer fréquemment ces Assemblées qui étoient les Dépositaires de la Justice & de la Puissance Souveraine. Mais parce que ces Assemblées Générales ne se pouvoient tenir toûjours, on en tira des Membres qui composoient un Conseil comme perpétuel : au moins étoit-il réglé & revenoit dans certains tems. Ce que nous verrons dans la suite. On composa donc un grand Conseil du Royaume tiré du Corps des Etats Généraux. Ce Senat se convoquoit tous les ans, & dans le tems qu'il se tenoit, il marchoit toûjours à la suite du Roi. Et par ce moyen, c'étoit un frein perpétuel qui empêchoit l'Autorité Royale de s'écarter. Car les Rois n'entreprenoient rien d'important sans l'avis & le consentement de ces Assemblées racourcies qui connoissoient des affaires d'Etat, aussi-bien que de celles de Justice. Si cette institution d'un Conseil toûjours roulant avec le Roi, étoit utile pour conserver la Liberté du Peuple, elle étoit d'autre part onereuse aux Parties qui plaidoient devant ce Conseil. Il faloit que les Plaideurs se transportassent tantôt en un lieu, tantôt dans un autre, parce que ce Senat étoit ambulant & suivoit toûjours la Cour. De plus les causes & les procés des Particuliers venant à se multiplier, ce

Par-

Parlement ambulant se trouva accablé d'affaires, & presque hors d'état de penser aux affaires d'Etat qui étoient les plus importantes. Mais si dans la forme de ce Gouvernement & cette maniere de rendre la Justice il y avoit quelque chose d'incommode pour le Peuple, il l'êtoit beaucoup davantage pour le Roy, dont l'authorité étoit diminuée par ce Conseil du Royaume perpétuellement assistant. Les Rois avoient interêt de faire quatre choses : la premiere d'occuper ce Senat par des affaires particulieres, afin qu'il eût moins de loisir de s'occuper aux affaires generales, & qu'on en remît tout le soin au Roy & à ses Officiers : la seconde de le composer de gens qui fussent à sa nomination, qui tinssent leurs places & leurs dignitez du Roi, afinqu'il fût toûjours maître de leurs avis: la troisiéme de les fixer dans un seul lieu afin qu'ils ne fussent pas perpétuellement auprés du Roy pour l'éclairer : la quatriéme de diminuer leur nombre, afin qu'on eût moins de peine à les gagner, & plus de facilité à les intimider. Les Successeurs de *S. Louis* entreprirent de se mettre au large & de faire ces quatre choses. Ils en vinrent à bout : & se servirent pour cela de beaux prétextes qui paroissoient n'être autre chose que l'interêt du Peuple. C'étoit une chose trop incommode aux Parties de suivre la Cour : donc il faloit fixer les assemblées de Justice en un certain lieu. Il étoit onéreux pour l'Etat, d'entretenir un si grand nombre de Députez à la suite du Roy, & fâcheux aux Parties d'avoir affaire à tant de Juges. Donc il faloit réduire les Parlements à certain nombre de Présidents & de Conseillers. Il étoit incommode pour ceux qui ont des procés d'avoir un Souverain Tribunal de Justice qui ne duroit que quelques mois de l'année, & dont le temps des séances étoit incertain : Il faloit donc faire un Parlement toûjours séant. Enfin il étoit impossible qu'une compagnie chargée de toutes les affaires de l'Etat pût vaquer à vuider les procés des Particuliers qui sont sans nombre : donc il faloit la décharger du soin du Gouvernement. Sous ces beaux prétextes, d'abord on commença à regler le nombre de ceux qui devoient composer le Parlement racourci. On le reduisit peu à peu à douze Juges, six Pairs Ecclesiastiques, & six Laïques, qui jugeoient comme Commissaires du Parlement General, & revêtus de son authorité. Ce nombre alla quelquefois jusqu'à 24. ou 26. douze Laïques & douze Ecclesiastiques. Et il est à remarquer que dans cette premiere institution des personnes qui composoient ce Parlement & qui proprement étoient les Etats du Royaume representatifs, se prenoient des premiers du Royaume. On trouve dans un vieux registre des Chartres du Roy, une Ordonnance où sont nommez pour composer le Parlement, le Connestable, l'Archevêque de Narbonne, l'Evêque de Rennes, le Comte de Dreux, le Comte de Bologne, *Guillaume Nogaret* qui portoit le grand Sçeau & plusieurs autres, tous gens de la même volée. Ce qui fait

Q 3 voir

voir que les Parlemens devenus Tribunaux de Justice, n'étoient composez que des principaux Membres de l'Assemblée des Etats Généraux du Royaume, & jugeoient par conséquent, non seulement en l'autorité du Roi, mais comme autorisez par les Etats du Royaume. Cette vieille Ordonnance est de *Philippe le Bel* qui régnoit environ l'an 1300. & c'est le plus ancien titre que les Parlemens puissent produire de leur établissement en l'état où ils sont aujourd'hui. Car ce fut ce *Philippe le Bel* qui établit le Parlement dans Paris, & qui d'ambulatoire qu'il étoit auparavant le rendit fixe. Mais il ne le rendit pas perpétuel. Car il ordonna qu'il se tiendroit deux Parlemens par an; l'un à Pâques & l'autre à la Toussaint, & que chacun tiendroit deux mois. A chaque ouverture de ces Parlemens, le Roi décernoit de nouvelles Lettres Patentes en forme de Commission; & nommoit de nouveaux Juges. Car ceux qui avoient été Membres du Parlement précédent n'étoient point Membres de celui qui suivoit, à moins qu'ils ne fussent nommez dans la nouvelle Commission. Ce qui fait voir encore, que ces Tribunaux conservoient la forme générale des Etats du Royaume, & n'en étoient proprement que l'abbrégé. Car les Députez aux Etats Généraux ne sont pas toûjours les mêmes: aussi ceux qui composoient l'Abbrégé des Etats changeoient souvent. Mais les Rois dans cette nouvelle institution se donnèrent un grand avantage; c'est qu'au lieu que les Députez qui composent l'Assemblée Générale des Etats, y ont séance, ou par leur Naissance, ou par Députation; les Rois s'arrogérent le pouvoir de nommer ceux qu'ils vouloient pour composer ces Etats raccourcis. Ce qui les rendoit Maîtres de ces Assemblées, n'y mettant jamais que des personnes qui étoient dans leurs intérêts & à leur dévotion. Le même Roi *Philippe le Bel* établit aussi une Chambre des Enquêtes, qui n'avoit pouvoir que d'instruire les Procés, & ne jugeoit de rien qui fût important sans l'avis du Parlement qui s'appelle aujourd'hui la *Grand Chambre*. Ces Tribunaux devenus fixes sous *Philippe le Bel*, devinrent perpétuels sous *Charles VI*. Les Successeurs de *Philippe le Bel* y apportérent divers changemens & augmentations. *Philippe le Long* environ l'an 1319. ordonna que les Prélats seroient exclus du Parlement: les paroles de l'Ordonnance sont. *Il n'aura nuls Prélats en Parlement; car le Roi fait conscience de eux empescher au Gouvernement de leurs Spiritualitez.* Le même Roi fit 2. Chambres des Enquêtes, au lieu que *Philippe le Bel* n'en avoit fait qu'une. Et même le nombre des Membres de ce Parlement se multiplia à tel point que *Philippe de Valois* environ l'an 1344. fut obligé d'en fixer le nombre. Car tous les Seigneurs du Royaume se servoient de leur crédit pour se faire immatriculer entre les Conseillers. Ce qui est une nouvelle preuve que les Parlemens en ce tems-là n'étoient point ce qu'ils sont aujourd'hui: & qu'ils étoient, comme je l'ai dit, le raccourci des Etats du Royaume. Autrement les Grands de l'Etat n'auroient pas regardé comme un si grand avantage d'y estre Conseillers.

Philippe de Vallois ordonna qu'on ne donneroit des gages qu'à ceux qui seroient nommez sur la Commission Royale ; sçavoir trois Présidents &
trente Conseillers , quinze du Clergé & quinze des Laïques , & que
pour les autres qui estoient en grand nombre ; ils auroient seulement
séance & entrée sans gages & sans voix. Sous le Regne de *Charles VI.*
qui fut plein de confusion à cause de la folie où tomba ce Prince ; on ou-
blia la coutume de renouveller les membres du Parlement par des Commissions qui se donnoient à chaque ouverture de ces Assemblées, de sorte
que les Conseillers qui avoient été auparavant, furent obligez de continuer, afin que le cours de la Justice ne fut pas interrompu. De là vint
que les places de Juges devinrent des Charges à vie, & cesserent d'estre
des Commissions à temps. Ce qui fut cause que les Seigneurs du Royaume, Gens d'épée, abandonnerent le Parlement. Car comme leur métier é-
toit la Guerre & le Gouvernement des Provinces ; ils ne pouvoient pas
s'attacher toute leur vie à juger les Procés. Ainsi ce Tribunal fut abandonné aux Gens de Robe. Ce changement qui arriva environ l'an 1380.
ou 1390. diminua extrêmement l'éclat de cette Compagnie. Le temps
& la corruption y apporterent encore des changemens qui diminuerent
son crédit. Les Charges devenuës à vie devinrent ensuite venales, &
la Noblesse d'épée regarda ces emplois comme indignes d'elle. De là vient
qu'encore aujourd'huy on met une si grande difference entre la Noblesse
d'épée & celle de Robe. Au lieu qu'autrefois les Nobles d'épée composoient
le Parlement & y estoient presque les seuls, ou du moins les principaux. Il
n'est pas necessaire pour nostre but, d'entrer dans un plus grand détail de l'Histoire des changemens qui sont arrivez dans l'établissement de ces Cours
Souveraines. L'avarice des Rois en a multiplié les Charges, comme
on le voit aujourd'huy, car chaque Roy en a créé de nouvelles pour les
vendre. Nostre affaire est de faire sur l'Histoire abbregée des Parlements,
que nous venons de voir, des observations qui prouvent la Puissance du
Peuple & des Grands dans le Gouvernement contre la prétention de la Puissance Despotique.

Premierement il faut observer que ces Tribunaux qu'on nomme aujour-
d'huy Parlements, ne sont point anciens ; ils ne sont point de l'âge de la
Monarchie, & n'ont pas leur institution dans les Loix Fondamentales.
Tellement que quand on trouveroit dans l'Histoire de ces Parlements &
dans la conduite que les Rois ont tenu avec eux quelque chose, d'opposé
aux Droits du Peuple & qui sentît un peu la Puissance Despotique, cela
ne feroit aucun préjudice à nos prétentions ; puis qu'il le faudroit considerer comme une usurpation & comme un abus de la Puissance Royale,
laquelle a établi ces Compagnies pour en estre la maitresse, & pour se
défaire du joug des anciens Parlements Generaux, qui estoient leurs Sou-
ve-

verains. Le Parlement de Paris ne sçauroit trouver son origine plus haut dans nostre Histoire que sous *Philippe le Bel*, qui regnoit il y a environ 400. ans. Ce fut *Louis X.* surnommé *Hutin*, Fils de *Philippe le Bel*, qui commença le superbe bâtiment qu'on appelle à Paris le Palais de Justice, où les Cours Souveraines tiennent leurs Seances. La forme que le Parlement a aujourd'huy & les diverses Chambres qui le composent sont encore beaucoup plus nouvelles. Et pour les autres Parlements, comme sont ceux de Dijon, de Tholouse, & les autres, ils ont des dattes beaucoup plus recentes. Ce fut *Charles VII.* qui établit un Parlement à Thoulouse. *Louis XI.* son Fils établit celui de Grenoble. *Louis XII.* en créa un dans la Ville de Bourdeaux, un autre dans la Ville d'Aix en Provence, & un à Rouen pour la Province de Normandie. Le changement qui arriva dans ces Sieges de Justice, fut qu'au lieu d'*Eschiquiers* ou *Grands Jours* qu'ils s'appelloient, ils prirent le nom de Parlements; & de Tribunaux Subalternes qu'ils estoient; ils devinrent Cours Souveraines. L'origine des Parlements estant donc si nouvelle, il ne les faut point du tout considerer comme les Dépositaires de la Liberté des Peuples François, ni croire que la Nation n'ait jamais eu d'autres Privileges que ceux qui sont attachez à ces Cours. La Liberté du Peuple commençoit déja beaucoup à diminuer quand ces Parlements ont esté établis; & ils ont beaucoup servi à augmenter l'Esclavage, tant parce qu'ils ont fait oublier les Assemblées des Etats, dans lesquels seuls reside la Puissance Souveraine de la Nation sur elle-même, que parce qu'ils ont eu la foiblesse de ceder aux flateries ou aux menaces de la Cour pour luy abandonner les Privileges de la Nation. Les Rois se sont attribuez un Souverain Pouvoir sur ces Compagnies, ils cassent leurs Arrêts. Ils font verifier tous leurs Edits par une pure violence. Mais au commencement il n'en étoit pas ainsi.

La seconde observation, que nous devons faire sur cette Histoire des Parlemens, c'est qu'ils ont été instituez pour être les Etats representatifs, & pour maintenir les Droits du Peuple contre les Usurpations des Rois, d'une Assemblée d'Etats à l'autre. Les Grands & le Peuple jugerent que ces fréquentes Assemblées Generales des Deputez de tout le Royaume, étoient onereuses à l'Etat, quand elles étoient fréquentes. C'est pourquoy ils se laisserent persuader de tirer de leurs Corps certain nombre de Membres qui tinssent leurs Seances regulierement; & les firent Dépositaires d'une partie de leur authorité jusqu'à leur premiere Assemblée. Dans les Etats Generaux on jugeoit, comme nous avons vû, de toutes les affaires importantes des Particuliers & de leurs Procés; il eut été trop embarassant de faire juger ces affaires particulieres par toute l'Assemblée Generale. On choississoit donc du Corps de l'Assemblée 12 Membres des Principaux; 6 Conseillers Clercs & 6 Laïques qui jugeoient les Procés.

Ces

Ces Membres Députez faisoient un Parlement racourci & ambulatoire. Et le grand Parlement en se separant leur commettoit la protection des Droits du Peuple ; jugeant que ceux qui terminoient les differents & conservoient la tranquillité dans le Peuple, étoient aussi les plus propres à maintenir ses Droits & ses Privileges. Que le Parlement qui fut long-temps ambulatoire & enfin fixé à Paris par *Philippe le Bel*, fut le racourci des Etats ou anciens Parlements. Il paroît premierement parce qu'au commencement ce Parlement étoit unique. Il n'y en avoit qu'un seul dans tout le Royaume. Cela, dis-je, fait voir que ce Parlement racourci étoit destiné à representer le Parlement General. C'est pourquoy comme le Parlement General étoit unique, aussi ce Parlement racourci devoit être unique. Si ce Tribunal n'eut point eu d'autre usage que celuy de terminer les Procés des Particuliers, sans doute on n'en auroit pas créé pour un. Et il y a long-temps qu'on se seroit avisé de les multiplier, comme on a fait du depuis, lors que tout le pouvoir de la Cour du Parlement de Paris s'est trouvé à peu prés réduit à juger des differents qui arrivent dans les Familles. Le Parlement de Paris a encore retenu ce Privilege d'être le Parlement General du Royaume. Il s'appelle *la Cour des Pairs* : les Grands du Royaume y ont leurs causes liées. Le Procureur General du Roy y réside & y fait ses fonctions, & tous les autres Procureurs Generaux des autres Parlements ne sont proprement que ses Substituts. C'est enfin ce Parlement qui verifie les Edits & les Déclarations des Rois & leur donne force de Loy. Cela même, sçavoir que le Parlement est les Etats réprésentatifs, se prouve par diverses observations que nous venons de toucher en passant, & dont il est necessaire de faire ressouvenir le Lecteur. Par exemple nous avons vû que ces Parlements racourcis se composoient des plus Grands du Royaume, du Connêtable, des premiers Officiers de la Couronne, & des plus illustres Prélats d'entre le Clergé. Ce qui fait voir que ce Parlement étoit un racourci du grand Parlement, & que les Membres de celuy-là étoient des Membres de celui-ci députez & commis par l'Assemblée Generale. Nous avons aussi observé que les Conseillers de ce Parlement changeoient à toutes les Assemblées & n'étoient pas fixes. Ce qui fait aussi voir que le Parlement racourci étoit une image & pour ainsi dire une émanation du grand Parlement General ; dont les Membres & les Députez changeoient & pouvoient changer à toutes les Assemblées. Mais sur tout nous aurons une preuve de cette verité dans l'observation suivante.

C'est que quand on institua ce Parlement racourci qui fut au commencement ambulatoire & ensuite fixé à Paris, on luy transporta partie des Droits qui appartenoient aux grands Parlements qui sont aujourd'hui appellez Etats. Sçavoir celui de pouvoir juger les Pairs & les Grands du Royaume. Car auparavant les Seigneurs & Barons du Royaume ne vuidoient leurs differents que devant l'Assemblée Generale de leurs Pairs. Le second Droit qui

R   fut

fut transporté au Parlement raccourci & répresentatif, c'est celuy de recevoir le serment de tous les grands Officiers du Royaume & de la Couronne, avant qu'ils entrassent en possession de leurs Charges. Et enfin le troisiéme Droit du Parlement General, transporté à ce Parlement particulier, c'est celuy de verifier & emologuer les Edits du Roy : sans quoi ils ne pourroient avoir force de Loy, ni être executez dans le Royaume.

Il est clair que ce sont là trois Fleurons de la Couronne & trois caracteres de Souveraineté. Les Souverains seuls sont en Droit de juger leurs Pairs & les Grands du Royaume qui sont indépendants les uns des autres. Le serment se prête au Maître & non aux Sujets, & par consequent ce que les Officiers de la Couronne prêtoient leur serment à la Cour de Parlement, montre que cette Cour devoit être Souveraine, & que c'estoit originellement le Conseil Souverain de l'Etat distingué du Conseil du Roy. Enfin le Privilege de verifier les Edits des Rois & leur donner force de Loy, est un partage évident de la Souveraineté : or selon les Loix Fondamentales de la Monarchie, il n'y a jamais eu qu'une Assemblée dans l'Etat qui exerçât des Actes de Souveraineté, & qui la partageât avec le Roy, c'est l'Assemblée du Parlement General ou des Etats Generaux. Et par consequent toute Cour qui exerce quelqu'un des Actes de la Souveraineté, ne peut l'avoir reçû que de l'Assemblée Generale. Ce qui fait voir que le Parlement raccourci étoit député par l'autre, & empruntoit de luy son authorité.

Le premier de ces articles regardant la Souveraineté qu'on avoit transporté au Parlement raccourci, sçavoir le Droit de juger les Pairs & les Grands Seigneurs du Royaume n'a pas besoin de preuves. Car on en demeure d'accord ; ce Privilege subsiste même encore en partie : avec cette difference que les Grands du Royaume ne pouvoient autrefois être jugez dans les accusations criminelles, & en tout grand demêlé, que dans cette Cour : au lieu qu'aujourd'hui les Rois les font juger comme il leur plaît, leur donnent des Commissaires, les font condamner à mort & executer par des Juges deleguez qui n'ont aucun caractere ni pouvoir de ce faire que celuy que le Roy leur donne par une Commission particuliere & qui n'est que pour l'action presente.

Le second article, qui est celuy des Serments qu'on prêtoit dans cette Cour pour toutes les grandes Charges de la Couronne, n'est pas moins certain entre ceux qui sçavent nostre Histoire. Dans les anciens Registres de la Cour on trouve le Serment prêté le neufiéme de Septembre mil quatre cens sept par *Jehan* Duc de Bourgogne, en qualité de Pair de France. Ce *Jehan* étoit Prince du Sang de France & Souverain d'un grand Etat Ces grands titres ne le dispensoient pas des hommages & de la sujettion qu'il devoit au Parlement. Jamais un Prince aussi fier & d'un aussi grand caractere n'eut rendu cette soumission à ce Siége, s'il n'y eut consideré l'authorité du Parlement General ou des Etats Generaux, dont ils faloit

bien

bien qu'il se reconnût Sujet. Le septiéme de Novembre mil quatre cens dix, un grand Parmetier prêta Serment. Le sixiéme de Juin 1417. un Maréchal de France & un Amiral prêterent serment de fidelité entre les mains du Parlement ; & le seiziéme jour suivant du même mois, un Grand Veneur fit la même chose. Le 16 de Janvier 1439. *Courtenay* est reçû Amiral par le Parlement. Le seiziéme d'Avril 1425. un Thresorier & General Administrateur des Finances prêta serment pour sa Charge. Cette coûtume s'est peu à peu comme abolie, le Parlement s'est laissé ravir ce Privilege avec plusieurs autres. Nous en avons seulement un exemple dans le Siécle passé, dans la reception de *Gaspard de Coligny* Seigneur de Chastillon, dans la Charge de Grand Amiral de France sous *Henri II.* Tous les Juges exerceants Justice dans tous les Tribunaux du Royaume étoient aussi obligez à prêter Serment dans cette Cour ; & cela sans doute étoit une preuve qu'elle representoit cette Assemblée Generale en qui residoit la Souveraineté. Car les Juges ne doivent leur Serment qu'à celuy qui les établit. On ne doit pas opposer à cela que ces Serments qui se prêtoient dans les Parlements, se prêtoient au Roy & non au Parlement. Car cela ne fait aucun prejudice à nôtre these. Les Parlemens d'Angleterre qui partagent l'authorité & la Souveraineté avec le Roy, font tous leurs Actes au nom du Roy. On prête des Serments par ordre du Parlement & dans le Parlement, mais on les prête au Roy seul. Ainsi quoy que l'on prêtât autrefois Serment dans nos Parlements au Roy, il n'en faut pas conclure que le Roy fût tout & le Peuple rien. Mais seulement qu'il est le Chef du Royaume & non le Maître absolu. Et le Parlement exige le Serment pour la fidelité à l'Etat sous le nom du Roy, parce qu'il est le Chef de l'Etat & le répresente ; & que le Parlement répresente ces Etats Souverains qui avoient donné au Roy sa Puissance.

Le troisiéme & le plus noble caractere de Souveraineté que les anciens Parlements Generaux avoient transporté au Parlement raccourci, c'est le Droit de verifier les Edits des Rois & le pouvoir de les empêcher d'avoir force de Loy en en refusant la verification. C'est celuy qui s'est conservé le plus longtemps, sans doute, parce que c'est celuy dont cette Compagnie Souveraine étoit la plus jalouse. Aujourd'huy la Cour de France a presque entierement aboli ce beau Privilege. Car le Roy ne fait verifier ses Edits à la Cour que par forme : & sans verification ils ne laissent pas d'être executez. Les verifications ne sont plus aujourd'huy que de pures notifications. On enregistre les Déclarations & Edits dans les Parlemens comme on les enregistre dans les Greffes des Bailliages, pour notifier aux Sujets qu'elle est la volonté du Prince. Enfin il n'y a plus aucune Liberté dans ces verifications, le Roy sur le refus envoye des commandemens reiterez & il faut que le Parlement obeïsse. Il y a déja du temps que cette violence a commencé, & que les Parlements n'ont plus d'autre Liberté

que

que de faire des remontrances : encore ce petit refte de Liberté leur a-t-il été ôté dans ce dernier Régne. Car il n'y a pas de Compagnie dans le Royaume, quelque Augufte qu'elle foit, qui ofât laiffer aller un mot contraire aux volontez du Roi. Mais il eft certain, autant qu'une chofe le peut être, que les Parlemens dans leur premier établiffement avoient une entiére liberté de recevoir & de vérifier les Déclarations des Rois, ou de ne le faire pas. Ils étoient établis pour veiller fur les intérêts du Peuple, & par conféquent ils étoient en pouvoir de refufer au nom du Peuple, tout ce qui étoit injufte & onéreux à la Nation.

Quand nous n'aurions pas de preuve de cette vérité dans l'Hiftoire, le bon fens nous en inftruiroit. Car pourquoy faire dépendre de la verification d'un Parlement, la force des Edits du Roy, fi ce Parlement n'a ni Droit, ni Authorité de s'y oppofer. Si le Parlement n'avoit autre voye que celle des Remontrances, fon refus de verification ne devoit faire aucun prejudice à la Loy du Prince. Il n'y a point de petit Siége, ni de Corporation dans le Royaume qui n'ait le droit de la Remontrance, & qui ne puiffe fe pourvoir pardevant le Roy pour les torts & les griefs que luy font fes Declarations. Mais ces Remontrances des Cours Subalternes jointes avec un refus d'approbation ou d'enregiftrement, n'ont point la force d'ôter aux Edits des Rois la vertu de Loy. Ainfi il faut reconnoître ou que les Parlemens ont toute liberté de s'oppofer aux volontez du Prince, ou dire qu'ils n'ont pas d'autre Droit en cela que tous les Tribunaux Inferieurs du Royaume : ce qui eft abfurde. Qui ne voit que ce Droit a été attâché au Parlement pour être un frein à la Puiffance Royale, & un rempart aux Libertez du Peuple ? Mais fi ce Droit ne confifte que dans le pouvoir de faire des Remontrances au Roy, quelle efpece de frein eft-ce là ? Quel rempart ? Les Rois naturellement fiers de leur grandeur & de leur authorité, efclaves de leurs Favoris, & encore plus efclaves de leurs Paffions, fe moquent toûjours des Remontrances qui leur font faites, & fe roidiffent contre les oppofitions. Cette précaution de nos Ancêtres auroit donc été abfolument vaine : car on n'en auroit eu que faire contre les bons qui fe rendent aux Remontrances de leurs Sujets, quoy que faites par des gens fans autorité. Et pour les mauvais Princes, on fait bien que de quelque caractere foyent ceux qui remontrent, les Remontrances font toûjours inutiles, quand elles font deftituées du pouvoir de refufer l'execution & l'obeiffance. Pourquoy les Rois depuis même qu'ils ont opprimé la Liberté de la Cour des Pairs, preffent-ils avec tant d'inftance & tant de violence, la verification de leurs Edits dans cette Cour, fi cette verification ne donne pas de force à leur Loy ? Ils commandent & ordonnent la verification. Il faut donc qu'ils reconnoiffent que le Peuple n'eft point obligé de reconnoître pour Loy une Déclaration qui n'eft point verifiée, & à laquelle il n'a pas donné fon confentement par la bouche du Parlement qui reprefente le Peuple. Et en effet cela eft ainfi : le Peuple ne reçoit Loy que de luy même & de fon

pro-

propre confentement aux volontez du Roy , par la bouche de ceux qui le reprefentent. Enfin qui ne voit que ceux qui ont établi ces Parlements raccourcis, les ont revêtus au moins d'une partie de leurs Droits; Or certainement
c'étoit là le Droit des Anciens Parlements qui étoient nos Etats Generaux, de
pouvoir refifter à la volonté du Prince quand elle étoit injufte. *Pafquier,* quoi
que d'ailleurs : rés-jaloux de l'independance de nos Rois, le reconnoit ainfi. a
De toute anciennetê, dit-il , *en forme d'Ariftocratie mêlée à la Monarchie,
furent introduits les douze Pairs , fur lefquels nos Rois ne s'etans refervé que
la Souveraineté & l'hommage, femble que par leur Confeil comme d'un ancien
Senat fe menaffent les affaires.* Ces douze Pairs qui étoient fix Laïques,
Ducs, Comtes ou Barons, & fix Prélats, étoient proprement l'extrait du
grand Parlement. Ils fuivoient le Roy par tout , le Roy ne s'étoit refervé
fur eux que la Souveraineté & l'hommage; rien ne fe faifoit fans leur Confeil,
& ils avoient une entiere liberté de refufer leur approbation à ce qui leur paroiffoit injufte. *Pafquier* remarque dans le même lieu, *que ces Pairs repan-
dus dans le Royaume ne fe pouvant trouver en ce commun Parlement d'affaires , laifferent à leurs Confeillers la fur intendance de la Juftice, C'eft-à-
dire que tout ainfi qu'auparavant aux Affemblées les Rois par maniere de dire fe rendoient volontairement Sujets à ce qui étoit entre iceux Pairs avifé,
auffi que de là en avant ce qui feroit par les Confeillers arrêtê pafferoit en
forme de Loy; tellement que toutes les Lettres Patentes du Roy & fpeciale-
ment concernant le fait public pafferoient par leurs avis.* C'eft là naïvement
la verité. Ces douze Pairs, Ducs, Comtes, & Prélats cefferent de fe trouver
eux-mefmes dans le Parlement raccourci. *Philippe le Long* en exclut mefme
formellement les Prélats comme nous l'avons vû. Les Gens de Robe demeurerent feuls dans le Parlement , & ce fut alors que l'oppreffion de cet augufte Senat commença. Pendant que les Pairs y étoient eux-mêmes en perfonne , les Rois n'euffent ofé leur envoyer des juffions réiterées & des commandemens abfolus d'enregiftrer & de verifier des Edits. Mais quand ils
n'eurent plus affaire qu'à des Confeillers Gens de Robe, ils les violenterent
fans craindre les fuites. Le premier exemple de ces violences fut fait par
Jehan Duc de Bourgogne; qui pour faire fa Cour au Pape voulut faire fup-
primer les Ordonnances qui avoient été faites quelque temps auparavant
contre les abus de la Cour de Rome. Il envoya pour cet effet au Parlement un Edit au nom du Roy, révocatoire de toutes ces Ordonnances : la
Cour refufa de le verifier. Le Chancelier Creature du Duc vint au Parlement
avec le Comte de S. *Pol.* Gouverneur de Paris , & firent publier cet Edit
fans ouïr le Procureur General & en fon abfence. On y mit pourtant la claufe *Leéta & publicata &c.* Mais plufieurs Confeillers de la Cour vintent au
Greffier pour empêcher qu'on ne mit *leûes & publiées &c.* & le lendemain
la grand' Chambre prononça que non obftant cette Publication la Cour ne

R 3   pré-

a. *Pafquier pour-parler du Prince.*

prétendoit approuver cette révocation. C'est pourquoy on mit dans l'Enregiftrement que c'étoit par le commandement du Chancellier.   Cela arriva
fous *Charles VI.* & durant les defordres de fon efprit : exemple digne d'un
Regne auffi trifte , fous lequel le Royaume fut déchiré par d'horribles Guerres Civiles , & livré à la domination de l'Anglois ; & digne d'un Auteur auffi
malheureux que ce *Jehan* Duc de Bourgogne qui fut fi longtemps le Fleau de
la France.   Depuis ce temps là feulement on trouve plufieurs Edits de nos
Rois enregiftrez avec cette claufe , *de expreffo & expreffiffimo mandato Regis*
pluribus vicibus reiterato. Mais avant ce malheureux temps on ne voit pas
d'exemple d'Edits enregiftrez contre la volonté de la Cour.   Et même il eft
à remarquer que par cette claufe , *par exprés & très-exprés commandement*
du Roy plufieurs fois réiteré , la Cour prétendoit faire une proteftation
contre l'Edit , où cette claufe étoit mife , & que cette proteftation étoit à
l'Edit la force de Loy dans l'efprit du Peuple.   De forte qu'abfolument parlant, les Parlements ne pouvoient alors être forcez à donner à un Edit injufte
la vertu de Loy contre leur volonté.   Depuis que cette oppreffion de la Liberté du Parlement fe fut établie , on ne laiffa pas de voir de temps en temps
de beaux exemples de vigueur qui font voir ces deux chofes ; la première que
la volonté du Roy ne paffe point en Loy fans le confentement du Parlement,
la feconde que le Parlement ne peut eftre forcé à l'Enregiftrement contre fa
volonté.   Nous en avons entre les autres un notable fous le Regne de *Louis*
XI. & qui eft d'autant plus notable que ce *Louis XI.* avoit tous les caracteres d'un Tyran , & qu'en effet il a plus ruiné la Liberté du Peuple & du Parlement , que n'avoient fait tous fes Prédeceffeurs enfemble.   Ce Roy entreprit un jour de faire verifier à la Cour de Parlement un Edit très injufte :
ce que le Parlement refufa conftamment de faire. Il y eut ordre fur ordre,
mais cela n'y fit rien. *Louis* qui étoit violent & cruel jura par fon Dieu que
s'ils n'obeiffoient , il les feroit tous mourir. Cela fut rapporté à *la Vacquerie*
qui étoit alors premier Préfident. Ce Chef de Juftice en advertit tous les Confeillers & les ayant affemblez il les mena tous en Robe Rouge au Palais du Roi
& fe prefenta en cet équipage devant luy.   Le Roy furpris de ce fpectacle,
s'informa d'eux ce qu'ils demandoient. La mort, Sire, répondit *la Vacquerie*
pour tous les autres , à laquelle il vous a plû de nous condamner : parce que
tout autant que nous fommes ici préfens aimons mieux mourir que de verifier
vôtre Edit.   Ce Prince fuperbe & fier au poffible fe trouva pourtant humilié
& couvert de confufion par cette action.   Au lieu de leur donner la mort
qu'ils demandoient , il leur donna de bonnes paroles en les renvoyant , & leur
promit de ne leur demander jamais la verification d'aucun Edit qui ne fut
plein de Juftice. Il n'y a point eu de Roy qui ait plus fait de violences & d'injuftices , mais ne trouvant pas dans le Parlement la complaifance qu'il demandoit pour fes volontez injuftes , il fit tout de hauteur. Contre la violence les
plus foibles ne peuvent rien , mais auffi cela ne fait aucun préjudice à leurs
Droits.   Ma

Ma derniere obfervation fur l'Hiftoire de l'origine des Parlements, & par où je veux conclure : c'eft que quand le Parlement General que nous appellons aujourd'huy l'Affemblée des trois Etats, prit la refolution de tirer de fon Corps un nombre des Pairs & de Confeillers qui le reprefentaffent, & qui même fuffent revêtus d'une partie de fes Doits, ce ne fut nullement à intention d'abolir l'ufage des Etats Generaux. Mais feulement pour n'être pas obligé de s'affembler fi fouvent avec tant de peine & tant de frais de tous les coins du Royaume. Auffi ne tranfporta-t-il pas à ce Parlement raccourci generalement tout le pouvoir du Parlement General. Car nous avons vû comme le Parlement General ou affemblée Generale du Royaume avoit Droit d'élire & de dépofer les Rois, avoit pouvoir de changer la forme du Gouvernement, de faire de nouvelles Loix, de confirmer le partage entre les Enfants des Rois, de tranfporter la Couronne de l'un à l'autre. De créer des Tuteurs aux Rois. De nommer des Régents & des Adminiftrateurs au Royaume durant la Minorité des Rois, leur abfence ou leurs maladies. De condamner à la mort des Têtes Couronnées, de châtier les plus grands Seigneurs du Royaume par la privation de leurs Biens, de leur Liberté, & même par la perte de la vie. De tous ces grands Droits qui emportoient plein partage de la Souverainété avec le Roy, on n'en tranfporta qu'une tres-petite partie à ce Parlement raccourci. Et c'eft pourquoy depuis l'établiffement des Parlements, on n'a pas laiffé de tenir des Affemblées d'Etats Generaux qui en ont ufé avec la même authorité qu'auparavant. Et durant la tenuë de ces Etats Generaux du Royaume, toute la Puiffance du Parlement en ce qui regarde les affaires d'Etat étoit éclipfée. Ce Senat n'avoit été revêtu d'authorité que pour empêcher les Rois de s'echaper d'une Affemblée Generale à l'autre. Mais les Rois qui travailloient à l'augmentation de leur authorité avec plus de foin que les Peuples, ne veilloient à la confervation de leur Liberté, trouverent moyen de faire fervir à l'oppreffion ce Parlement raccourci. Au commencement les Rois fe faifoient un plaifir d'étendre fes Privileges, pour diminuër la neceffité d'affembler les Etats Generaux, qui ont toûjours été la Croix des Princes entreprenans. Ils ne faifoient rien fans confulter le Parlement & avoient toûjours égard à fes oppofitions. Ce qui fembloit rendre inutile l'Affemblée des Etats. Car fi l'on trouvoit dans le Parlement un rempart fuffifant pour la confervation des Loix & de la Liberté, à quoy bon fatiguer un Royaume par des Affemblées Generales ? Mais les Rois enfuite, aprés avoir fait perdre la coûtume de tenir frequemment des Affemblées Generales d'Etats, fe rendirent maîtres de leur Parlement. Ce qui ne leur fut pas difficile ; puis que d'abord ils en donnerent les Charges, & enfuite les rendirent venales ; & cela mit cette Cour Souveraine dans la dépendance des Rois.

Je

Je laisse presentement au Lecteur la liberté de tirer sa conclusion de tout ce qu'il vient de voir, & de juger si la Puissance absoluë & arbitraire de la Cour de France peut s'accorder avec cette Histoire de l'origine des Parlements. On y voit un Senat qui se compose des Députez de l'Assemblée du Royaume ; dans lequel entrent au commencement les premiers Seigneurs de l'Etat & les premiers Prélats de l'Eglise : on les voit revêtus de l'authorité des Etats Generaux, pour juger de tous les differens entre les Grands ; & même entre le Roy & ses Sujets ; pour recevoir le Serment de tous les grands Officiers de la Couronne & de la Justice ; & pour s'opposer à tous les Edits contraires à la Liberté du Peuple, que le Roy auroit voulu faire sans consulter les Etats Generaux. C'est assez pour faire voir que même dans le déclin de nôtre Liberté, les Rois n'étoient pas absolus, & ne faisoient pas tout ce qui leur sembloit bon. Déja nous avons dans ces trois derniers Chapitres une juste idée du vray Gouvernement de nôtre Monarchie fort opposé au Gouvernement Despotique, sous lequel nous gemissons aujourd'huy. Mais la suite vous en aprendra encore d'avantage.

Fin du Huitiéme Memoire.

A AMSTERDAM,
le 1. Mars 1690.

LES SOUPIRS
DE LA
FRANCE ESCLAVE
Qui aspire aprés la Liberté.

IX. MEMOIRE,
Du 15. de Mars 1690.

Nouvelles preuves contre la Puissance Arbitraire de la Cour de France, tirées de l'Histoire des grandes Dignités du Royaume. Du Grand Conseil, des Maires du Palais, des Connestables, des Pairs de France. Forme ancienne de nos Tribunaux de Justice avant l'établissement des Présidiaux.

IL FAUT toûjours se souvenir que nous cherchons l'ancién Gouvernement de nôtre Monarchie Françoise, pour en faire une opposition à la forme du present Gouvernement. Et par consequent nous ne sçaurions être trop exacts pour nôtre but. Il vaudroit mieux même dire quelque chose de moins necessaire que d'oublier quelque chose d'essentiel. Poursuivons donc l'Histoire de ce Gouvernement ancien & le reprenons où nous l'avons laissé. Nous avons vû l'origine des Parlements Judiciaires, & comment on les forma des Membres tirés du Parlement General. Nous avons observé qu'on occupa ce Parlement raccourci des affaires des Grands & des particuliers pour luy ôter la connoissance des affaires d'Etat, & qu'on luy laissa seulement le Droit de juger les Grands du Royaume, dont le jugement appartenoit autrefois au Roy & aux Etats Generaux, le Droit de recevoir le serment des Officiers de la Couronne, & le Droit de verifier & d'approuver les Edits du Roy avec la liberté de ne les approuver pas. Mais on

ne les consulta plus sur les affaires de Paix & de Guerre, & sur le Gouvernement. Dans le même temps que les Parlements raccourcis cessèrent
d'être le Conseil du Gouvernement, on institua un nouveau Conseil qui
s'appelle aujourd'huy *le Grand Conseil*. Mais qui n'est plus ce qu'il étoit
dans sa premiere institution. Car il fut établi pour être le Conseil du
Prince & de l'Etat, pour aviser à la conduite du Royaume. Il étoit composé de ce qu'il y avoit de plus grand & de plus distingué en France. On
l'appelloit *Grand Conseil*, & *Conseil Privé*, ou, *Conseil étroit*. C'est ainsi
que l'appelle *Charles VI*. dans une Ordonnance du 28. Avril 1407. par
laquelle il compose son Grand Conseil des Princes de son sang, des Officiers de la Couronne, & de vint-sept autres personnes de marque. Ce
Grand Conseil fut aussi un raccourci des Etats Generaux destiné à même
usage ; c'est à deliberer de toutes les grandes affaires du Royaume, de
Paix, de Guerre, d'Alliance, de Subsides & autres choses semblables.
De sorte qu'on partagea entre le Parlement Judiciaire & le Grand Conseil
les affaires qui se traitoient autrefois dans les Assemblées Generales; qu'on
appelloit Grands Parlements du Royaume. On laissa au Parlement Judiciaire la Charge de rendre la Justice ; & on attribua à ce Grand Conseil
tout ce qui regardoit le Gouvernement. Ce n'étoit donc point alors un
Tribunal fixe & pour le temps & pour le lieu. On tenoit ces Grands Conseils selon les occurrences & les necessités, tantôt dans un lieu, tantôt
dans un autre : tout de même que l'on tenoit les Assemblées Generales de
l'Etat. Et aussi disoit-on *tenir le Grand Conseil*, comme on disoit, *tenir le
Parlement*, ou, *tenir les Etats*. *Alain* Chartier dans la vie de *Charles VII.*
dit *que ce Roy tint son Grand Conseil à Vendôme qu'il avoit auparavant ordonné
être à Montargis, où il ne vint point à l'occasion de la grande mortalité qui étoit
en la Cité d'Orleans, audit Montargis & és Pays d'environ*. Ainsi ce Grand
Conseil s'assignoit à certains temps & à certains lieux, comme on faisoit
auparavant les Parlements Generaux. Les Rois gagnoient toûjours de
l'authorité par ces changemens. Ils avoient beaucoup avancé par l'établissement des Parlements fixes, auxquels ils avoient attribué les affaires de
Justice en leur ôtant les affaires du Gouvernement. Car par là ils se deli-
vroient de la necessité d'assembler souvent le Grand Parlement ou les Etats
Generaux ; dont la tenüe faisoit éclipser pour un temps une partie de l'authorité Souveraine. Ils gagnerent encore par l'établissement de ce Grand
Conseil Privé. Ce Conseil connoissoit à la verité de toutes les affaires d'E-
tat. Mais il étoit composé de personnes que le Roy pouvoit plus aisement
corrompre par promesses ou par menaces. Et après tout le Prince Souve-

tain demeuroit toûjours Maître des refolutions. Cette inftitution n'eft pas plus vieille que celle des Parlements, & on n'en fçauroit trouver de trace au deffus de trois ou quatre cens ans. Quoy que ce nouveau Confeil du Roy fut moins à charge aux Rois que les Etats Generaux, cependant cela ne laiffoit pas de les incommoder. Car les Princes du fang & les Grands Officiers de la Couronne étant Membres nés de ce Grand Confeil, leur naiffance & leurs emplois leur donnoient l'authorité de s'oppofer aux volontés des Rois quand elles étoient contraires aux interêts de l'Etat. C'eft pourquoy la Cour peu à peu fe défit de ce joug comme elle avoit fait des autres. Les Rois attribuërent à ce Grand Confeil la connoiffance de certains procés, en partie pour être maître de toutes les affaires, parce que les Rois difpofoient de tout dans ce Confeil avec plus d'authorité que dans le Parlement : en partie pour ôter au Parlement une partie des caufes dont la connoiffance luy appartenoit & diminuer par là fa jurifdiction & fon authorité. Enfin on en a fait une Cour ordinaire de Juftice, & ce fut *Charles VIII.* & *Loüis XII.* qui acheverent cet ouvrage que leurs Ancêtres depuis *Charles VI.* avoient commencé. L'on attribua à ce Confeil le Droit des évocations, la connoiffance des Indults, & de toutes les matieres Beneficiales, avec le pouvoir de juger de la competence des Juges quand il y a conflict de jurifdiction. Quand la forme de ce Confeil d'Etat a commencé à fe reduire là, les Princes du fang & les Grands Officiers de la Couronne excepté le Chancelier l'ont abandonné ; & l'on y a mis des gens de Robe pour Prefidents & pour Confeillers. Depuis les Rois fe firent une autre Confeil pour les affaires d'Etat qui fut appellé *Confeil Privé.* Celuy-cy comme les autres eft auffi degeneré en un Tribunal de chicane & de procés. Car on y plaide comme dans les autres Cours de Juftice fur les caufes qu'il plaît au Roy d'y évoquer. Pour ce qui eft du Gouvernement il eft entre les mains d'un petit nombre de perfonnes telles que le Roy les veut choifir. C'eft ainfi qu'infenfiblement les Rois de France ont fecoüé tout joug, & fe font mis en poffeffion de regler eux feuls toutes les affaires du Gouvernement fans en donner connoiffance ni aux Etats, ni aux Parlements, ni au Confeil, ni aux Grands du Royaume.

Aprés avoir veu quelle eftoit l'ancienne forme de la Monarchie Françoife par rapport aux Etats, Parlements & Confeils, il faut prefentement voir quelles étoient les principales Dignités du Royaume, les Charges, les Caracteres differens, & les Droits qui leur convenoient. Nous verrons fi tout cela s'accordera avec cette Puiffance abfoluë que les Rois de France exercent fur toute forte de Perfonnes indifferemment;

En étudiant l'Histoire des Charges, de Maire du Palais, de Connée
stables, de Grands Chambellans, de Chanceliers & de Grands Panne-
tiers, qui étoient autrefois les premieres Dignités du Royaume, j'y trouve assés peu de chose qui face à nostre but, & qui donne beaucoup de
lumieres aux Droits & Libertés des Peuples de la Monarchie Françoise.
C'est pourquoy il n'est pas necessaire que nous nous y arrêtions longtemps. Il faut seulement sçavoir que la Charge de Maire du Palais étoit
la premiere du Royaume sous les deux premieres races de nos Rois,
Comme celle de Connestable l'est devenuë dans la suitte sous la troisiéme
race. Mais ni l'une ni l'autre n'étoit originellement ce qu'elles sont devenuës dans la suitte. *Maire du Palais*, c'est à dire *Maistre du Palais*; & leur
Charge n'étoit au commencement que celle que nous appellons aujour-
d'huy *Grand Maistre de la Maison du Roy*. Son authorité s'étendoit sur
tous ceux qui composoient le Domestique de la Maison Royale, & ne
sortoit point hors de là. Ce fut *Clothaire Second* qui commença à donner
au Grand Maître de la Maison un degré de Dignité sur tous les Gouverneurs des Provinces. Et ce nom devint un nom de Gouvernement. Il
y eut sous ce Regne un Maître du Palais du Royaume d'Austrasie, &
un Maire du Palais de Bourgogne, qui furent comme les Vicerois de
ces Provinces. Cette Dignité s'augmenta encore beaucoup sous les Rois
suivants, qui furent ou imbecilles ou faineants. Et châcun sçait que les Maires du Palais devinrent premiers Ministres d'Etat & Rois sous un autre
nom. Les Rois ne servant que d'ombre à l'usurpation, on les montroit
à certains jours, & toutes les affaires se faisoient sans leur participation.
Il n'estoit pas mal-aisé à des Officiers de la Couronne si Maîtres des affaires de se mettre en possession de la Couronne même, lors que leur
ambition les y portoit. Aussi a-t-on vû que ce sont eux qui ont fait par
deux fois changer la Couronne de Maison. *Charles Martel* Maire du Palais
se fit faire Prince des François, & *Pepin* son fils se fit élire Roy en rejet-
tant la famille des Merovingiens. *Eudes* Maire du Palais Comte de Paris
sous la decadence de la Maison de *Charlemagne* prit la Couronne, & enfin
la fit passer à *Hugues Capet* au prejudice de la Famille des Carlovingiens.
Cette grande Charge fut sagement supprimée par *Hugues Capet* & ses descendants. Dans toute cette grande authorité que les Maires du Palais
s'étoient arrogée il n'y avoit pourtant rien qui fît prejudice aux Droits
des Peuples. Les usurpations des Maires du Palais n'empietoient que sur
l'authorité des Rois, & nullement sur les Privileges des Peuples. Car sous
les Maires, comme sous les Rois on assembloit tous les ans les Etats Ge-

heraux du Royaume : les Rois y estoient conduits à la maniere accoûtumée, & y paroissoient comme des statuës de cire qui faisoient bonne mine & ne faisoient rien, les Maires faisant tout : c'est à dire tout ce que les Rois eussent dû faire. Car du reste rien ne se faisoit que de l'avis de l'assemblée des François. Et les Maires bien loin de rogner les Privileges du Peuple, ce qui l'eût irrité, le flattoient au contraire, afin d'être maintenus dans leur Authorité. Car en ce temps-là il n'y avoit point d'armée toûjours sur pied sous le titre de Gardes du Corps, de Regiment des Gardes, de Maison du Roy, dont on se pût servir pour violenter les inclinations des Peuples. Le Roy & leurs Ministres n'avoient point d'autre seureté que l'amour de la Nation.

Le nom de Connestable est aussi ancien que celuy de Maire, & la Charge a duré beaucoup plus long-temps. Mais ce nom a fort changé de signification, & cette Charge est fort enflée de Dignité : les Connestables dans la suitte sont devenus à peu prés ce qu'estoient autrefois les Maires du Palais, c'est à dire, premiers Officiers de la Couronne. Mais au commencement ce n'estoit autre chose que ce qui s'appelle aujourd'huy Grand Escuyer, Connestable ou Comte de l'Estable, *Comes Stabuli*, Maistre des Chevaux & de ceux qui les servoient. C'est ainsi qu'*Aymoinus* definit. *Lendegisile* Connestable sous *Gontran* Roy d'Orleans frere de *Chilperic*. *Lendegisilius Regalium Præpositus Equorum, quem vulgò Constabulem vocant.* On ne voit pas bien dans l'Histoire par quels degrés les Connestables se sont élevés depuis à la Dignité de Chefs de toutes les Armées du Royaume : Mais il est certain que cela ne commença que fort tard. *Matthieu de Montmorency* qui fut fait Connestable sous *Saint Loüis* est l'un des plus anciens dont nostre Histoire nous parle, sous le titre de Generalissime des Armées du Royaume.

La Charge de Chancelier est aussi ancienne que la Monarchie, car c'est un Officier dont un Etat ne se peut passer. Il faut necessairement qu'il y ait quelqu'un pour apposer les Sceaux de la Monarchie & du Roy. Au commencement cet Officier s'appelloit *Referendaire*, & nous ne voyons pas que ses fonctions ayent fort changé. Excepté que quand on a bâti les Parlements des ruines de l'Assemblée des Etats Generaux les Chanceliers y ont extremement gagné; car ils sont devenus Chefs de toute la Justice de France, comme les Connestables sont devenus Chefs de toute la Milice. Ainsi la grandeur de ces deux Charges est à peu prés de même âge. Si nous voulions examiner l'Histoire de la Chancelerie & des Chanceliers on y trouveroit assés de preuves de ce que nous voulons établir. C'est

que Gouvernement de la Monarchie n'a point roulé sur le pied d'une
Puissance Despotique & Arbitraire. On y trouveroit aussi sans doute des
choses qui paroîtroient prejudicier à nostre cause : car c'est dans leur
Chancelerie que les Rois ont fait principalement les Maîtres. Mais les
Etats du Royaume en qui residoit la Souveraine Puissance ne dependoient pas de là. C'est une discussion dans laquelle nous n'entrerons point,
parce que cela nous meneroit trop loin. La Charge de Grand Chambellan & celle de Grand Eschanson n'ont pas eu le même sort que les deux
precedentes ; c'est à dire, qu'elles ne se sont point élevées à une grandeur
extraordinaire. Cependant elles avoient le privilege qu'on n'expedioit
aucunes lettres sans la connoissance de ceux qui soustenoient ces caractères.
Sous les Successeurs les plus prochains de *Hugues Capet* comme *Robert, Henri*, *Philippe*, *Loüis le Gros*, *Loüis le Jeune* & *Philippe Auguste*, &c. les Lettres Royaux se donnoient par le Chancelier souscrites de luy ; & confir-
mées par la presence du Connestable, du Grand Chambellan & du Grand
Eschanson. Mais comme en tout cela l'on ne trouve rien qui nous instrui-
se beaucoup de la forme du Gouvernement ancien de nostre Monarchie,
nous ne nous y arrêterons pas davantage.

Il sera plus important de chercher & de trouver l'origine des Pairs
de France. Il n'y a point d'endroit où nos écrivains d'antiquités paroissent
avoir moins de penetration. Il est arrivé à quelques-uns de mettre la
main sur la verité sans la sentir. Je ne m'amuserai point à refuter l'opinion de ceux qui font cette institution aussi vieille que la Monarchie, ni
ceux qui l'attribüent à *Charlemagne*. L'opinion de ces derniers seroit fort
favorable à nôtre but. Car ils disent que *Charlemagne* créa douze Pairs, six
Clercs & six Ecclesiastiques. Avec lesquels il partagea son Authorité ne
voulant rien faire sans eux, & ne conservant au dessus d'eux que l'hommage. C'est pourquoi ils furent appellés *Pairs*, égaux, ou comme égaux
au Roy. Cela seroit fort propre à prouver que les Rois de France ne
s'attribuoient pas une Puissance Absolüe & Arbitraire ; puis qu'ils s'é-
toient fait un Senat tiré du corps des François pour le representer, par les
avis duquel ils prétendoient se gouverner. Mais nous avons assés de preuves dans la verité pour détruire la prétention de la Cour de France pour
la Puissance Arbitraire, sans en aller chercher dans les fables de nos Anciens Historiens. Tous ceux qui ont étudié nôtre Histoire avec quelque
soin sont bien persuadés que la Dignité & le nom de Pair du Royaume
êtoient entierement inconnus sous les deux premieres Races de nos Rois.
Ce nom & cette distinction des Pairs d'avec les autres Membres de l'Etat

ne fe trouve que dans la troifiéme Race, & même affés avant. Il eft vrai qu'on trouve le nom de *Pares* dans l'Hiftoire, en des endroits qui font plus anciens que *Hugues Capet*. *Fredegare* dans fa Chronique fur l'an 762. dit. *Factum eft ut Auftraldus Comes & Galemanius itemque Comes cum Paribus eorum ad propria reverterentur*. *Les Comtes Auftraldus & Galemanius retournerent chés eux avec leurs Pairs*. Ces Pairs font leurs égaux gens de même qualité qu'eux. Ce nom dans cet endroit & en plufieurs autres femblables ne fignifie aucune dignité particuliere. Le plus ancien monument où l'on trouve le nom de *Pairs*, *Pares*, dans la fignification où il fe prend depuis quelques Siecles, c'eft peut-être celuy qui fe trouve en datte de l'an 1216. fous *Loüis le Gros* dans un Arrêt rendu pour le Comte de *Champagne* au fujet du ferment de fidelité que luy devoient rendre fes Vaffaux : qui commence ainfi. *Il a été jugé par les Pairs de nôtre Royaume fçavoir*, *l'Archevêque de Rheims*, *l'Evêque de Langres*, *Guillaume Evêque de Chaalons*, *Philippe de Beauvais*, *Etienne de Noyon*, &c. Sur l'an 1224. dans l'Hiftoire de France de *Belle-Forêt* on trouve un Arrêt rendu par le Roy fur un demêlé que les Pairs de France eurent avec les Officiers de la Maifon du Roy. Les Pairs de France difoient que le Chancelier, le Grand Efchanfon, le Grand Chambellan, & le Conneftable Officiers de la Maifon du Roy ne devoient pas affifter avec eux au jugement des Pairs de France. Les Officiers de la Maifon du Roy foûtenoient le contraire. Et il fut jugé par la Cour du Roy que les fufdits Officiers affifteroient au jugement des Pairs avec les Pairs de France. On trouve un jugement des Pairs de France contre *Pierre Mauclere Duc de Bretagne* de l'an 1230. Par lequel ledit *Pierre Mauclere* eft condamné à perdre fes Droits fur la Bretagne. *Nous Gauftier par la grace de Dieu Archevêque de Sens*, *Gauftier Evêque de Chartres*, *Guillaume Evêque de Paris*, *le Comte de Flandres*, *le Comte de Champagne*, *le Comte de Chartres*, *le Comte de Montfort*, *le Comte de Vendôme*, *le Comte de Roucy*, *Matthieu de Montmorency*, *Conneftable de France*, *Jehan Evêque de Soiffons*, *Etienne Comte de Sancerre*, *le Comte de Beaumont*, &c. *Faifons fçavoir qu'en prefence de nôtre tres-cher Seigneur Loüis Roy de France*, *nous avons unanimement jugé que Pierre cy-devant Comte de Bretagne pour avoir fourfait contre le Seigneur Roy cy-mentionné a perdu fon Droit de Bailli de Bretagne*, *& que les Barons de Bretagne & autres qui luy ont prêté ferment de fidelité & hommage à raifon de fa qualité de Balli en font abfous & font quittes de cette fidelité & hommage*. Bien que le nom de Pairs ne foit point employé dans cet acte. Il eft pourtant certain que ce jugement fut rendu par les Seigneurs du Royaume fous le nom de Pairs qui délors étoit en ufage.

Pour ſçavoir ce que c'étoient que ces Pairs de France il faut obſerver qu'on appelloit *Pairs*, les Vaſſaux Sujets d'un même Seigneur dans la même Comté ou Baronnie. Ces Vaſſaux relevants d'un même Seigneur, mais en diverſes Comtés, Seigneuries & Bailliages, n'étoient pas eſtimés *Pairs*, par rapport les uns aux autres. On les appelloit *Pairs*, c'eſt à dire égaux les uns aux autres joüiſſants des mêmes Droits & des mêmes Privileges ſous un ſeul Seigneur. Leur privilege étoit de ne pouvoir être jugés que par leurs Pairs, c'eſt à dire par les Habitans & Gens tenant des Fiefs dans le reſſort du Bailliage & de la Comté. Le Seigneur, Duc, Comte ou Baron tenoit donc les aſſiſes à certain temps, & tous les Pairs de la Comté, Duché ou Baronnie étoient obligés de s'y trouver & d'être Aſſeſſeurs avec leur Seigneur pour juger de tous les demêlés & procés qui étoient entre les Habitans du même reſſort. Et il ſera bon de s'arrêter un peu dans cet endroit ; nous y apprendrons l'ancienne maniere de rendre la Juſtice en France, tout à fait oppoſée à cette maniere Deſpotique & Tyranique de decider de la fortune & de la vie des Particuliers qui a été introduite du depuis.

Il faut donc ſçavoir que les Tribunaux qui occupent aujourd'huy la France, Preſidiaux, Bailliages, &c. où il y a des Preſidents & des Conſeillers reglés & certains Juges fixes, ne ſont pas plus anciens que les Parlements en qualité de Tribunaux fixes & arrêtés. Autrefois toute la Juſtice étoit entre les mains du Roy & du Peuple. La Nation s'aſſembloit en certains temps & en certains lieux, convôquée par le Roy, & compoſoit ces Aſſemblées qu'on appelloit alors *Parlements Generaux, Plaits*, ou *placita* : qui ſont proprement nos trois Etats d'aujourd'huy. Là on rendoit juſtice à tout le monde & principalement aux Grands du Royaume. Nous avons vû comment & par quels progrés ces Aſſemblées ſe ſont changées en Parlements. Dans les Provinces on rendoit Juſtice dans la même forme, c'eſt à dire que ſans avoir aucuns Tribunaux fixes, on aſſembloit les Nobles & les Notables de la Comté. Le Comte luy même y preſidant ou ſon Bailly en cas d'abſence du Comte; preciſement ſelon ce qui ſe fait encore aujourd'huy en Angleterre, où il y a peu de Tribunaux fixes compoſés des Preſidents & des Conſeillers pour vuider les procés. Mais tous les ans deux fois on tient les Aſſiſes de la Province compoſées des notables, ſur qui preſide celui qui en a le droit. Car plus nous avancerons & plus nous reconnoiſtrons que le Gouvernement de France & celuy d'Angleterre eſtoient abſolument ſemblables. La difference eſt que les Anglois ſont demeurés dans leurs anciennes

Loix

Loix & Privileges. Et nous avons miserablement laiffé perdre les no-
ftres. Autrefois, c'eft à dire fous la premiere race, toute Juftice s'admi-
niftroit en France au nom du Roy comme en Angleterre, & le Roy
envoyoit dans les Provinces des Ducs & des Comtés qui prefidoient
aux Jugements, où en cas d'abfence du Comte ou du Duc le Bailly de
la Comté prefidoit. Mais fous la troifiéme race de nos Rois, & fur la
fin de la feconde les Duchés & Comtés eftant devenuës hereditaires, les
Ducs, Comtes & Barons eurent eux-mêmes des Baillifs ou Senechaux.
On les appelloit plûtôt Senéchaux que Baillifs, parce que le terme de *Bail-*
lifs fe refervoit pour les terres & Provinces du Domaine du Roy où il
eftoit Seigneur immediat, & les Princes, Ducs & Comtes qui tenoient
les Provinces en foy & hommage de nos Rois appelloient leurs Juges
Senechaux. Cependant ces deux noms de Grands *Senechaux* & de Grands
Baillifs fe confondent très-fouvent, & dans le fonds ne fignifient aujour-
d'huy que la même chofe. Ce font ceux que nous appellons Baillifs de
Robe-courte, qui font les Chefs de la Nobleffe d'un certain reffort : c'é-
toient eux autrefois & les Nobles à la tête defquels ils étoient qui rendoient la Juftice ; en tenant leurs Affifes en certains temps de l'année.
Aujourd'huy ce ne font que des noms, & il ne leur eft refté que l'avantage de commander la Nobleffe de leur Province quand on convoque
l'Arriereban.

C'étoit donc dans ces Affemblées que prefidoient ou le Comte ou fon
Baillif, & les Nobles qui compofoient l'Affemblée s'appelloient *Pairs*.
Sur ces Tribunaux de Juftice nous ferons feulement quelques obferva-
tions felon qu'elles tomberont fous noftre plume. Car noftre deffein ni
noftre affaire n'eft pas d'en faire un Traité exact.

Premierement à ces Affifes avoient droit de fe trouver tous Gens tenants Fiefs, dans la Duché, Comté ou Baronie, & ils eftoient tous appellés Pairs, mais tous n'y pouvant affifter, au moins il falloit que deux
y fuffent fans conter le Seigneur, felon *Philippes de Beaumanoir* Grand
Baillif de Beauvoifin, qui a écrit la Coûtume de Beauvaifis environ l'an
1282. ou felon d'autres il y en devoit avoir au moins quatre, c'eft le
fentiment de *Pierre de Fontaines* vieil Hiftorien, qui écrivoit du temps de
Saint Loüis environ l'an 1270. & qui a laiffé un Ouvrage manufcrit de
Juftice & de Politique fous le titre de *Li Livres la Reigne*. Il dit dans la
langue de fon temps. *Tu me demandes kans hommes il convient as jugement*
rendre : certes quatre ils font fuffifants. Si encore convient-il à jugement faire
quatre hommes à tout le mains, nekedent il convient à deux hommes fuffifants à

T

faire la femence , & deux hommes à recort faire , contre recort ne peut-on rien faire. Il ne pouvoit donc y avoir moins de quatre Pairs Affeffeurs du Comté dans fes jugemens. Au commencement le nombre de ceux qui pouvoient affifter aux jugemens des Comtes n'étoit point limité : tous les Convaffaux avoient le droit & eftoient appellés Pairs de la Comté, mais parce que tous ne s'y pouvoient pas trouver ou à caufe de leurs affaires & autres emplois qui les menoient ailleurs : & auffi parce que dans les grandes Provinces le grand nombre de ceux qui avoient droit de feance en qualité de Pairs eût caufé de là confufion, les Comtes avoient accoutumé dans les grandes Provinces de nommer un certain nombre de Gentilshommes leurs Vaffaux, auxquels ils affectoient particulierement le titre & la qualité de *Pairs*, avec le pouvoir de juger leurs Convaffaux : ce nombre eftoit ordinairement de douze, principalement en France, dans le Comté de Flandres, dans les Comtés de Hainaut & de Cambray, & en plufieurs autres lieux remarqués par les Hiftoriens. Et ces hommes s'appelloient auffi *Jurati, Jurés, Pairs Jurés.* C'eft de là fans doute qu'eft venuë la coûtume d'Angleterre, où nul n'eft condamné que par douze *Jurés*, lefquels ont Droit de juger du fait avant que les Juges jugent du Droit. Et ces douze *Jurés* doivent être les *Pairs* de l'accufé, c'eft à dire fes égaux. C'eft pourquoy les Ducs, Comtes & Barons ne peuvent être condamnés que par leurs Pairs de même qualité qu'eux. Les fimples Gentilshommes doivent être jugés par des Gentilshommes, les Bourgeois par des Bourgeois. Même Loy s'obfervoit autrefois en France, chacun vouloit être jugé par fes *Pairs* & égaux, fondés fur cette regle du bon fens, que les Superieurs méprifent leurs Inferieurs, & ne fe font pas trop de confcience de leur faire des injuftices. Et les Inferieurs jaloux de leurs Superieurs ne les jugeroient peut-être pas trop bien. Au lieu que les *Pairs* ou égaux ont foin de la fortune & de la vie de ceux qui leur font égaux, n'ayant pour eux ni mépris ni jaloufie. Nous voyons encore icy que le Gouvernement de France étoit le même que celuy d'Angleterre. Auffi les Rois d'Angleterre faifoient alors de Loix qui s'obfervoient dans toutes les Provinces de France. Non feulement parce que les Anglois poffedoient plufieurs Provinces, mais auffi parce que l'on fe fervoit par tout à peu prés du même Droit. Telle eft la Loy d'*Edoüard I.* chap. 31. *Chacun doit être jugé par fes Pairs & d'une même Province, & Nous rejettons & défendons en toute maniere tous Jugemens étrangers.* Il eft certain que cela s'obfervoit dans tout le Royaume. *Fulbert de Chartres* Epift. 96. rapporte que le Comte de *Champagne* refufa d'être jugé autrement que par fes Pairs ; & *Matthieu Pa-*

vû sur l'an 1226. dit , *Ils ajoûtent que dans le Royaume des François nul ne peut être dépoüillé d'aucun Droit que par le jugement de ses Pairs.*

Les Comtes êtoient obligés de munir leur Cour de nombre *suffisant* de Pairs. Ce qui est encore le style des Praticiens ; tellement que si par maladie , absence ou autrement ceux qui devoient assister n'y assistoient pas , il ê-toit obligé d'en substituer d'autres. Aussi les Pairs convôqués auprés de leur Seigneur êtoient obligés de s'y trouver , & l'on pouvoit les y con-traindre par saisie de fief & par établissement de gardes. Comme le dit expres-sement *Philippe de Beaumanoir. Se ainsi n'êtoit , dit-il , le Seigneur ne pourroit Cour tenir , tc le comme il doit , ne les Gens avoir leur raison , si le Seignor ne pouvoit les Hommes destraindre ; si comme il est ey-dessus dit , à faire les égards & connoissance qui sont sur eux à faire.*

Au reste dans ces Cours le Duc , le Comte , le Baron & même le Roy ou son Baillif n'êtoit que le President & non le Souverain , le jugement dépendoit absolument de la voix de ces douze Jurés ou Pairs. Dans la vie de *S. Loüis , Nangius* rapporte que le Seigneur *de Coucy* ne voulut point ré-pondre au Roy , & dit qu'il ne pouvoit être contraint à répondre , mais qu'il vouloit être jugé par ses Pairs selon la coûtume de la Baronie. Et même cela s'étendoit aux Personnes les plus basses. Car on lit dans la Charte* de *Theodoric* Abbé de S. Maximin de Tréves , touchant les Ser-viteurs , *qu'il ne doivent obeïr ni à Patron ni à Maître :* c'est à dire qu'il ne doivent pas subir leur jugement , *mais seulement à nous , & ne doivent être sujets au jugement de personne que de leurs Pairs.*

Ces Pairs pouvoient juger de toutes les causes de leurs Pairs ou Con-vassaux : quand l'affaire êtoit entre deux Pairs ou Convassaux : mais si un Pair avoit affaire contre son Seigneur les Pairs n'en pouvoient juger. Par-ce que ces Pairs Vassaux du Seigneur n'êtoient pas ses Pairs. Et comme le dit un ancien acte contre *Robert* Comte d'Artois. *Ils ne sont mie appellés Pers parce qu'ils sont Pers à luy , mais Pers sont entr'eux ensemble.* Quand donc les Pairs avoient procés contre leur Seigneur le procés êtoit jugé par le Baillif du Comté & de la Comté , & il y avoit Appel de ce Jugement à un Seigneur Superieur. C'est ce que nous apprend *Philippe de Beauma-noir. Li home ne doivent pas jugier leur Signor , mais ils doivent jugier l'un l'autre , & les querelles du commun Peuple. Et se cil qui a affere contre le Signor requiert que droit li soit fes , li Bailli par conseil de son Signor li doit faire çe qu'il cuide que soit resous , & s'il se deuil de ce que li Bailli li fes il doit montrer le grief au Comte.*

Au reste les Pairs non seulement jugeoient du fonds d'une affaire , mais

de toutes les inſtructions du procés ; de ſorte qu'aucun grief ni peine ne
pouvoit être impoſée à aucun que par ſes Pairs. Un homme accuſé étoit
cité par le Seigneur & adjourné à comparoître par deux Pairs. S'il étoit
digne de priſon & qu'il fut neceſſaire de s'aſſurer de ſa perſonne il faloit
qu'il fût arrêté par ſes Pairs. C'eſt pourquoy *Guillaume de Nangius* dans la
vie de *S. Louis* rapporte comme un grief du *Seigneur de Coucy, ce qu'il a-
voit été arrêté non par ſes Pairs, non par des Gens d'armes, mais par des Gens
de la Cour, & que le Roy l'avoit mis en garde dans ſon Palais du Louvre.* Ainſi
alors on ne pouvoit faire aucune injuſtice ni violence à perſonne contre la
Loy. Je n'ajoûteray plus qu'un mot là-deſſus ; c'eſt que les Pairs d'une
Province étoient Conſeillers du Seigneur, non ſeulement pour les affaires
de Juſtice, mais auſſi dans les affaires du Gouvernement. *Galbert* dans la
vie de *Charles* Comte de Flandres chap. 1. dit, *que le Comte Charles prit
conſeil avec les Nobles & les Pairs de ſon Païs, ſur ce qu'il avoit à faire.*

Ce que nous venons de voir ſur la forme des Tribunaux qui rendoient
la Juſtice avant l'erection des Parlements & des Preſidiaux, nous apprendra la veritable origine des *Pairs de France.* Nous avons trouvé que le mot
de Pairs dans l'Ancien Droit des François depuis *Hugues Capet* eſtoient des
Juges Provinciaux en châque Comté ou Gouvernement, & que ces Juges eſtoient des Gentilshommes de la Comté, Aſſeſſeurs & Conſeillers
du Comte dans tous les Jugements ſur les Procés que les Vaſſaux de la
Comté pouvoient avoir entr'eux. Il n'en eſt pas autrement des *Pairs de
France* : c'eſtoient des Juges ordinaires qui decidoient des Procés qui leur
venoient ou par appel ou par la qualité des Parties : Sçavoir quand les
Parties eſtoient Ducs, Comtes ou Barons du Royaume. Les Pairs de
châque Province ne s'appelloient point *Pairs de France,* ou *Pairs du Royaume,* ils s'appelloient ſeulement Pairs de telle Province. Pairs de Vermandois, Pairs de Champagne, Pairs de Flandres, Pairs de Bourgogne.
Mais les Grands du Royaume s'appelloient Pairs de France, parce que
leur juriſdiction s'étendoit ſur tout le Royaume, & particulierement ſur
tous les Grands de l'Etat. Les Pairs des Provinces particulieres n'é-
toient que ſimples Gentilshommes, ou Barons poſſedants des Fiefs dans
la Comté ; mais les Pairs de France devoient être Ducs, Comtes & au
moins Grands Barons ; les Pairs des Provinces avoient pour Chef &
pour Preſident le Seigneur de la Comté ou ſon Baillif. Mais les Pairs de
France n'avoient point d'autre Preſident que le Roy. Les ſimples Fiefs
donnoient le Droit de Pairie dans les Provinces, mais il n'y avoit que les
Grands Fiefs qui donnaſſent Droit de Pairie Generale ; & qui fiſſent

porter le nom de Pairs de France. Ce n'étoient pas des Dignités que les
Rois creaſſent & donnaſſent comme aujourd'huy, elles eſtoient attachées
aux terres nobles, & à la naiſſance, En un mot les Pairs du Royaume
n'étoient autre choſe que ceux qui ſous les deux premieres races de nos
Rois ſont ſi ſouvent appellés *Proceres, Magnates Regni*, au nombre deſ-
quels on fit entrer les Evêques & les Archevêques. Sous la troiſiéme race
ils prirent le nom de *Parés* ou Pairs, non par rapport au Roy, comme
s'ils luy euſſent eſté égaux, mais par rapport aux autres Seigneurs du
Royaume avec leſquels ils partageoient l'Authorité dans les Aſſemblées.
Et generalement tous les Grands prirent le nom de *Parés*. Il n'y avoit donc
pas alors ſeulement douze Pairs en France, comme on le pretend, mais il y
en avoit autant que de Ducs, Marquis, Comtes & Grands Barons qui
avoient Droit de Seance dans les Aſſemblées generales abſolument comme
en Angleterre, où tous les Lords & Grands de l'Eſtat ſont Pairs du Royaume. Car encore un coup il faut eſtre perſuadé que le Gouvernement de
France & celuy d'Angleterre eſtoient les mêmes : ſoit que de tout temps
ils ayent été ſemblables, ſoit que *Guillaume* Duc de Normandie qui ſe
rendit Maſtre de l'Angleterre l'an 1066. y ait porté les Loix & le Gouvernement qu'il avoit laiſſé de deçà la Mer. Auſſi ne voit-on point dans
les plus anciens Actes où il eſt parlé des Pairs de France & de leurs Jugements qu'ils fuſſent reduits au nombre de douze. Dans celuy de l'an
1216. que nous avons cy-deſſus cité, il y a dix-ſept Pairs tant Ducs que
Comtes, qu'Evêques & Archevêques : il eſt vray que les Barons &
quelques-uns des Evêques là nommés ſemblent être diſtingués des Pairs
du Royaume. Car l'Acte porte : *Il a été jugé par les Pairs de noſtre Royaume, ſçavoir l'Archevêque de Rheims, l'Evêque de Langres, celuy de Chaalons,
celuy de Beauvais, celuy de Noyon & Odon Duc de Bourgogne*, &c. Ce ne
ſont que cinq Pairs & après eſt adjoûté, *& par pluſieurs autres de nos Evêques & Barons, ſçavoir les Evêques d'Auxerre, de Chartres, de Liſieux*, &c.
& les Comtes de Pontini, des Droques, de St. Paul, des Roches. Et en effet
il ſe peut bien faire qu'en ce temps-là ſous le Regne de *Loüis le Gros*
Pere de *Saint Loüis* on ait commencé à diſtinguer les Pairs du Royaume
des autres Grands Seigneurs: Mais auparavant ce nom de Pairs eſtoit
commun à tous les Grands juſqu'aux principaux Barons. C'eſt pourquoy les Pairs de France s'appelloient auſſi Barons. On trouve un Arrêt rendu en 1267. contre l'Evêque de Chaalons, où il eſt dit, *l'autre
partie propoſa que ledit Evêque étoit tenu de répondre en cette Cour ; parce qu'il
eſt Baron & Pair de France homme lige du Seigneur le Roy.* Baronio & Pai-

rie en ce temps-là signifioient la même chose. On trouve un accord fait entre *Philippes* Roy de France & *Jehanne* fille du Roy *Loüis Hutin* en datte du 17. Mars 1317. où le Roy *Philippes* cede à cette *Jehanne* pour ses Droits Paternels des terres valant 15000. livres de rente *pour les tenir en Pairie & Baronnie, la Noblesse de Pairie & Baronie non mise à prix, & qu'a-venant le decés du Roy sans enfans mâles les Comtez de Champagne & de Brie luy appartiendront : qu'elle tiendroit en Pairie & Baronie si noblement comme entrefois ont été tenuës.* Dans une lettre de *Philippes Auguste* au Pape *Honorius III.* en datte de l'an 1217. au mois d'Avril, le Roy rendant conte au Pape de l'affaire d'un *Manassé* Evêque d'Orleans, qui avoit été obligé de faire satisfaction pour des paroles malhonnêtes qu'il avoit dites contre le jugement des Pairs de France, le Roy se sert indifferemment du terme de *Barons* & de celuy de *Pers*, comme signifiant la même chose, *il a parlé*, dit-il, *contre le jugement des Barons de France ausquels appartient de juger de telles affaires : de laquelle temerité en ayant esté convaincu en présence de vous & nos susdits Pairs il en a fait satisfaction.*

De tous ces passages ausquels on en peut adjoûter beaucoup d'autres il paroît que dans les premiers Siecles de la seconde Race de nos Rois, les Pairs étoient des Juges & des Juges ordinaires. Si on le vouloit prouver on le pourroit par les actes du procés fait à *Pierre Mauclere* Comte de Bretagne que nous avons rapporté dans ce Chapitre : & à quoy l'on pourroit adjoûter le jugement & les procedures contre *Robert* Comte d'Artois. On trouve encore dans les anciens registres du Parlement de Paris la forme de l'adjournement que le Roy *Philippes le Bel* fit à tous les Pairs de France pour se trouver à Paris. On trouve aussi un exemple de jugement rendu par les Pairs sous *Loüis Hutin* l'an 1315. Mais quels Juges étoient ces Pairs? C'étoient precisement les Grands du Royaume assemblés en ce Parlement General, dont nous avons parlé dans le Chapitre 7me. Les Parlements qui ont été depuis appellés Etats étoient principalement composés des Grands du Royaume ; qu'on appelloit alors *Magnates & Proceres*, & qui prirent le nom de *Pairs* après l'an 1110. Ces Assemblées jugeoient de toutes les affaires du Royaume tant de Justice, de Finance, de Police, que du Gouvernement, de la Paix, de la Guerre, des Alliances avec les Etrangers. Elles connoissoient aussi des demêlés que les Grands du Royaume avoient entr'eux & avec le Roy comme nous l'avons prouvé. Et les Grands voulurent être jugés dans ces Assemblées, parce qu'elles étoient composées de leurs *Pairs*, C'est à dire de personnes d'égale qualité avec eux, ayant le Roy à leur tête, ils dédaignerent d'être jugés par des perſonnes inſerieures. Et de là vint le nom de Pairs, & ces Aſſemblées furent appellées *Cour des Pairs*. C'eſt à dire compoſée de Pairs, & jugeant les Pairs.

Comment donc le nombre de ces Pairs s'eſt-il depuis trouvé reduit à douze ? Voicy comment : les Aſſemblées Generales occupées à de grandes affaires ne pouvoient pas commodement vaquer au jugement des procés des particuliers. Elles deputerent donc de leurs corps un nombre de perſonnes notables pour connoître de ces cauſes & les juger. Les Deputés étoient tirés du nombre des *Pairs*. Ainſi tous les autres Grands qui compoſoient l'Aſſemblée Generale étoient Pairs comme eux. Mais parce que ces Juges delegués furent revêtus du Pouvoir, de juger ſouverainement même tous les Grands du Royaume, & que le nom de *Pairs* étoit déja comme conſacré aux Juges des Provinces en chaque Comté, ils prirent le nom de *Pairs*. Et inſenſiblement ce nom leur demeura excluſivement aux autres Grands du Royaume. D'abord le nombre de ces Juges Pairs, n'étoit pas determiné à celuy de douze, & l'on ne ſçauroit marquer preciſément quand il a été reduit là. Mais il y a apparence que cela commença avec le Parlement Ambulatoire dont nous avons parlé. Le Grand Parlement ou Aſſemblée Generale ne pouvant pas toûjours tenir, nomma 12. perſonnes, ſix Archevêques & Evêques, & ſix Ducs, Comtes & Barons pour aſſiſter le Roy de leurs conſeils, pour repreſenter l'Aſſemblée Generale & pour ſoûtenir ſes Droits, & auſſi pour décharger le Roy de la peine de juger les cauſes des particuliers que les Rois vouloient bien ſe donner en ce temps là. Ces douze perſonnes furent revêtués de l'autorité de tous les Barons, Comtes & Ducs, tous Pairs du Royaume, & à cauſe de cela ils prirent le tître de *Pairs* par excellence ; & leur Cour fut appellée la *Cour de Pairs*. Il eſt clair par là que l'origine des Pairs & celle des Parlements eſt abſolument là meſme, & nous avons la vraye raiſon pourquoy encore aujourd'huy on appelle les Parlements *la Cour de Pairs*. Ce n'eſt point comme on s'imagine, parce que les Pairs du Royaume y doivent être jugés : mais parce que le Parlement dans ſon origine n'étoit compoſé que des Pairs du Royaume, qui ſuivoient le Roy par tout. Lors que *Philippes le Bel* eut rendu les Parlements fixes d'ambulatoires qu'ils eſtoient auparavant tout changea. Les Grands du Royaume ne voulurent plus s'aſſujettir à juger les procés des particuliers qui ſe multiplierent à l'infini, ils ſe diſpenſerent de ces emplois. Les Prelats en furent même exclus par l'Ordonnance de *Philippe le Long*. Dans la place des Prelats on mit les Conſeillers Clercs pour les repreſenter, &

dans la place des Comtes, Barons & Pairs on établit des Conseillers Laïques Gens de Robe longue, mais qui representent les Pairs du Royaume retinrent le nom de *Cour de Pairs.* Toute personne équitable & attentive ne doutera point que ce ne soit là la veritable origine des Pairs de France. Si la chose étoit plus importante pour nostre sujet nous pourrions l'appuyer de plusieurs autres preuves. Mais ce que nous en avons dit suffit pour montrer la forme du Gouvernement de France, & combien il étoit éloigné de la Puissance Despotique & Arbitraire. De toute cette Histoire on doit recüillir.

Premierement que lors que nos Rois eurent rendu l'usage des Etats moins fréquents, & que le Parlement étant devenu fixe & sedentaire ne pût plus servir de Conseil aux Rois, ils se formerent un autre Parlement ambulatoire & une Assemblée d'Etats raccourcis qui s'appella *le Grand Conseil,* & qui fut effectivement le Conseil du Royaume dans toutes les affaires importantes. Ce Conseil composé de la plûpart des Grands du Royaume & qui se convoquoit à certains lieux & à certains temps, n'étoit nullement necessaire si les Rois avoient une puissance Souveraine & sans bornes. Car ceux qui étoient toûjours auprés de leurs personnes composant le Conseil Privé, pouvoient suffire pour donner des avis.

Secondement on doit recüillir que quelque changement qui soit arrivé dans le Gouvernement à l'égard des noms & des fonctions des principaux Officiers, Maires du Palais, Connestables, Chanceliers, Grands Chambellans, &c. c'a toûjours été sans aucun prejudice des Droits du Peuple : les Officiers de la Cour & de la Couronne ont eu plus ou moins de pouvoir, mais c'est par rapport au Roy : les Droits de la Nation sont toûjours demeurés en leur entier.

En troisiéme lieu que la Justice ne s'administroit pas comme aujourd'huy à la Turque & d'une maniere absolument indépendante du Peuple. Chaque Province, Comté & grande Baronnie avoit ses Pairs, Et tout Sujet & Habitant de la Comté ne pouvoit être jugé que par ses Pairs ; non seulement pour le fonds du Procés, mais pour les instructions. Nul ne pouvoit être emprisonné & privé de sa liberté ou de ses Biens, non plus que de sa vie, que par l'authorité de ses juges naturels.

En quatriéme lieu il paroît que les Grands du Royaume étoient principalement en possession de ce Privilege. Il n'y avoit point alors de Puissance Absolue qui leur pût ôter leurs Charges, leurs Gouvernements & leurs Dignités, sans forme de Procés, & qui pût les jetter dans le fonds d'une Prison pour les y laisser pourrir, sans rendre jugement contre eux & sans connoissance de cause. S'il est arrivé aux Rois d'attenter contre la liberté des Grands de leur pure authorité ; ce sont des griefs dont la Nation a bien sçû se plaindre.

Enfin quoi que le nom de Pairs de France qui appartenoit au commencement à tous les Grands du Royaume ne leur ait pas été donné precisément à cause qu'ils fussent égaux au Roy ; il paroît pourtant qu'ils étoient avec le Roy dans ce point d'égalité que s'ils ne pouvoient rien faire sans le Roy dans tout ce qui regardoit le Gouvernement, aussi le Roy ne pouvoit rien faire sans eux.

Fin du Neufiéme Memoire.

LES SOUPIRS
DE LA
FRANCE ESCLAVE
Qui aspire aprés la Liberté.

X. MEMOIRE,
Du 15. d'Avril 1690.

Nouvelles preuves contre la Puissance Absoluë tirées de l'hi-
stoire des Ducs, Comtes, Marquis, Barons & Gentilshommes. Les Grands
du Royaume qui sont aujourd'huy Esclaves, étoient autrefois indépendants du
Roy, & luy étoient égaux excepté l'Hommage.

Ous poursuivrons l'Histoire des principales dignités du Royaume dans l'esperance que nous y trouverons aussi l'Histoire de
nôtre ancien Gouvernement, & des preuves contre l'usurpation
de nôtre Cour qui exerce sur les Peuples une Puissance Despotique. L'Histoire des Etats, des Parlemens, du Conseil d'Etat, des Maires, Connestables, des Pairs & des Tribunaux de justice inferieurs au Parlement nous ont fourni des preuves de la verité que nous établissons. L'Histoire des Ducs, Comtes, Marquis, Barons, & Gentilshommes, que
nous allons faire, nous en donnera d'autres. La qualité de Duc est aujourd'huy le premier caractere de l'Etat aprés les Princes, on les joint ordinairement avec celuy de Pairs, *Ducs & Pairs.* Autrefois les Ducs n'étoient
pas les seuls Pairs du Royaume; les Comtes & même les Barons l'étoient
aussi. Le nom de Duc dans son origine ne signifioit autre chose que
Chef & Conducteur. Il est venu de la guerre, & c'est ainsi qu'on appelloit les Capitaines & les Hauts-Officiers de l'Armée; même les
Generaux s'appelloient ainsi quand ils eûrent quitté le nom d'*Empereur,*

V

que les Souverains de la Republique Romaine s'approprierent. Dans la suitte on donna le nom de Ducs aux Gouverneurs des Provinces. C'est dans cette signification que les Francs entrant dans la Gaule le trouverent, & c'est dans ce sens qu'ils s'en servirent. Le titre & la dignité de Duc sous la premiere Race de nos Rois & sous la seconde ne fut point heredi-taire, comme il est aujourd'huy dans la plûpart des familles. Car il le fut dans quelques-unes, & l'on trouve dés le temps de *Charles Martel* sur la fin de la premiere Race des Ducs de Gascogne & d'Aquitaine qui avoient rendu ces grands Gouvernements Hereditaires dans leurs maisons, & s'en étoient rendus Souverains. Il est vray aussi que dés le commencement de la seconde Race, on trouve des Duchés Hereditaires. Le Roy *Pepin* donna à *Tassillon* la Duché de Baviere, en titre de patrimoine pour le tenir de luy comme son Vassal aprés avoir prêté seriment de fidelité ; on trouve dans § *Aimoinus* un *Grimoald* sous *Loüis le Debonnaire*, Duc de *Benevent* qui possedoit en propriété cette Duché, & en payoit sept mille écus de tribut. Mais il semble que cela n'avoit lieu que dans les terres que nos Rois pos-sedoient au-delà des Monts ou au-delà du Rhein, & que tous les Ducs entre le Rhein & les Monts ne possedoient les Duchés qu'à vie comme des Gouvernements. *Gregoire de Tours* dit.* qu'*Eoric Roy des Goths établit Victorius Duc sur sept Cités. Et que Nicetius exclus du Comté d'Auvergne deman-da à Childebert une Duché, & qu'il fut établi Duc d'Auvergne, &c.* ‡ .Mais en ce temps là le Pouvoir des Ducs s'étendoit beaucoup plus loin que ne fait aujourd'huy celuy des Gouverneurs de Provinces, car ils étoient comme des Vicerois. Cela se peut voir par les formules de *Marculphe*, où nous avons la formule dont les Rois se servoient dans les commissions qu'ils donnoient aux Ducs, la voici. § *La clemence Royale se fait remarquer sur tout dans les soins qu'elle prend de conserver entre le Peuple la vertu & la vigilance. C'est pourquoi il ne faut pas commettre la dignité de Juges à toute personne, il faut auparavant avoir éprouvé sa fidelité & son courage. Nous donc connoissant vôtre fidelité & capacité, vous commettons l'action de Comté, Duché & Patritiat en tel lieu que vôtre Predecesseur a exercé, pour la faire & la regir, à condition que vous gardiés une inviolable fidelité a nôtre Gouvernement, & que vous conduisiés & gouverniés tous les Peuples là demeurants soit Francs, Romains, Bourguignons, ou autres Nations de maniere qu'ils vivent selon la Loy & coûtume. En sorte que vous paroissiés grand Protecteur des Vefves & des Orfelins, & que vous punissiés severement les larrons & les mal-faiteurs, que les Peuples puissent vivre seurement & avec tranquillité sous vôtre Gouvernement, & que tout ce qui se tirera des domaines sera tous les ans apporté par vous à nôtre thresor.* Il paroit par là que les Ducs avoient l'intendance de toutes les

§ *Lib. 4.* * *lib. 2 C. 20.* ‡ *lib. 8 C. 18.* § *Marculphe lib. 2. C. 8.*

affaires non feulement de la guerre, & de la police, mais auffi de la Juftice & des Finances. Et c'eſt ce qui leur facilita dans la fuitte les moyens de fe rendre Souverains. Ce qui arriva dans la decadance de la feconde Race de nos Rois. En forte que quand *Hugues Capet* donna commencement à la domination de la 3me. , Race il trouva toute la France partagée en Duchés & Comtés , dont les poſſeſſeurs s'étoient rendus les maîtres, ne reſervant que l'hommage au Roy & au Chef du Royaume. Mais cette troifiéme Race , a trouvé moyen de fe faifir de toutes ces Comtés & Duchés & de les réünir à la Couronne. Tout de même qu'elle à abbaiffé les Parlements ou les Etats Generaux en formant une nouvelle forme de Parlement entierement inconnuë , ainfi a-t'elle abbaiffé tous les Grands du Royaume en leur ôtant leurs Biens & leurs Souverainetés fous divers pretextes , & par une longue fuitte de violences. La folie des Croifades qui mena la plûpart de nos Grands Seigneurs dans l'Afie, fournit à nos Rois un beau moyen de s'emparer des Domaines de leurs Vaffaux ; car ils ne manquerent pas de profiter de leurs abfences. On a réüni quelques-uns de ces grands Domaines à la Couronne par des alliances, d'autres fous des pretextes de *forfaiture & de crimes de Léze-Majefté.* L'an 1361. le Roi *Jehan* voulut réünir à la Couronne la Normandie , la Champagne , & la Comté de Touloufe , que fes Predeceffeurs avoient ufurpés fur les Comtes fous pretexte d'herefie du temps des Albigeois ; *Charles* fon Fils réünit au Domaine la Ville & Territoire d'Auxerre, que *Philippe de Chaalons* luy vendit. *Charles VI.* l'an 1401. réünit au Domaine la Duché de Guyenne laquelle il donna au Dauphin, à condition que le Dauphin venant à être Roy ou à mourir ; la Province feroit réünie à perpetuité à la Couronne Royale. La réünion de toutes les Provinces s'eſt ainfi faite, les unes plûtôt, les autres plûtard. Et enfin la politique de nos Rois a fi bien fait qu'aujourd'huy les Duchés ne font plus que des vains titres. On a ôté aux vrais Ducs leurs Duchés , & l'on a érigé en Duchés des terres particulieres qui ne font fouvent de nulle confideration , & qui par confequent ne font pas en état de donner de l'ombrage aux Souverains : outre que les Ducs dans leurs Duchés , ne poffedent aucuns des privileges des anciens Ducs.

L'Hiſtoire des Comtes eſt a peu prés femblable à celle des Ducs. Le nom eſt ancien : il eſt entré dans le monde dans les fiecles de la decadence de l'Empire Romain. Ce nom fignifie *Compagnon* , ou un homme qui en accompagne un autre demeurant attaché à fa perfonne. Les grands Officiers des Empereurs Romains fe donnerent ce titre pour marquer l'honneur qu'ils avoient d'être toûjours auprès de l'Empereur. Je ne fçai fi on

Je trouve dans aucun Auteur plus ancien que *Spartien* qui dit dans la vie d'Adrien, *que quand cet Empereur jugeoit, il avoit avec luy non seulement ses amis & ses Comtes mais aussi des Jurisconsultes.* On trouve des inscriptions des siecles suivants où ce nom est employé. *Ami des Empereurs & leur Comte dans toutes leurs expeditions.* Une autre inscription porte ; *le Comte de l'Empereur Theodose dans toutes ses guerres & victoires.* Ce nom dans ces endroits semble ne signifier autre chose que le compagnon de l'Empereur dans toutes ses guerres. Mais il est certain qu'il devint incontinent un nom de dignité. Et vous trouverés dans le livre intitulé *Notitia Imperii. Comes Palatii, Comes Stabuli, Comes Largitionum.* Le Comte du Palais, le Comte de l'Ecurie, le Comte des distributions. C'étoient ceux qu'on appelle aujourd'huy *grand Maître de la Maison du Roy : grand Maître de l'écurie, & les Intendants du thresor.* Dans les écrits de *S. Augustin,* & des autres Autheurs de son siecle tant Ecclesiastiques qu'autres on y trouve souvent cette Dignité de Comté, *le Comte Boniface, le Comte Marcellin.* Et même il paroît que quelques-uns de ces Comtes occupoient les premieres Dignités de l'Empire. Témoin le Comte *Constance* qui épousa *Placidie* Sœur de l'Empereur *Honorius,* & gouverna l'Empire sous cet Empereur : Ils furent envoyés dans les Provinces pour les gouverner, & pour y exercer tous les droits de l'Empereur. Les Francs entrés en France y trouverent ces noms & ces dignités établies par les Romains. Ils les y laisserent, & c'est pourquoy sous les Rois de la premiere & de la seconde Race on trouve si frequemment dans l'Histoire ces noms de *Comtes du Palais, Comtes de l'Etable, &c.* Ce nom sortit de la Cour & passa dans les Provinces. Mais avec quelque diminution de cette grandeur qui luy avoit été attachée sous les derniers Empereurs Romains. Les Comtes sous les Rois Francs ne furent pas Gouverneurs de Provinces, cette authorité fut reservée aux Ducs, & les Comtes au dessous d'eux furent établis pour Juges des Villes, & de leurs ressort. Ce qui forma ce qu'on appella des *Comtés,* ayant du rapport à ce qui s'appelle aujourd'huy les *Bailliages* & les *Seneschaussées. Gregoire de Tours* dans le septiéme Chap. du troisiéme livre de son Histoire dit qu'*Ennodius* Duc de Tours & de Poitiers fut depossedé de sa charge à la sollicitation des Comtes de ces deux Villes, c'est à dire des Juges & Presidents de la Justice. Les constitutions & les capitulaires de *Charlemagne* & de *Loüis le Debonnaire* sont pleines de loix qui prouvent évidemment que c'étoit l'Office des Comtes, de travailler à la conservation d'un certain détroit, d'y punir les méchants, d'y faire exercer bonne justice pour entretenir la paix & la tranquillité publique. On trouve l'étenduë de leur commission exprimée dans une Charte de *Charlemagne* qui parle en

Ces termes : Nous avons établi Trutman homme illustre pour Comte dans cette partie de la Saxe, afin qu'il reside, IN CURTE AD CAMPOS IN MALLO PUBLICO. C'est ainsi qu'ils appelloient les Assemblées ou les Etats & Assises de la Province, *pour entendre les causes de tout le monde & pour terminer les procés par des jugements equitables, pour proteger les Prêtres qui sont dans toute la Saxe, pour avoir inspection sur les Vicaires & Escbevins qui sont au dessous de luy, afin qu'ils facent bien leur devoir. Enfin pour que ledit Comte execute de tout son pouvoir & de toutes ses forces ce que nous luy avons ordonné & prescrit.* Il est clair que ce sont là les fonctions d'un Chef de Justice. Dans le Chapitre precedent en parlant de l'origine des Pairs, nous avons vû comment châque Comte avoit ses Pairs dans son ressort & dans sa Comté, qu'il étoit obligé de fournir sa Cour de Pairs, que luy-même étoit President de cette Cour : qu'à son défaut il y faisoit presider son Baillif. Et tout cela fait voir que les Comtes originellement n'estoient que les Presidents de la Justice d'un ressort sous l'authorité du Roy. Mais quand le nom de *Pairs* commença à être connu dans nôtre Gouvernement, celuy de Comte avoit déja bien monté de dignité. Car alors les Comtes étoient devenus Seigneurs des lieux dont il estoient Comtes. Depuis *Charlemagne* la dignité d'Empereur & de Roy décheut dans ses Successeurs, & les dignités inferieures s'enflerent & s'enrichirent de cette décheance. En sorte que sur la fin de cette seconde race de nos Rois, il en étoit arrivé aux Comtes comme aux Ducs. Ni les Duchés, ni les Comtés n'estoient hereditaires dans les maisons ; c'estoient des commissions qui ne duroient qu'autant que le Prince le trouvoit bon. Sous *Charles le Chauve*, les Grands du Roiaume augmentant leur authorité il ne fut pas aysé d'ôter de leurs maisons les Comtés : elles y demeuroient, & le fils les heritoit de son pere. Mais pourtant sous le bon plaisir du Prince. Ce qui paroît par les Capitulaires de ce Roy : où il est ordonné *que quand un Comte vient à mourir le fils dudit Comte estant à la Cour du Roy & à sa suitte, l'Evêque du Diocese où se trouvera le Comté avec les Officiers & Vassaux du Comte mort, s'assembleront pour donner ordre aux affaires en attendant que le Roy ait conferé au fils les dignités du pere.* Dans la suitte le Gouvernement s'affoiblissant tous les jours, & les Grands s'arrogeant de plus en plus l'authorité, il ne fut plus besoin que les Rois donnassent au fils le Comté du pere, mais les heritiers s'en conserverent la possession independamment du Souverain, auquel ils ne reserverent que l'hommage : d'abord châque Comte se rendit simplement Seigneur du Fief de sa Comté. Mais peu à peu ils s'en rendirent Souverains ; reconnoissant pourtant le Roy comme un Prince auquel ils vouloient bien

V 3

rendre hommage. Alors les noms de Duc & de Comte se confondirent; on n'y mit plus la même difference. Les Comtes se trouverent souvent plus grands Seigneurs que les Ducs. Et même les Seigneurs sont tantôt appellés Comtes & tantôt Ducs d'un même Pays. Ainsi les Ducs de Bourgogne sont souvent appellés Comtes dans l'Histoire. Les Princes de Bretagne s'appelloient indifferemment Comtes & Ducs. Et quoy que les Souverains de Normandie portent presque toûjours la qualité de Ducs dans l'histoire, ils sont pourtant quelquefois appellés Comtes. Le commun dire veut que pour être Duc on ait quatre Comtes au moins au dessous de soy; pour estre Comte au moins quatre Barons, &c. Selon cela le Duc ne pourroit avoir des Ducs pour inferieurs, ni un Comte des Comtes. Cependant nous trouvons dans nôtre Histoire des Comtes assés grands Seigneurs pour avoir sous eux plusieurs Comtes. Le Comte de Champagne avoit sept Comtes vassaux, les Comtes de Joigny, de Retel, de Chasteau-Portien, de Brienne, de Bresne, de Grand-Pré, de Roucy, lesquels étoient obligés de se trouver à Troyes quand le Comte y tenoit ses assises ou ses grands jours. On sçait combien les Comtes de Flandres ont été considerables. C'est l'état où étoit le Royaume & la Monarchie sur le declin de la seconde race de nos Rois. Alors la Monarchie changea en quelque sorte de forme : le Royaume fut divisé en un grand nombre de Gouvernements qui furent autant de Souverainetés independantes les unes des autres; la France revint à peu prés dans l'état où elle étoit quand les Romains y entrerent. Avant les Romains elle étoit divisée en plusieurs Souverainetés qui avoient leur Conseil commun, qui étoit le lieu de leur union, & comme l'Assemblée de leurs Estats Generaux. Sous la fin de la race de *Charlemagne* il y eut aussi un partage du Royaume en plusieurs Souverainetés, mais dont le centre étoit dans le Roy, duquel ils vouloient bien se reconnoître Vassaux & non Sujets. Et c'est ce qui apporta en France tant de troubles depuis la mort de *Loüis le Begue* qui mourut en 878. jusqu'au couronnement de *Hugues Capet* qui se fit l'an 987. Le Gouvernement étant devenu trop foible entre les mains des derniers Rois de la seconde race, les Grands du Royaume qui se trouverent presque aussi independants de la Cour qu'ils étoient les uns des autres, disputerent long-temps à qui occuperoit le trône. *Eudes* Comte d'Angers, *Robert* Comte & Gouverneur de Paris, *Hugues le Grand* fils de *Robert*, *Thibaut* Comte de Blois & de Chartres, *Raoul de Bourgogne*, les Comtes de Flandres, & les Ducs de Normandie, *Hugues Capet* fils de *Hugues le Grand*, & tous les autres grands Seigneurs de France, remuërent l'Etat, & le firent si bien changer de forme que quelques-uns fe mirent fur le trône. Les autres s'affermirent dans la Souveraineté des Duchés & des Comtés dont auparavant ils n'étoient qu'Adminiſtrateurs à vie & Gouverneurs pour le Roy. Et enfin *Hugues Capet* fut affés heureux pour ſe faire élire Roy d'un commun confentement des Prelats & des Grands de France. Mais en ſorte pourtant qu'il laiſſa tous ces grands Seigneurs par leſquels il avoit eſté élu dans tous les droits, privileges & Souverainetés dont ils étoient en poſſeſſion. Les Rois de France n'avoient pour domaine que la ville de Paris & les Pays voiſins, la Picardie, la Beauſſe, la Sologne, &. une partie de la Bourgogne ; toutes les Provinces, la Champagne, la Bretagne, la Normandie, la Guyenne, le Languedoc, le Berry, &c. avoient leurs Ducs & leurs Comtes qui en eſtoient Souverains, avec une egalité preſque entiere avec le Roy. Nous reviendrons à cette égalité & aux concluſions qu'on en doit tirer quand nous aurons achevé de parler des autres dignités de France.

Aprés les Ducs & les Comtes viennent les Barons. C'eſt un nom d'une origine moins noble que ceux de Ducs & de Comtes ; ceux-cy ont tiré leur origine de la langue Latine ; & l'on croit que celuy-cy nous eſt reſté de l'ancienne langue Gauloiſe. D'autres le derivent d'un mot Grec qui ſignifie poids & fardeau. Quoy qu'il en ſoit, dans ſon premier & plus ancien uſage il ne ſignifioit qu'un Goujat d'armée, qui eſt la plus baſſe de toutes les conditions. Et de là eſt venu que les Latins l'ont employé pour ſignifier bête & ſtupide, parce que c'eſt aſſés là le caractere des gens de cette condition. On le lit en ce ſens dans la cinquiéme Satyre de Perſe.

Eheu
Barò, reguſtatum digito terebrare ſalinum
Contentus perages, ſi vivere cùm Jove tendu.

C'eſt l'avarice qui parle & qui dit, *ſot & ſtupide ſi tu veux être honnête homme &. ſuivre les commandemens de Jupiter tu viveras comme un miſerable, & ſeras obligé de percer la ſaliere, pour regretter quelques reſtes.* Ce mot demeura dans la baſſeſſe juſqu'au delà du ſixiéme ſiecle : on voit dans Iſidore au livre 9. de ſes origines chap. 4. que de ſon temps on appelloit ainſi tous les Mercenaires : *Mercenarii*, dit-il, *ſunt qui ſerviunt accepta mercede, iidem & Barones Græco nomine, quod ſint fortes in laboribus.* Mais peu de temps aprés ce nom commença à monter de grade, & dans les ſermons *ad Fratres in Eremo* qui ſe trouvent entre les œuvres de S. Auguſtin, mais qui ne ſont pas de luy, on y trouve ce mot pour les ſerviteurs des Rois, Princes & grands Seigneurs. * *Ubinam eſt corpus Cæſaris præcla*

* *Serm.* 48.

rum , &c. ubi caterna Baronum , ubi acies militum? Et de là est venu enfin
que tous les vassaux d'un Roy, Prince, Duc & Comte furent appellés
les *Barons* ; parce qu'ils tenoient de luy leurs Fiefs à condition de leur
rendre hommage & service sur tout dans le fait des armes , toutes les
fois qu'ils en seroient requis & que cela seroit necessaire. Et même ce nom
fut donné particulierement à ceux qui tenoient leurs terres & fiefs immediatement du Roy ou du Souverain sans relever d'aucun autre, &
qui étoient obligés de l'accompagner à la guerre , & de luy faire autres
services semblables à cause de leurs fiefs ; on lit dans la Charte de *Guillau-*
me Duc d'Aquitaine , *Alors mes Barons, qui me devoient aider , renonceant*
à la fidelité qu'ils me devoient commencerent à me nuire. Dans les Statuts &
Histoires d'Angleterre & d'Ecosse ce nom se trouve tres-souvent pour les
grands Seigneurs, qui depuis furent appellés *Pairs du Royaume.* Et même dés
le temps de *Charlemagne* on s'en servoit pour signifier les Grands. Car dans
le Titre 15. de ses Capitulaires ils sont appellés *illustres & sapientes Ba-*
rones , & il paroît qu'ils faisoient des loix & des reglements. *Hincmar*
dit : * *Nam si illi boni Barones post mortem Pipini cum duobus Fratribus sic*
sano consilio egerunt, ut pax inter Fratres Regis & inter Regni Primores ac
populum esset. Ces Barons qui avoient accordé les deux Freres enfants de
Pepin entre eux & avec le peuple, ce sont ceux-là même qui sont appellés *Primores & Proceres* , qu'on a du depuis appellé les *Pairs.* Enfin
dans les anciennes Histoires d'Angleterre & de France les Pairs & les
Barons du Royaume c'est la même chose. Nôtre vieux François les appelloit *Bers* , & ceux d'entr'eux qui étoient distingués pour la naissance,
pour les biens & le nombre des Vassaux s'appelloient *Hautbers* ou *Haut-*
barons. Et c'est de là , selon toute apparence qu'est venu le *Fief de Haut-*
bert en Normandie , plûtôt que du mot de *Hautbert* qui signifie une cui-
rasse. La plus ordinaire signification du nom de Baron & qui enfin est
devenuë comme generale en France sous la troisiéme race, est celle qui
designe les Assistants des Ducs, & des Comtes dans leurs Provinces.
Nous avons vû comme châque Comte ou Duc étoit luy-même President de la Justice dans son détroit , & devoit juger avec ses Barons, c'est
à dire les Nobles & les Gens tenants Fiefs de luy dans l'étenduë de sa
Province. Ils étoient aussi appellés *Pairs* comme nous avons vû , de là
vient qu'on disoit, *la Cour des Pairs ou des Barons d'une telle Province, les*
Pairs ou les Barons de Flandres, la Cour des Pairs ou des Barons de Verman-
dois , de Bourgogne , &c. & ainsi des autres. Ces Barons étoient obligés
d'assister leur Seigneur non seulement dans les Tribunaux pour rendre Justice , mais aussi à la guerre. Mais comme il est arrivé que les Comtes
                                                                        de

* *Epist.* 1. *Cap.* 6.

de fimples Juges ou Bail'ifs de robe courte des Provinces en font devenus
Seigneurs & Grands du Roiaume, ainfi eft il arrivé que plufieurs Barons fe font fi fort élevés ou par leurs fervices ou par leurs grands biens,
& le nombre de leurs Vaffaux, qu'ils ont à peu prés égalé les Pairs de
France, les Ducs & les Comtes. Dans une ordonnance de *Philippe III.*
pere de *Philippes le Bel* de l'an 1275. après les Pairs de France & plufieurs Ducs & Comtes font rangés comme dans la même claffe les Barons de Narbonne, de Beaujeu, & de Coucy : Et peu de gens ignorent qu'il y avoit en France quatre Baronies principales, celles de Coucy, de Craon, de Sully & de Beaujeu, lefquelles avoient feance entre
les Grands du Royaume. La Maifon de Montmorency tenoit à honneur
que fes Ancêtres euffent porté le nom de premiers Barons de France,
comme le prouve *Du Chefne* l'Hiftorien de cette Maifon.

Les Droits des Baronies & des Barons étoient * *d'avoir marché, Chaftel-
lenie, Peage, & lige eftage.* Comme il eft porté dans les établiffemens de
S. *Loüis.* Où l'on trouve auffi ‡ *que le Bers a toute juftice en fa terre, ne li
Roy ne peut mettre ban en la terre au Baron fans fon affentement.* Entre les cas
dont le jugement appartenoit aux Seigneurs de Haute Juftice de Baronie
font contés § *traifon, rat, arfon, murtre, encis, & tous crimes où il à peril
de perdre vie ou membre, là où l'en fefoit bataille.* C'eft à dire trahifon, rapt,
incendie, meurtre, incifion & tous crimes qui emporte mort ou mutila-
tion de membre, pour quoy l'on ordonnoit l'épreuve du duel. *Philippe de
Beaumanoir* dans la Coûtume de Beauvais chap. 58. conte entre les Privileges du Baron de pouvoir fe fervir en temps de Guerre des Châteaux &
forterefles de fes Vaffaux pour fa propre défenfe. Et auffi de pouvoir obliger fes Vaffaux de l'accommoder par vente ou échange, de toutes les terres & poffeffions joignant la Baronie qui font à fa bienfeance. Il y avoit
donc autrefois beaucoup d'honneur à être Baron, aujourd'huy perfonne
n'en veux plus même porter le nom.

Je n'ay point fait entrer l'Hiftoire de la dignité de Marquis dans fon
ordre, felon lequel elle devoit être devant les Barons & peut-être devant les
Comtes ; j'ay fait cette omiffion pour deux raifons : la premiere que cette
dignité eft tres-peu connuë & rare dans l'ancien Gouvernement de la Monarchie Françoife. La feconde que les Marquis ne doivent pas être diftingués des Comtes ; Car les Comtes étoient, comme nous avons vû, Gouverneurs, Juges & Confervateurs des Provinces, & les Marquis étoient
cela même dans les Provinces frontieres. Ils ont tiré leur nom de *Marche*,
nom qui eft demeuré à divers Païs ; on dit *la Marche de Brandebourg*, la

X

* *lib. 2. C. 36.* ‡ *lib. 1. C. 24.* § *Cap. 4.*

Marche d'Ancone. Dans la Charte de partage entre les Enfans de *Charlema-*
gne on lit , *qu'aucun d'eux n'entreprenne d'envahir les limites du Royaume de*
son Frere ; ou d'entrer frauduleusement pour troubler son Etat , VEL MARCAS
MINUENDAS *, ou diminuer ses frontieres.* Dans le partage entre les Enfans
du *Débonnaire* dans *Eghinart* on lit *Marca Hispanica , Marca Tholosana.* Ainsi
étoient appellées les frontieres du mot *Mark* qui signifioit *Cheval* dans la
Langue Gauloise ; parce qu'on entretenoit dans les Provinces frontieres
de la Cavalerie pour s'opposer aux incursions des Barbares qui faisoient la
Guerre à Cheval. Les Comtes & Gouverneurs de ces Places & Provinces
frontieres furent appellés *Marchiones ,* comme qui diroit Generaux de la
Cavalerie pour la garde des frontieres. Et de la même source est venu sans
doute nôtre *Marscal* ou *Maréchal* qui signifie un General d'Armée. Nom
qui est commun à ces Grands Officiers , & à ceux qui ferrent les Chevaux
& les gouvernent , parce que *Marscal* en vieux Gaulois signifie Valet de
Chevaux. Ce nom de Marquis étoit en usage dans cette signification dans
le huitiéme siecle. *Aimoin* dans la vie de *Loüis le Débonnaire ,* dit *que Loüis*
étant appellé par son Pere Charles il amena avec luy toute l'Armée , laissa la
Guyenne ne laissant que les Marquis pour garder les frontieres : * *relictis tantùm*
Marchionibus qui fines Regni tuentes, omnes si fortè ingruerent hostium arcerent
incursus. Avant que le mot barbare de *Marchio* fût en usage , les Romains
appelloient cette dignité *Comes limitis ,* Comte des frontieres ; *Comes limitis*
Orientis aut Occidentis , Comte & Gardien des frontieres d'Orient ou d'Occident. Ces Comtes des frontieres ou Marquis n'ayant jamais eu d'autres
droits dans nôtre ancien Gouvernement que les autres Comtes, ne doivent
pas être mis dans un autre rang ni occuper un autre Chapitre.

Au dessous de ces Grands Seigneurs est la simple Noblesse sous le nom
d'*Escuyers* & de *Gentilshommes.* Je ne doute pas qu'il ne faille chercher l'o-
rigine de ces deux noms dans la decadence de l'Empire Romain. On les
trouve tres-souvent dans *Ammien Marcellin* sous le nom de *Gentiles* & de
Scutarii, Gentils & Escuyers. En ce temps là ces deux noms signifioient
deux especes de milice dans l'Armée Romaine, comme sont entre nous
les Gendarmes , les Cuirassiers , &c. & entre les Turcs les Spahis & les
Janissaires. C'étoit en ces deux sortes de milice que consistoit la principale
force de *Julien* dans la Gaule. *Ammien Marcellin* rapporte que ce Prince qui
fut depuis Empereur & que nous appellons l'*Apostat,* ayant repris la Ville de
Cologne , il mit ses Troupes en quartier d'hyver & s'en retourna à Sens.
Les ennemis s'attrouperent pensant le surprendre au dépourvû. § *Ideò con-*
fidentes quod nec SCUTARIOS *adesse prodentibus profugiis didicerant, nec* GEN-
TILES *, per municipia distributos ut commodiùs versarentur.* Ils avoient appris

* *Aimoin lib. 5. C. 2.*　§ *lib. 17.*

par des Deserteurs que les *Escuyers* n'étoient pas auprés de luy , & que les
Gentilshommes avoient été distribués dans les quartiers de rafraichissement.
Il est souvent parlé & dans *Ammien Marcellin* & dans la Notice de l'Empire , de l'Ecole des Gentilshommes. En parlant de *Salvius* & de *Lupicin*
deux braves Soldats *Ammien* dit § *Scutarius unus , alter è schola Gentilium.*
L'un étoit Escuyer & l'autre de l'Ecole des Gentilshommes. Et * dans un
autre lieu il dit qu'on fit un détachement des plus braves des Escuyers &
des Gentilshommes , & qu'on en donna la conduite à *Scintula* Tribun de
l'Ecurie de l'Empereur. *De Scutariis & Gentilibus excerpere quemque promp-*
tissimum. Et dans le quatorsiéme livre *Scudilon* est appellé , le General des
Ecuyers , *Scutariorum Rector.* Ces deux sortes de Milice étoient assurement
distinguées entre les autres , & il y a apparence qu'ils étoient proches de la
Personne du General comme ses Gardes. Les Gentils ou Gentilshommes
étoient des Gardes Estrangeres , comme sont en France les Gardes Ecos-
soises & les Gardes Suisses. On les appelloit *Gentils* du mot *Gens* , mot
dont les Romains exprimoient souvent les Nations Barbares & les Chrétiens , les Nations Payennes. Ces *Gentiles* & *Scutarii* sont la source de nos
Ecuyers & de nos Gentilshommes. Les Francs entrant en Gaule y trouverent ces deux noms , & les y laisserent dans le même degré d'honneur ,
où ils les avoient trouvés , & même les augmenterent. La Noblesse vient
des Armes , on n'en doute point. Ces deux sortes de Milice étant distinguées entre les Soldats conserverent & augmenterent leurs distinctions ,
& avec le temps porterent titre de *Nobles* , par opposition à ceux du Peuple
qui s'employoient dans l'exercice des arts. Mais il est à remarquer que cette Noblesse n'étoit point hereditaire , non plus que les Dignités de Ducs ,
de Comtes & de Marquis. Les Gens de Guerre étoient reputés Nobles
pendant qu'ils suivoient la vie de la Guerre , sans faire autre profession ; &
quoy que par vieillesse ou par blessure ils fussent dispensés du service , ils
étoient reputés Nobles & joüissoient du Privilege de la Noblesse , moyennant qu'ils n'embrassassent pas de profession opposée à celle de la Guerre. Mais si eux ou leurs Enfans venoient à prendre une autre vocation , ils
cessoient d'être reputés Nobles ; & les Enfans ne naissoient pas Nobles ,
mais le devenoient si le Pere leur faisoit choisir le métier des Armes. Sinon
ils demeuroient dans l'ordre du simple Peuple. Et de là est venu que quand
les Rois ont rendu la Noblesse hereditaire , on y a attaché la condition de
ne point exercer les arts mechaniques & la marchandise , ce qui s'appelle
déroger à la Noblesse.

    Afin que ces Personnes qui se destinoient à la Guerre & qui en en sui-

§ *Lib.* 27. * *Lib.* 20.

X 2

voient la profeſſion, euſſent dequoy ſe ſoûtenir, outre les gages on leur diſtribuoit des fonds & des terres pour leur ſubſiſtence. On voit ſouvent dans l'Hiſtoire Romaine qu'on partageoit certains Païs conquis aux Gens de Guerre, ſur tout prés de frontieres de l'Empire. Et cela s'appelloit *Beneficium*, Benefice ; les terres que l'on diſtribuoit aux nouvelles Colonies Romaines portoient auſſi ce nom. * *Si qua beneficia conceſſa aut aſſignata Colonia fuerint in libro Beneficiorum adſcribemus*. Les Francs entrant dans la Gaule conſerverent & la choſe & le nom. Ceux qui ſervoient l'Etat par les Armes, s'appellerent *ſcutarii* & *Gentiles*, Ecuyers & Gentilshommes, & les terres, qu'on leur donnoit s'appelloient *Beneficia*, benefice. Mais comme la Nobleſſe n'êtoit point hereditaire, ces Benefices ne l'êtoient pas non plus. Ces Biens êtoient poſſedés abſolument comme les Timariots de Turquie. Ils êtoient à vie, & ne paſſoient pas aux Enfans encore qu'ils ſuiviſſent la profeſſion des Armes, à moins que le Fils ne fît renouveller en ſa faveur la donation du Prince pour le Fief. Il eſt arrivé deux changemens dans ces Biens. Premierement ils ont changé de nom, & c'eſt ce qu'on appelle aujourd'huy *Feoda*, Fiefs, Biens nobles, Biens affectés aux Perſonnes qui ſuivent la Guerre, oppoſés à *Alodia* qui ſignifie les Biens non nobles, & qui peuvent être poſſedés par toutes ſortes de perſonnes. Au lieu que les Fiefs ne pouvoient pas être poſſedés par les Roturiers. Le nom de *Benefice* eſt demeuré à l'Egliſe, & c'eſt ainſi qu'on appelle les fonds qui ont été annexés aux Evêchés, Abbayes & Prieurés qui ſe donnent à vie ſeulement. Le nom de *Fief* eſt demeuré propre à la Nobleſſe. Il eſt tiré de *foy* & de *fidelité* ; parce que les Fiefs ſont des terres que le Prince ou Seigneur a données & diſtribuées ſous promeſſe de foy, hommage, Vaſſelage, & ſur tout à condition que le Vaſſal tenant Fief ſera obligé de ſervir en Guerre ſon Seigneur, toutes les fois qu'il en ſera requis. Toutes les Loix & Chartes anciennes ſont pleines de ces mots, *Benefice*, *Fiefs*, *Alodia* ou *Aleuds* : particulierement depuis *Charlemagne*. Nous aurons occaſion de revenir à cette matiere quand nous parlerons de la maniere dont la Guerre ſe faiſoit, & d'où on tiroit les frais de la Guerre. Pour aujourd'huy & pour nôtre ſujet, il faut ſeulement remarquer deux choſes, la premiere que ce n'étoient pas ſeulement les Rois & les Souverains qui donnoient ainſi des terres à foy & hommage, à condition que les tenants ces Fiefs leur ſerviſſent à la guerre ; c'étoient generalement tous les Seigneurs, Grands Terriens qui diſtribuoient ainſi les terres dont ils étoient chargés, & ſe faiſoient des Vaſſaux par ce moyen. C'eſt pourquoy aujourd'huy ce ne

---

* *Hyginus de limitibus agrorum.*

sont pas seulement les Duchés , Comtés & grandes Baronnies qui ont
des Vassaux ; mais des terres sans titre de dignité ont souvent multitude
de Vassaux. La seconde chose à observer c'est que ces Vassaux, Escuyers
& Gentilshommes du temps que la France étoit partagée en plusieurs
Souverains Vassaux de la Couronne , ne dependoient point du Roy :
châque Prince Souverain , Duc & Comte en France avoit ses Barons , Escuyers & Tenants Fiefs qui dependoient de luy , & qui
étoient obligés de le servir contre le Roy même , quand le Roy le
vouloit injustement opprimer. Ainsi les Ducs de Bretagne , de Normandie , d'Aquitaine , les Comtes de Champagne , de Tholouse , de Poitou ,
d'Anjou , avoient leurs Sujets Vassaux & Gentilshommes , qui ne dependoient point du Roy , & n'étoient obligés à luy rendre service
qu'autant que leur Seigneur le vouloit & les y engageoit.

Aprés cette Histoire de la Noblesse de France depuis les plus hautes dignités de Duc,
de Marquis & de Comte jusqu'aux simples Gentilshommes , je reviens à cette egalité qui étoit entre les divers Souverains qui partageoient autrefois la France , egalité
qui regnoit non seulement entre eux , mais avec le Roy duquel tous les autres Princes relevoient simplement comme Vassaux. Article d'une si grande importance , qu'il
est seul capable de ruiner entierement les pretentions de cette Puissance absoluë que
la Cour exerce aujourd'huy. Il faut donc sçavoir que durant plusieurs siecles le Gouvernement de la France étoit à cet égard absolument semblable à celuy qui est aujour-
d'huy en Allemagne. Le grand Pays au delà du Rhein est divisé en plusieurs Princes,
Electeurs , Ducs & Comtes , qui se disent Membres de l'Empire, qui veulent bien se
dire Vassaux de l'Empereur en tant que Chef de l'Empire , mais non ses Sujets.
Châque Prince est Souverain , châque Etat , soit Electeur , soit Duc , soit Comte , soit
Ville libre est Maître chez soy. L'Empereur n'a point droit d'y lever des Tributs , ni
de se saisir des Domaines , ni de les engager dans aucune guerre sans leur consentement , ni d'exercer aucun acte de Juge , de Magistrat & de Souverain , à moins qu'il
ne soit authorisé par les Diétes generales de l'Empire. Châque Prince Membre de l'Empire peut se faire faire droit par la voye des armes des autres Membres de l'Empire.
Ils peuvent avoir des guerres avec les Etrangers sans que l'Empereur y prene part.
Enfin ils ont droit de faire la guerre à l'Empereur luy-même quand il les veut opprimer
par la violence. Le Gouvernement de la Monarchie Françoise étoit absolument semblable : les Ducs de Normandie , de Bretagne , de Guyenne , les Comtes de Champagne , de Poytou , d'Anjou , de Toulouze , de Provence , les Ducs de Berry , de
Bourgogne , le Comte de Flandres , & generalement tous les autres étoient Maîtres
chés eux , & ne dependoient en rien du Roy de France , excepté l'hommage , & les
devoirs des Vassaux à leurs Seigneurs. Encore ces droits de Vasselage étoient fort mal
exercés , & tout autant qu'il plaisoit à ces Seigneurs inferieurs au Roy. Ils levoient
sur leurs Sujets les impots qu'ils jugeoient estre necessaires pour la conservation de leur
Etat , en obtenant pourtant permission des Etats de la Province dont ils étoient Ducs
ou Comtes. Car le partage de la Monarchie ne se fit pas au prejudice du Peuple qui
conserva toûjours ses droits. Ces Seigneurs ne suivoient pas toûjours le Roy dans
ses guerres , & n'embrassoient pas toûjours ses interêts. Ils ne luy fournissoient ni
hommes ni argent qu'autant que bon leur sembloit. Le Roy n'avoit aucun pouvoir

sur la Nobleſſe & ſur les Gentilshommes du Duché & de la Comté qu'autant que le Prince, Duc ou Comte de la Province luy en donnoit. Enfin ce qui eſt une marque de pleine Souveraineté, les Princes ſe faiſoient entr'eux la guerre & la faiſoient au Roy même quand ils jugeoient que cela étoit de leur intérêt. Toute nôtre Hiſtoire eſt pleine de preuves de ce fait. L'an mille trente-deux *Odon* Comte de Champagne & *Baudouin* Comte de Flandres firent la guerre à *Henry premier* petit fils de *Hugues Capet*, en faveur de ſon frere *Robert*, que le Pere & les Etats du Royaume avoient exclus de la Couronne, quoy qu'il fût l'Aîné. Sous le même Roy *Henry I.* il y eut guerre en Normandie entre les heritiers du Duc *Robert. Guillaume le Baſtard* fils de *Robert* fut inveſti de la Duché par *Henry I.* les legitimes heritiers, quoy que dans un degré plus reculé, voulurent ſe faire raiſon par les armes. *Henry* ſoûtint l'affaire de *Guillaume.* Mais les autres quoy que Seigneurs particuliers, & même aſſé petits Seigneurs reſiſterent par armes au Roy luy-même, & ne cederent que parce qu'ils ſe trouverent les plus foibles. *Guillaume le Baſtard* qui fut depuis Roy d'Angleterre, mais qui pour lors n'étoit que Duc de Normandie, Duché qu'il ne tenoit, pour ainſi dire, que de *Henry*, fit pourtant la guerre à ſon Seigneur, battit les François l'an 1040. le Roy luy-même y fut battu, & ſe vit obligé de faire la paix de pair à pair. Sous *Philippes I.* l'an 1063. *Godefroy Martel* Comte d'Anjou & de Touraine, comme Souverain & Maître de ſes actions fit la guerre au Duc d'Aquitaine, le battit, le rendit tributaire, & le fit ſon Vaſſal : quoy que les Comtes d'Anjou & de Touraine euſſent juſque-là relevé des Ducs de Guyenne. *Robert* Comte de Flandres l'an 1072. eut une groſſe guerre contre le Roy de France ſon Seigneur de Fief, battit les François dans la fameuſe bataille de Caſſel, & donna la paix au Roy plûtôt qu'il ne la reçût. Le même Roy *Philippe I.* dans ſa vieilleſſe eut une guerre contre *Guy de Rochefort*, *Eſtienne* Comte de Champagne & le Seigneur de Gournay. *Loüis* Prince de France qui fut depuis Roy ſous le nom de *Loüis le Gros* termina cette affaire par la voye des armes. Le même *Loüis le Gros* au commencement de ſon Regne vit une Ligue qui ſe forma contre luy de pluſieurs Seigneurs, leſquels après la paix faite ne voulurent point être traittés & conſiderés comme rebelles. Sous ce même Regne il y eut guerre pour la ſucceſſion de la Comté de Flandres après la mort de *Robert Friſon*, entre *Guy de Bourgogne* & *Guillaume* fils du Duc *Robert.* Et les Princes ne reconnurent dans le Roy de France aucun caractere qui luy donnât pouvoir de terminer leurs differents avec authorité. Le même *Loüis le Gros* eut guerre contre le Comte d'Auvergne & le Duc de Guyenne ; cette guerre finit par la paix de 1132. Ce même Roy eut auſſi guerre contre *Thibault* Comte de Champagne, la paix ſe fit en 1133. Il faudroit copier toute nôtre Hiſtoire pour épuiſer les exemples de cette nature. Cela donc fait voir evidemment la Souveraineté des Ducs & des Comtes d'alors.

C'eſt de cette Souveraineté ſur les Provinces & du partage de la Monarchie entre pluſieurs Souverains qu'eſt venüe l'alienation des Provinces & la domination des Etrangers dans le Royaume. Les grands Fiefs de la Couronne paſſoient dans d'autres Maiſons par des filles & par des alliances, tant on connoiſſoit peu alors la Loy Salique, qui exclut les femmes de tout Fief noble en France. Et les grands domaines par des alliances ont paſſé dans les mains des Princes étrangers. L'an 1153. *Henry* Comte d'Anjou ſucceda à *Eſtienne* Roy d'Angleterre, & emporta avec luy les Comtés d'Anjou, de Touraine, le Duché de Guyenne joints au Duché de Normandie. C'eſt ce qui mit les Anglois en poſſeſſion de preſque la moitié du Royaume, & cauſa dans la ſuitte tant de guerres. Par toutes ces preuves il eſt conſtant que les Ducs & les Comtes dans ce temps-là étoient Souverains en France des Provinces qu'ils y possedoient, ne reservant au Roy que l'hommage. Or presentement comparé ces Gouvernement à celuy d'aujourd'huy. Il est tout aussi different que le sont à present celuy de l'Allemagne & celuy de France. Aujourd'huy les Ducs & les Comtes sont devenus de vains titres: le Roy est Maître absolu & Souverain par tout; les Gentilshommes & les Peuples de toutes les Provinces luy sont soûmis. Il n'y a plus de forteresse, plus de droit de faire guerre que dans ses mains : Tout Prince qui ose lever la tête & parler de prendre les armes contre le Roy quelque tyran qu'il soit est coupable de rebellion. Les Princes & les Ducs sont aussi soûmis & abbaissés sous le Roy que les plus petits de tous les Sujets. Le Roy s'est rendu Maître de tous les Etats de ces Souverains, & les a annexés à perpetuité à la Couronne. On ne peut pas voir un plus grand changement de Gouvernement. Et si aujourd'huy l'Empereur s'étoit rendu Maître de tous les domaines des Princes & des Etats libres de l'Empire ne leur laissant que les vains noms de Ducs, des Comtes, & de Villes Imperiales, on se moqueroit de luy, & on auroit droit de le faire s'il soûtenoit qu'il exerce le pouvoir qu'il a herité de ses Ancêtres, qu'il n'a point fondé sa Monarchie sur un nouveau Gouvernement, & qu'elle roule sur l'ancien pied. Et par consequent lors que la Cour soûtient que le Roy exerce aujourd'huy sur les Grands du Royaume le pouvoir, qu'il a toûjours eu, la pretention est evidamment fausse.

Mais icy les flateurs de la Cour diront que nous voulons faire regarder dans l'Histoire de nos Rois comme le foible ce qui en est veritablement le fort. Que c'est une obligation que nous avons à la troisiéme Race des Rois de France d'avoir réüni les Provinces qui avoient été alienées, que sous les Rois de la premiere & de la seconde Race, les Ducs & les Comtes n'étoient que les Gouverneurs de leurs Provinces; que ces Gouvernemens n'étoient pas mêmes hereditaires : que par la foiblesse du Gouvernement les Ducs & les Comtes s'étoient faits Souverains, que les Rois ont été en droit de les faire retourner à leur ancienne origine : que cette multitude de petits Souverains dans un grand Etat en est la ruine : que cela y entretient des guerres, qu'un grand corps divisé devient foible. Que la France durant ce Gouvernement a été la proye des étrangers, & qu'elle allumoit à tous coups le feu dans ses propres entrailles; Enfin que c'est le plus grand coup de sagesse & de politique qui jamais ait été fait, que cette réünion des Provinces à la Couronne; que par là le Royaume est devenu une espece d'Empire, & que c'est ce qui l'a rendu si redoutable aux étrangers. Voilà qui est bien specieux. Mais pour faire tomber ce bel edifice, il n'y a qu'à ramener la comparaison de l'Allemagne & de la France. Il faut sçavoir que du temps de *Charlemagne* le Gouvernement étoit le même en France & en Allemagne sous un seul Maître. Les Gouvernemens, les Duchés & les Comtés en Allemagne étoient à vie comme en France, il n'y avoit au delà & au deçà du Rhein qu'un seul Seigneur. Cela dura sous les Successeurs de *Charlemagne* qui eurent quelque vigueur. Mais le Gouvernement au delà du Rhein s'affoiblit comme au deçà, même chose arriva en Allemagne qu'en France : les Gouverneurs des Provinces s'en rendirent les Maîtres & les Souverains. Et de là sont venus les Ducs & Comtes, Palatins, de Baviere, de Brunsvick, de Lunebourg, & generalement tous les autres : les Villes puissantes & riches que les petits Souverains ne purent domter ne demeurerent pourtant pas sujettes de l'Empereur, & sans se détacher de l'Empire elles se mirent en liberté : voilà comme les choses se sont passées. S'ensuit-il de là qu'aujourd'huy l'Empereur seroit bien fondé à réünir à sa Couronne Imperiale tous les domaines de l'Empire ? L'écouteroit-on quand il diroit, autrefois l'Empereur étoit

Maître par tout, dont il le doit être aujourd'huy ? Il est vray sous la premiere Race de nos Rois, & sous une bonne partie de la seconde les Comtes & les Ducs n'étoient pas Souverains & n'étoient qu'à vie. Mais ils avoient d'autres privileges, qui valoient bien autant ou plus pour la conservation de la liberté. Ils avoient le droit dans leur Parlement de faire tout ce que bon leur sembloit, même contre le Roy. Tout de même qu'aujourd'huy en Angleterre il n'y a qu'un seul Seigneur qui est le Roy, toutes les Duchés & les Comtés ne sont que titulaires; ce fut *Henry VII.* qui abolit toutes ces Seigneuries particulieres. Mais châcun sçait que les Seigneurs & les peuples d'Angleterre n'en sont pas moins libres. Les troubles de l'Etat & les entreprises des Rois ayant rendu la tenuë des Parlements en France difficile & rare, les Seigneurs trouverent un moyen de se garantir de la tyrannie des Rois, c'est de se rendre Maîtres châcun dans leurs Gouvernements. De plus ce que disent ces Messieurs que toutes ces petites Souverainetés s'étoient formées par usurpation sur la fin de la seconde Race de nos Rois, n'est pas tout à fait vray. *Du Haillan* nous assure qu'il y avoit d'anciens Duchés & Comtés hereditaires. *Il y avoit*, dit-il, *des Seigneurs naturels qui de tout temps en avoient la joüissance sans que les Roys les eussent privés de la proprieté de leur heritage : Car long-temps devant Hugues Capet* * *les Ducs de Normandie, de Bourgogne & d'Aquitaine tenoient paisibles leurs Duchés. Et les Comtes de Thoulouse, de Flandres, d'Auvergne, de Vermandois, d'Anjou & autres, qui étoient hereditaires en leurs Comtés les possedoient paisiblement.* Au moins est-il certain que cette possession des Provinces du Royaume en proprieté par les Seigneurs a commencé un siecle ou deux avant *Huguet Capet*, qu'elle a duré plus de deux ou trois cents ans aprés luy. Il me semble que cinq ou six cents ans suffisent pour une presc $\supset$tion. Il est vray qu'il y a des Droits qui ne se prescrivent jamais, & tel est le Droit des Peuples. Mais châcun sçait que de Seigneur à Seigneur prescription a toûjours eu lieu.

Quant à ce qu'on dit des maux qui venoient de la division & de la puissance de la Monarchie qui s'est augmentée par la réünion, j'y répons qu'en tout Gouvernement il y a du bien & du mal : il est vray qu'il y a de l'incommodité en plusieurs rencontres dans un Gouvernement, tel qu'étoit celuy de France autrefois, & tel qu'est celuy d'Allemagne aujourd'huy. Mais ces incommodités du Gouvernement ne donnent point droit à l'Empereur de se faire seul Seigneur. Ainsi ces incommodités n'ont point donné droit aux Rois de France de ravir par violence & par fraude les biens appartenants à leurs Vassaux. Il est vray un Roy est bien plus puissant quand il se rend Souverain de tout, & fait de ses Vassaux ses Sujets. Mais ce n'est pas la puissance du Monarque qui fait le bien de la Monarchie & des Peuples; au contraire c'est ce qui rend les peuples miserables : car plus un Prince est puissant plus les Sujets sont opprimés, plus il faut de choses pour soûtenir le luxe & la grandeur du Prince. La France a esté déchirée de plusieurs guerres quand elle étoit divisée en plusieurs Souverainetés; il est vray. Mais elle ne l'a été gueres moins depuis les réünions. L'Allemagne toute divisée qu'elle est ne laisse pas de subsister avec gloire : la Monarchie Françoise se seroit aussi fort bien conservée sans que les Rois eussent opprimé sa liberté. Un peu davantage de reputation au dehors ne recompense gueres de la perte de la liberté & de tant de sang, de biens, de repos, de tranquillité, de paix que nous ravit la puissance d'un seul Monarque, qui a aneanti tous les Seigneurs pour être seul Souverain Seigneur.

* *Dans la vie de Hugues Capet.*

Fin du dixiéme Memoire.

LES SOUPIRS

DE LA

FRANCE ESCLAVE

Qui aspire aprés la Liberté.

XI. MEMOIRE,

Du 15. de May 1690.

De l'ancien Gouvernement par rapport au Peuple : la Fran-
ce n'avoit pas de Troupes reglées : quand elles ont commencé. La Noblesse
portoit le fardeau de la Guerre. Les Impôts étoient autrefois inconnus : quand
ils ont commencé. Recapitulation & conclusion de tout le precedent.

NOUS avons consideré l'ancien Gouvernement de la Monarchie Françoise par rapport à toute la Nation en general, en
faisant l'Histoire des Droits du Peuple sur l'élection & la déposition des Rois ; & en rapportant fidélement l'étenduë du
Pouvoir des Etats du Royaume assemblés. Nous avons aussi vû la forme
de l'ancien Gouvernement par rapport aux Parlements & aux autres Tribunaux de Justice, par rapport aux premieres Charges du Royaume, &
enfin par rapport aux dignités & à la Noblesse. Il ne nous reste plus pour
donner une parfaite idée de cet ancien Gouvernement que de le regarder
par rapport au Peuple distingué des Grands & de la Noblesse. Il est certain que le Peuple est celuy qui porte les fardeaux, particulierement en
France. Son joug est d'une pesanteur, & son esclavage d'une étenduë
qui passe toute imagination ; on le peut voir dans les premiers Chapitres

Y

de cet Ouvrage. Il faut voir presentement si au commencement il en é-
toit ainsi. Les fardeaux des Peuples se reduisent à deux griefs ; c'est le faix
de la Guerre qu'on luy fait porter , & celuy des Tributs qu'on impose
sur luy. Nous allons voir comment autrefois il ne portoit ni l'un ni l'autre de ces fardeaux.

Premierement pour celuy de la Guerre , il faut sçavoir qui ni dans la
premiere , ni dans la seconde , ni même bien avant dans la troisiéme Race de nos Rois , on n'entretenoit point durant la Paix de Troupes reglées.
Troupes qui non seulement sont l'accablement des Peuples , puis qu'il
faut perpetuellement soûtenir des Armées comme en temps de Guerre ,
mais qui sont le plus funeste instrument de la Tyrannie , & le moyen le
plus efficace de l'oppression de la Liberté. Nos Rois étoient si fort éloignés
d'avoir toûjours , comme on a aujourd'huy , des Armées sur pied répanduës dans tout le Royaume , qu'ils n'avoient pas même de Troupes reglées pour leurs Gardes ; les Regiments des Gardes Suisses , Escossoises
étoient inconnus alors , aussi-bien que les Gardes Françoises , les Mous-
quetaires , Gendarmes , & autres Troupes reglées qu'on appelle *La Maison du Roy* , & qui sont la terreur des Sujets. Entre tous les caractères de
la Tyrannie , il n'y en a pas un qu'on ait plus remarqué que celuy-là.
C'est de se maintenir sur le Trône par des Armées. C'est une preuve
qu'on regne par violence , & qu'on n'a pas pour soy l'inclination des
Peuples auxquels on commande. Les Empereurs Romains qui usurpent
la Domination dans Rome , & opprimerent la Liberté de la Republique,
avoient toûjours prés d'eux les Cohortes Pretoriennes , c'est à dire une
Armée complete. Mais c'est parce qu'ils étoient Tyrans & Usurpateurs.
Ces Empereurs avoient des Legions répanduës dans toutes les Provinces ,
bien moins pour garder les Frontieres de l'Empire que pour retenir les
Peuples de leur Domination dans l'esclavage. Et le Grand Seigneur a
toûjours ses Janissaires qui sont la force de son Empire , & qui luy sont
de necessité absoluë pour contenir ses Sujets ; parce qu'il ne regne que par
violence & par contrainte. Nos Rois n'étoient point ainsi autrefois , parce
qu'ils n'étoient pas Tyrans : ils n'avoient autre Garde que leurs Officiers
& leurs Domestiques , avec l'inclination & l'amour des Peuples. On n'a
qu'à lire nôtre Histoire pour voir si l'on y trouvera quelque trace de ce
grand appareil de Guerre , au milieu duquel vivent aujourd'huy nos Rois
dans le temps de la plus profonde Paix. On peut prouver ce que nous a-
vançons par diverses circonstances qui se trouvent dans l'Histoire.

! Par exemple * *Gregoire de Tours* , & § *Aimoin* difent que le Roy *Gon-*
tran fut averti par un homme du Peuple de la Ville de Paris , de fe donner
de garde des embûches que luy dreffoit *Faraulphe* ; il fe donna des Gardes
armés qui l'accompagnoient par tout , même jufque dans les lieux facrés,
difent ces Auteurs. Si alors les Rois euffent eu des Gardes , comme ils en
ont aujourd'huy , *Gontran* n'auroit pas eu befoin d'en lever & de s'en fortifier comme il fit. Alors il n'êtoit pas ordinaire aux Rois de marcher
entre des gens armés ; aujourd'huy cela ne fe fait pas autrement. Nous
avons encore là deffus un témoignage bien exprés de *Guillaume de Neubrige*
dans l'Hiftoire d'Angleterre. ‡ *Philippe* Roy de France appellé *Auguste II.*
du nom , êtoit en guerre avec *Richard* Roy d'Angleterre , & quoy que
ce dernier fût dans la Paleftine à faire la guerre aux Sarrazins , *Philippes*
feignit que *Richard* dreffoit des embûches à fa vie , par des affaffinateurs
à fes gages. C'eft pourquoy , dit cet Auteur , *il ne marchoit jamais qu'en-*
vironné d'une groffe garde contre la coûtume de fes Predeceffeurs. Ce qui fit
perir quelques perfonnes qui s'approcherent de luy un peu trop familierement.
Plufieurs trouvent cette nouveauté étrange , il affembla les Prelats & les Grands
du Royaume en Parlement à Paris pour les fatisfaire là-deffus , & pour les irri-
ter contre le Roy d'Angleterre. Il avança contre ce Roy plufieurs chofes comme
certaines , & entre les autres qu'il avoit fait perir malheureufement un grand
Seigneur , il produifit des lettres qu'il difoit luy avoir été envoyées par quelques
Grands qui l'avertiffoient qu'il eût à prendre garde à luy , & que Richard avoit
envoyé d'Orient des affaffins pour le tuër. C'eft pourquoy, adjoûta-t'il, on ne doit
pas s'étonner que contre la coûtume je me face garder par des hommes armés.
Cependant fi ma garde vous paroit indecente ou fuperfluë, on la peut congedier.
Pourquoy tant de miftere ? & à quoy bon cette apologie, fi les Rois
d'alors comme ceux d'aujourd'huy avoient toûjours eu des Armées autour
d'eux. Auffi l'Auteur dit expreffement que *Philippe Augufte* fit en cela ce
qui n'avoit jamais été pratiqué par fes Ancêtres. Il eft bien aifé à juger ,
que fi les Rois n'avoient pas d'Armées , & de gardes autour de leurs perfonnes , il n'y en avoit pas beaucoup dans le refte du Royaume. On ne
veut pas nier abfolument que les Rois ne tinffent fur pied en tout temps
quelque Infanterie & quelque Cavallerie pour la garde des Frontieres,
mais c'étoit très peu de chofe en temps de paix. Et ces Troupes pour être
en trop petit nombre ne pouvoient fervir à opprimer la liberté du Royaume. *Charles VII.* fût le premier qui établit ces Troupes reglées durant

Y 2

* *Gregor. lib. 7. cap. 18.* § *Aimoinus lib. 3. cap. 63.* ‡ *lib. 4. c. 2.*

la paix. Les horribles guerres qu'il avoit euës, à soûtenir contre les Anglois, & le peril où il pouvoit tomber de se trouver dans des maux semblables à ceux dont il venoit de sortir, servirent de pretexte pour l'établissement de ces Troupes reglées. Il établit quinze cents Lances & quatre mille Archers, lesquels il distribua dans les Villes du Royaume, pour y être entrenus. C'étoit environ cinq ou six mille hommes dont le Peuple étoit chargé : qu'est-ce que cela pour un si grand Etat ? Cette précaution paroissoit juste & cet établissement necessaire. Cependant ç'a été là la premiere source de nos malheurs. Depuis ce temps les Rois ont entretenu des Troupes toûjours sur pied, & s'en sont servis pour opprimer leurs Peuples. *Loüis XI.* Fils de *Charles VII.* sçût bien profiter de cette nouvelle institution, & ceux qui ont lû l'Histoire sçavent comment il s'authorisa par ce moyen, & commença à jetter les fondemens de la Tyrannie, sous laquelle nous gemissons aujourd'huy. Il ne se contenta pas des Troupes Françoises, il eut des Gardes Suisses, & mit le Royaume entre les mains des Etrangers. Mais, dira-t'on, quand même il n'y auroit pas eu de Troupes reglées avant *Charles VII.* les Guerres étoient extremement frequentes ; il faloit que le Peuple en portât le fardeau. On répond que non, & voici comme la chose se faisoit.

Dans le temps de l'établissement de la Monarchie les biens, c'est à dire les fonds, furent divisés en biens *Feodaux* & biens *Allodiaux*, *Fiefs* & *Alleuds*. Les Fiefs au commencement s'appelloient Benefices, & furent ensuitte appellés *Feuda* du mot *Fides*, parce que ceux à qui on les donnoit devoient se reconnoître Vassaux de ceux de qui ils les recevoient, ils étoient obligés de leur prêter foy & hommage, & de les servir à la guerre. Les Benefices ou Fiefs furent au commencement à vie & non hereditaires. Ils le devinrent sous la seconde Race de nos Rois. Mais ils demeurerent chargés des mêmes devoirs que quand ils n'étoient possedés qu'à vie. Dans le temps que les Fiefs changeoient de Maître par la mort de celuy qui les possedoit, les possesseurs étoient chargés du devoir de se trouver à la guerre toutes les fois qu'ils en étoient requis par leur Seigneur de Fief, car c'étoit la condition sous laquelle ces Fiefs se donnoient. Lorsque les Fiefs devenoient hereditaires, ils demeurerent chargés de cette necessité. Le Roy avoit sous luy les Comtes & les Ducs qui relevoient immediatement de luy ; chaque Comte & Duc avoit sous luy ses Barons. Lorsque le Roy vouloit faire la guerre, il faisoit avertir les Ducs & Comtes de son Roiaume ; les Ducs & Comtes faifoient affembler leurs Barons, chaque Baron avoit fes Vaffaux, & il étoit obligé de mener à la guerre tous fes Vaffaux tenant les Fiefs & Arrierefiefs. Si le Comte ou Duc avoit une guerre en particulier contre un autre Seigneur, il affembloit pareillement fes Barons, & les Barons tous leurs Vaffaux pour le fervice de leur Seigneur. Ils y étoient obligés, & s'ils y manquoient ils perdoient leur Fief comme portent expreffement les anciennes Loix. (* *Si quelqu'un a été convoqué par les Loix pour l'utilité du Rey foit contre l'ennemy ou pour quelque autre fervice & n'aura point obéi qu'il foit privé de fon Fief.* Ces Convocations s'appelloient *Bannus* & *Herebannus*, Ban & Arriereban, d'un mot de la baffe Latinité alors en ufage; *Bannire*, pour publier, declarer, proclamer, convoquer à cry public. Cela s'appelloit auffi, *hoftem denuntiare*, *hoftem indicere*, *populum in hoftem convocare*. Et la Convocation s'appelloit *Hoftile Bannum*. On dit dans les Capitulaires de *Charlemagne* de l'an 802. *ut hoftile Bannum Domini Imperatoris nemo pratermittere prafumat*; Que perfonne ne foit affés hardi quand il eft convoqué contre l'ennemi de méprifer le commandement de l'Empereur] § C'eft un fait conftant & dont toutes les Loix & les Hiftoires anciennes font remplies. Or il eft clair felon cela que le fardeau de la guerre tomboit fur les Nobles & non fur le Peuple. C'eft ce que reconnoît *Pafquier* dans le fecond Livre de fes Recherches de la France ‡. *Lors de la premiere diftribution de ces terres Beneficiales & Allodiales il n'étoit point mention de Tailles*, ains étoient les Nobles tenus de fupporter à caufe de leurs Seigneuries le faix des armes. Il eft vray que les biens *Allodiaux* furent chargés de Cens & Rentes à cette même fin, c'eft à dire pour foûtenir le fardeau de la guerre; ces biens *Allodiaux* étoient les biens propres & patrimoniaux appartenants à chaque famille en proprieté, & qui paffoient aux heritiers fans aucune permiffion du Prince. [Ces biens au commencement étoient francs de toutes charges tant militaires qu'autres. Mais parce que les Comtes, Barons & Gentilshommes qui à caufe de leurs Fiefs étoient obligés de foûtenir la guerre, fe trouvoient fouvent trop chargés, ils impoferent fur les biens Allodiaux des Cens & Rentes pour contribuer à l'entretien des armes. Et de là eft venu qu'aujourd'huy les *Alleuds* fe trouvent chargés de Cens & Rentes, & que par là ils font diftingués des biens nobles qu'on appelle *Fiefs*, à l'exception de certain fonds qu'on appelle *Francs Alleuds*, qui ont confervé l'ancienne franchife de biens *Allodiaux*. Mais ces Cens & Ren-

Y 3

* *Lex Riquar. Cap. 65.* § *Cap. 7.* ‡ *Cap. 13.*

tes dont ces biens furent chargés, n'étoient rien de confiderables, & ne chargeoient point le Peuple, tant parce que cela n'alloit pas loin, que parce que le fardeau tomboit fur toutes les terres *Allodiales* en quelque main qu'elles fuffent, foit des Nobles, foit de ceux qui ne l'étoient pas. Ainfi les Nobles portoient toûjours le grand fardeau comme les plus riches. Chaque Comte ou Duc étoit obligé par le Ban du Roy de luy mettre tant de Barons, & chaque Baron menoit tant de Chevaliers, l'un cinq, l'autre quatre, un autre dix, plus ou moins felon la qualité & la force du Fief qu'il poffedoit. Entre ceux-là il y en avoit qu'on appelloit *Bannerets*, parce qu'ils avoient affés de Vaffaux pour en faire des Compagnies qui marchoient fous des Enfeignes & des Bannieres; c'eft pourquoy on les appelloit *Vexillarii* ou Bannerets. Il y en avoit qui menoient jufqu'à deux cents hommes à leur Seigneur pour faire la guerre. Et ces troupes dévoient être entretenuës au dépens des Seigneurs des Fiefs. Nous avons une preuve certaine de tout cela dans nôtre Ban & Arriereban que le Roy convoque quand il le juge à propos. Il eft arrivé deux grands changements dans le Gouvernement à cét égard. Le premier c'eft que les Fiefs ou terres Nobles aprés être devenuës hereditaires font auffi par vente & par alienation paffées dans les mains des Roturiers. Lefquels n'étant pas de la profeffion des armes ne pouvoient être obligés à marcher à la guerre dans les Convocations des Nobles pour caufe de guerre. Au commencement on s'oppofa à cela, parce que cela diminuoit les gens de guerre fur lefquels le Prince pouvoit conter. Mais dans la fuite la coûtume s'en établit, & cela donna lieu aux *Francs Fiefs* : qui font des taxes que les Roturiers doivent au Roy à caufe de leurs Fiefs, & en confideration de ce qu'on leur permet de poffeder des biens nobles & proprement militaires, fans eftre obligés à marcher à la guerre. L'autre changement c'eft l'impofition des Impôts pour l'entretien des troupes reglées, les Princes ont trouvé ces troupes beaucoup plus commodes & plus utiles. Et depuis ce temps-là on a ceffé de convoquer la Nobleffe à la guerre excepté dans les occafions preffantes. Tellement que ce qu'on appelle *Ban & Arriereban*, qui fe convoquoit toutes les fois que le Prince alloit à la guerre, ne fe convoque aujourd'huy que tres-rarement. Ainfi la Nobleffe eft devenuë franche & le Peuple a été chargé : la Nobleffe poffede fes Fiefs fans aucune charge & impôt, & le Peuple a été chargé de Tributs & Impôts pour payer des gens à gage, afin de faire la guerre que les Nobles étoient autre fois obligés de faire à leurs dépens.

Et il eſt arrivé un troiſiéme changement qui vient de l'oppreſſion & de l'abbaiſſement que les Grands du Royaume ont ſouffert. C'eſt qu'autre-fois tous les Comtes & Ducs avoient pouvoir d'aſſembler l'Arriereban de leurs Provinces : *Heribannus* , Convocation du Seigneur , s'appel-loient ces aſſemblées , parce que tout Seigneur de Haut Fief le pouvoit faire. Mais aujourd'huy le Roy s'étant fait le ſeul Seigneur il a uſurpé le droit de convoquer ſeul la Nobleſſe du Royaume. De cette differen-ce entre l'ancien droit & le nouveau il en naiſt une autre : c'eſt que le Roy , qui étoit le premier Seigneur du Royaume n'avoit pas le pou-voir immediat de convoquer tous les Gentilshommes du Royaume à l'Arriereban comme aujourd'huy. Chaque Comte devoit aſſembler ſes Barons , & chaque Baron ſes Vaſſaux. Dans toute cette hiſtoire de la forme de nôtre ancienne milice, il n'y a rien qui ſoit conteſté & qui le puiſſe être. Par là on voit que le Peuple ne portoit point le fardeau des guerres : & que les troupes reglées ſont de nouvelle invention. Ce changement a rendu nôtre Nobleſſe faineante, en la déchargeant du far-deau de la guerre qui luy appartenoit proprement. Et cependant elle n'en eſt pas devenuë plus riche. Car elle a conſumé en Chiens, en Chevaux pour la chaſſe , en repas & en vains ornements,ce qu'elle dépenſoit autre-fois en chevaux de guerre & en armes pour le ſervice de l'Eſtat. Et elle eſt devenuë ſi incapable de diſcipline militaire , & ſi peu propre à ſoû-tenir la fatigue de la guerre, que rien n'eſt plus miſerable que ces trou-pes de Ban & d'Arriereban. Le Roy n'en devroit jamais venir là , car cela ne ſert qu'à montrer le neant & la decadence de la Nobleſſe Fran-çoiſe autrefois d'une ſi grande reputation.

Le ſecond fardeau qui accable les Peuples par la tyrannie , ce ſont les Tailles , Impôts , Subſides , &c. Et ſur cela il faut poſer comme un fondement certain & indubitable que ſous la premiere & la ſeconde * , & bien avant ſous la troiſiéme Race de nos Rois , les Tailles , Subſides & Impôts étoient entierement inconnus. Les Princes ſoûtenoient la de-penſe de la guerre par le moyen de leur Nobleſſe , comme nous le venons de voir , leurs domaines, quelques redevances , & tout au plus des don s gratuits ſurvenoient au reſte. Dans le Chapitre où nous avons parlé des Eſtats Generaux qui s'aſſembloient tous les ans une ou deux fois , nous avons trouvé qu'un des uſages de ces Aſſemblées generales ,étoit de pre-ſenter aux Princes les hommages & les preſents de la Nation. Il ne faut

---

* *Voy les Recherches de Paſthier liv. 2. chap. 7.*

pas s'imaginer que les presens fussent des Impôts semblables , par exemple, à ceux que le Roy demande aux Etats de Languedoc & de Bretagne
qui montent à plusieurs millions , & qui accablent le Peuple tout de même que les Tailles personnelles. Ou c'étoient de petits presens qui ne
servoient qu'à témoigner la sujettion & à faire hommage au Prince : ou
c'étoient des dons purement gratuits qu'on n'exigeoit point , ausquels
on n'obligeoit personne , & pour lesquels on ne chagrinoit personne
quand ils ne le payoient pas. *Aimoin* nous dit §. que *Pepin contraignit les
Saxons à luy promettre obeïssance , & que tous les ans ils luy amencroient dans le
temps du Parlement general trois cents chevaux en present , honoris causâ* , dit
l'Autheur, par hommage & non comme un Tribut. *Il les contraignit* : il est
vray, mais c'est parce que c'étoient des Peuples nouvellement conquis, qui
se rebelloient souvent & contre lesquels il falloit prendre toute sorte de seuretés. Voicy donc l'histoire véritable des Impôts , de leur origine , & de
la maniere dont on les levoit. Le plus ancien Impôt dont on trouve
qu'il soit fait mention dans nos histoires ; c'est celuy qui s'appelloit
droit de *Giste* & droit de *Chevauchée.* Quand les Rois visitoient leurs
Provinces , les Archevêchés, Evêchés & grandes Abbayes étoient obligés de les défrayer une nuit en passant ; les Beneficiés se déchargerent de
ce joug ; & se rachêterent par un tribut annuel , qui s'appelloit droit *de
Giste.* Les Villes & les Villages quand le Roy passoit étoient obligés de
fournir des chevaux & des charrois pour les équipages de la Cour : on
se rachêta de ce droit par un autre tribut , qui s'appella droit de *Chevauchée.* Mais ces tributs étoient moins que rien. Un peu de temps avant
St. Loüis , les Rois commencerent à exiger des tributs de leurs Peuples
sous le nom de Tailles , & en forme de Capitations. Mais ce n'étoit
qu'en des cas tres-extraordinaires, & pour être une fois payés. Cependant *St. Loüis* par son testament defendit à ses enfans de lever des Tailles sur son Peuple. Quoy que ce fût tres peu de chose & que cela ne
revint pas souvent, le Peuple ne laissa pas d'en murmurer. Ce qui obligea
les descendants de *St. Loüis* , pour obtenir des secours de leurs Peuples
plus considerables dans les besoins de les demander aux Etats Generaux.
Le Roy faisoit donc sçavoir à tous les Balliages & Seneschaussées du
Royaume qu'ils eussent à assembler le Clergé, la Noblesse & les tiers
Etats, pour adviser aux moyens de remedier aux desordres , & de fournir
à la depense des guerres, qu'on devoit avoir bientôt , ou qu'on avoit
déja.

§. *Lib.* 4. *cap.* 64.

déja. Ces Etats Provinciaux députoient de leurs Corps aux Etats Generaux que le Roy avoit convoqués en certain lieu. Et là le Roy par
la bouche de son Chancelier demandoit le secours dont il avoit besoin,
& prioit l'assemblée de remedier aux desordres de l'Etat, precisément comme cela se fait encore aujourd'huy en Angleterre. Le premier qui char-
gea d'Impôt le Peuple fut *Philippe le Bel.* Il exigea premierement le
centiéme & après le cinquantiéme denier de tous les revenus. Les Villes de Paris, de Roüen & d'Orleans se revolterent à cette occasion, &
firent mourir ceux qui avoient été commis à la levée de ces deniers. *Philippe* ne se ressentit pas de cette injure, parce qu'il sentoit bien qu'il avoit
tort ; il voulut tenter de faire passer un autre Impôt, qui n'étoit que de
six deniers pour livre sur le debit des denrées. Mais personne ne voulut
obeir. Il reconnut bien par ces deux tentatives que jamais il ne viendroit
à bout d'établir cette nouveauté, sans l'authorité des Etats en qui residoit
le pouvoir & les droits du Peuple. Il fit donc assembler les Etats à Paris, les harangua luy-même, leur representa les necessitez urgentes où il
se trouvoit, & en obtint ce qu'il voulut. Ce ne fut pourtant qu'une levée
extraordinaire ; & ainsi ce n'étoit point ce que nous voyons aujourd'huy.
C'étoit une levée semblable à celles qui se font en Angleterre par ordre
du Parlement assemblé. On revint souvent à ces levées extraordinaires
sous les Successeurs de *Philippes le Bel*, *Loüis Hutin*, *Philippe le Long*, *Charles le Bel* ; le Roy *Jehan* & *Charles Cinquiéme*, mais toûjours avec l'authorité & le consentement des Etats assemblés. Ces impositions s'appellerent au commencement *Aydes* & *Subsides*, mots honnêtes, qui signifient *Secours*, & qui expriment la raison de necessité, pourquoy on les
levoit. Cela ne duroit qu'un an, & si les necessitez continuoient, il faloit
faire de nouvelles demandes au Peuple & aux Etats. Ces Subsides qui
n'étoient au commencement que pour un an, s'accorderent pour deux
ans, puis pour trois, & ainsi de degré en degré on est venu à les rendre
perpetuels. Les marchandises étoient chargées de ces Subsides. Ainsi celuy qui achetoit le plus de choses en payoit le plus. Mais peu de temps
après on obtint des Etats une levée par tête & par feux, qui fut appellée
premierement *Foüage* & puis *Taille*, du même nom qu'on luy donne encore aujourd'huy. Ce n'étoit rien, car les sommes qu'on levoit sur chacun
étoient tres-petites, encore cela ne se payoit qu'une fois. Mais sous *Charles VII.* qui eut tant d'affaires avec les Anglois, cela fut rendu perpetuel.
Et c'est de ces petits germes que sont venus les effroyables fardeaux qui
accablent la France. L'an 1349. *Philippe de Valois* obtint de la ville de

Z

Paris seule un impôt de six deniers pour livre, sur les denrées pour un an seulement. Cet octroy ne fut point executé, parce que *Philippe de Valois* mourut; mais son fils *Jehan* en profita; & dans les années 1352. & 1353. le même Roy *Jehan* mit le même impôt sur les Senefchauffées d'Anjou, du Mayne, & sur le Balliage de Senlis: mais avec permiffion & confentement des Etats de ces Provinces. La Reine de Sicile, qui étoit alors Comteffe d'Anjou & du Mayne s'oppofa à cela, foûtenant que le Roy n'avoit pas droit de lever des tributs dans fon Pays. Le Roy *Jehan* traitta avec elle, & pour la faire taire luy en donna la moitié. Le Roy *Philippes de Valois* l'an 1342. avoit par confentement des Etats Generaux mis un tres petit impôt fur le Sel. Les Etats du Royaume affemblés à Paris l'an 1354. accorderent au Roy *Jehan* augmentation de la gabelle du Sel, & outre cela huit deniers pour livre de chaque marchandife qui feroit venduë. Ce qui eut lieu dans tout le Royaume. Voilà comme infenfiblement le mal croit. En 1355. & 1358. à l'occafion de la prifon du Roy *Jehan* prifonnier en Angleterre, il falut lever de grands fubfides fur tout le Royaume, pour la rançon de ce Roy & pour les frays de la guerre. Les Etats furent pour cela tres-fouvent & tres-long-temps affemblés, & enfin on convint de donner au Regent, qui fut depuis Roy fous le nom de *Charles V.* les fecours qu'il demandoit & qui étoient necessaires. Ce *Charles V.* qui fut furnommé *le Sage* établit le droit de *Foüage*, ou tant par feu, d'où font venuës nos Tailles lefquelles on impofe par tête, c'eft à dire par famille, il n'eut pourtant pas le credit de rendre cet impôt perpetuel; il laiffa cet ouvrage à faire à fes Succeffeurs qui s'en acquiterent bien.

Durant les confufions du regne de *Charles VI.* fon fils & durant les horribles guerres civiles que cauferent les deux factions des Bourguignons & des Armagnacs, il eft aifé de juger que les affaires fe firent avec un tres-grand defordre, & que chacun en prit par où il pût. Cependant ce ne fut pas encore fous ce regne que s'établit la taille perpetuelle, ce ne fut que fous le fuivant. L'an 1388. *Charles VI.* ordonna que quand on imposeroit des tailles, tous contribueroient, excepté les Nobles qui porteroient les armes, les Ecclefiaftiques & les Mendiants. Alors les Nobles faineants & qui vivoient hors du fervice n'étoient donc pas exempts. Voilà la fource des impôts d'aujourd'huy. L'impôt fur les Marchandifes commença par *Philippe le Bel* environ l'an 1300. L'impôt fur le Sel fut commencé par *Philippe de Valois* l'an 1342. & les tailles par tête commencerent fous *Charles V.* l'an 1379. Ces trois fortes d'impôts furent accordés par les trois Etats du Royaume, & devinrent perpetuels par leur confentement. Mais les Rois, qui ont regné depuis environ deux à trois cents ans, se sont donné la liberté de les augmenter selon leurs pretendus besoins : Et enfin les choses en sont venuës aux extremités, où nous les voyons aujourd'huy. Ce n'est pas que les Etats en accordant les Impôts ne creussent avoir bien pris leurs mesures pour arrêter la tyrannie, les excés & les mauvais usages de ces Finances destinées uniquement pour le soûtien de la Guerre : car dans les Etats de l'an 1355. il fut ordonné que nul Thresorier ou Officier du Roy n'auroit la direction & le maniement de ces deniers, mais que les trois Etats commettroient des gens d'une probité connuë, bons & solvables, qui en ordonneroient selon leurs instructions, Et que ces Commissaires generaux en nommeroient en chaque Province neuf de particuliers; trois de chaque Ordre, du Clergé, de la Noblesse & du tiers Etat. Le Roy s'obligea par serment de ne faire employer ces deniers à autre usage que celuy de la Guerre. Et les Thresoriers Generaux jurerent aussi sur les Evangiles qu'ils ne permettroient pas qu'on les employât à autre chose, quelque mandement qu'ils pussent recevoir du Roy. Et en cas qu'on voulut les contraindre de détourner ces deniers à un autre usage, il leur fut permis de s'y opposer par des voyes de fait, c'est à dire par armes, jusqu'à demander du secours aux Villes voisines. Il fut deplus ordonné que le mois de May suivant les Etats se rassembleroient à Paris pour voir & examiner le compte de ce qui auroit été levé & employé. Cela n'a-t'il pas bien l'air d'une puissance absoluë telle que celle dont on se sert aujourd'huy ? on défend aux Officiers du Roy de toucher les deniers de l'Etat, on fait jurer au Roy de ne les employer qu'à la défense de l'Etat, on donne pouvoir aux Receveurs & Intendants de ces Finances de repousser par armes la violence que le Roy leur voudroit faire au sujet de ces deniers. Il n'est pas necessaire pour nôtre sujet de poursuivre l'histoire des Impôts plus loin. Dans la suite, c'est à dire depuis *Charles VII.* on ne voit qu'entreprises & attentats sur la liberté publique : peu à peu les Rois se sont attribués le pouvoir de regler les Impositions. Ils les ont fait recevoir par leurs Creatures & par leurs Officiers. Ils ont erigé des Tribunaux & des Cours de Justice, des Charges d'Intendants & Surintendants des Finances, des Thresoriers & Receveurs Generaux, absolument dans leur dépendance : Et enfin ils ont fait passer comme une loy & un droit incontestable cette énorme & detestable maxime que le Roy est Maître de tous nos biens, qu'il peut lever sur nous tels Tributs qu'il luy semble bon, qu'il peut employer les Finances sorties des veines du Peuple, non seulement à la défense de l'Etat, mais

aussi à soûtenir les prodigieuses depenses de sa Cour, de son luxe, de ses
bâtimens & de ses debauches. Cependant il est constant par ce que nous
venons de voir. 1. premierement que le droit de lever des Impôts sans permission du Peuple n'est point attaché aux Rois de France. 2. Que cette
coûtume est tres-nouvelle. 3. Que ce droit a toûjours dépendu des Peuples
& des Etats. 4. Que les Rois n'ont pû & n'ont dû faire aucun changement dans la quantité de ces Impôts ou dans la maniere de les lever que
par le consentement des trois Etats. 5. Qu'il n'étoit pas au pouvoir des
Rois d'employer ces deniers selon leurs caprices, & qu'ils en étoient res-
ponsables aux Etats dans la personne des Officiers qui travailloient à ces
levées & à l'employ de ces deniers. Avant *Charles VII.* ces prodiges d'opinions étoient inconnus, que le Roy peut lever des Impôts sans consentement des Peuples, & qu'il est en droit d'en faire ce qu'il veut. Mais
Loüis XI. l'oppresseur de nos libertés, gagna par crainte ou par bien-faits
des esclaves qui debiterent cette maxime, à laquelle on s'y opposa fortement. Il faut entendre là-dessus *Philippes de Comines* qui nous a donné la
vie de *Loüis XI.* quoy que le passage soit un peu long. * *Donc pour continuer mon propos y a-t-il Roy ny Seigneur sur terre qui ait pouvoir outre
son domaine, de mettre un denier sur ses Sujets sans octroy ni consentement de
ceux qui le doivent payer sinon par tyrannie ou violence ? on pourroit répondre
qu'il y a des saisons qu'il ne faut pas attendre l'assemblée, & que la chose seroit
trop longue. A commencer la guerre & à l'entreprendre il ne se faut pas tant hâter
& a-t-on assés de temps. Et si vous dis que les Rois & Princes en sont trop plus
forts, quand ils l'entreprenent du consentement de leurs Sujets, & en sont plus
craints de leurs ennemis. Et quand se vient à se défendre, on voit venir cette nuée
de loin, & specialement quand c'est d'étrangers; & à cela ne doivent les bons
Sujets rien plaindre ni refuser : & ne sçauroit arriver cas si soudain où l'on ne
puisse bien appeller quelques personnages tels que l'on puisse dire, il n'est point fait
sans cause & en cela n'user point de fiction, ny entretenir une guerre à la volonté & sans propos causé de lever argent, &c.*

*Nostre Roy est le Seigneur du Monde, qui le moins a causé d'user de ce mot :
J'ay privilege de lever sur mes Sujets ce qu'il me plaist. Car ne luy ni autre ne
l'a : & ne luy font nul honneur ceux qui ainsi le dient, pour le faire estimer plus
grand, mais le font haïr & craindre aux Voisins, qui pour rien ne voudroient
être sous sa Seigneurie : & même aucuns du Royaume s'en passeroient bien qui en
tiennent. Mais si nôtre Roy, ou ceux qui le veulent loüer & agrandir, disoient. J'ay
les Sujets si bons & si loyaux, qu'il ne me refusent chose que je leur sçache demander, &c. Il me semble que cela luy seroit grand los (& en dis la verité)*

* *Livre 5. chap. 18.*

& non pas dire. Je prens ce que je veux, & en ay privilege. Le Roy Charles le
Quint ne le difoit pas : außi ne l'ay-je pas ouy dire aux Rois ; mais je l'ay bien
ouy dire à de leurs ferviteurs, à qui il fembloit qu'il faifoient bien la befogne.
Mais felon mon avis, ils méprenoient envers leur Seigneur, & ne le difoient que
pour faire les bons valets, & außi qu'il ne fçavoient ce qu'ils difoient. C'eſt
ainſi qu'on parloit ſous le Regne de *Charles VIII.* C'eſt à dire il y a moins
de deux cens ans: Et il n'y a pas cent ans que la Liberté n'étoit pas encore tout à fait morte. Car *Pafchier* Auteur de nôtre ſiecle, appelle ces maximes de la Puiſſance Abſoluë, pour lever tels Tributs que l'on veut, *les*
maximes de certains eſprits hagards. Philippe de Comines dans le même lieu dit
que *Charles VII.* ne leva jamais plus de dix-huit cent mille livres d'Impôts
par an ; & que *Loüis XI.* quand il mourut, les avoit fait monter juſques à
quatre millions ſept cens mille livres ; ce qui luy paroît une ſomme prodigieuſe. On peut voir par là combien la Tyrannie eſt accruë, & le joug
appeſanti : car qu'eſt-ce que quatre millions au prix de ce qui ſe leve aujourd'huy ? On dira que depuis ce temps-là l'argent eſt devenu beaucoup
plus commun & les dépenſes fort augmentées. On faiſoit alors pour un
ce qu'on fait aujourd'huy pour quatre : cela eſt vray. Mais de deux cens
millions à quatre ou cinq, il y a un peu plus loin, que de l'état où étoit
l'argent alors, & celuy où il eſt aujourd'huy. Ce qui paſſoit en ce tems-
là pour excés & pour Tyrannie, ſeroit à preſent conſideré comme une
vraye franchiſe. C'eſt de la memoire de nos Peres ou du moins de nos A-
yeuls, qu'on a vû les Tailles ſi baſſes, qu'on ſe piquoit à qui en payeroit
le plus : on regardoit comme une offenſe d'être moins taxé que ſon Voi-
ſin ; car on a toûjours eu la folie de vouloir paſſer pour riche ; & pour
n'être pas moins opulent qu'un autre.

JE PENSE avoir donné juſques icy une idée ſi complete de nôtre ancien Gouvernement & des fondemens ſur leſquels la Monarchie étoit autrefois établie, que rien ne nous manque pour répondre à l'objection des
Flatteurs de la Cour, qui nous diſoient que s'il y a quelque choſe d'incommode pour le Peuple dans la Puiſſance Abſoluë de nos Rois, on le
doit pourtant ſouffrir, parce que c'eſt l'ancien uſage & que la Monarchie
eſt bâtie ſur ces fondemens. On doit être à preſent parfaitement convaincu que rien n'eſt plus faux : Et que même le Gouvernement d'aujourd'huy eſt un renverſement tout pur de nos anciennes loix : pour le
voir tout d'un clin d'œil nous n'avons qu'à faire un abbregé de tous les
Articles que nous avons prouvés touchant l'ancienne forme de la Monarchie, & de tous les Griefs preſents de la Nation.

1. Autrefois les Rois étoient électifs ; & si bien électifs qu'un fils selon les loix des anciens Francs ne pouvoit être élu pour succeder à la place de son Pere avant l'âge de vingt-quatre ans. C'est au moins ce que dit *Hunibald* tres-ancien Autheur rapporté par *Tritheme*. *Le Roy Clodion*, dit-il, *combattant avec trop peu de précaution fut tué par les Romains. Il laissa deux fils dont l'aîné Helenus n'avoit que vingt ans, & Richimer le Cadet n'en avoit que dix-huit. Et par la loy des Francs il étoit défendu que personne ne fut avancé au thrône avant l'âge de vingt-quatre ans. Et c'est ce qui fut cause que ni l'un ni l'autre des fils de Clodion ne pût parvenir au Royaume, mais on donna la Couronne à Edomer leur Oncle.* Il est vray qu'on voit dans ces siecles là quelques Princes mineurs élevés au thrône, mais cela se faisoit par dispense de la Loy. Aujourd'huy comme de plein droit on nous donne pour Rois des enfants au berceau, sous les longues minorités desquels il faut que la Cour & le Royaume se voyent divisés par mille factions, & opprimés par autant de Tyrans.

2. Autrefois quand un Roy de France abusoit de son authorité on le pouvoit déposer, & on le déposoit en effet. Aujourd'huy quelque lascif, cruel, avare & perfide que soit un Roy, on nous dit qu'il faut le souffrir, le respecter comme le bras de Dieu, & ne se pouvoir contre luy que par des tres-humbles prieres au Ciel.

3. Autrefois le Nation avoit ses Etats & ses Parlements libres qui partageoient la Souveraineté avec les Rois, & qui servoient de frein à la tyrannie. Aujourd'huy on n'entend plus parler ni d'Etats, ni de Parlements. Et il ne reste plus aucun vestige de la liberté des Peuples.

4. Aujourd'huy les Rois ordonnent les verifications de leurs Edits avec une pleine & souveraine authorité quelques injustes, cruelles & sanguinaires qu'ils puissent être, & les Parlements sont forcés d'y obeïr. Mais autrefois les Parlements étoient, en attendant la tenuë des Etats Generaux, les dépositaires des droits du Peuple, & ne pouvoient être contraints à verifier des Edits injustes.

5. Autrefois les Rois ne disposoient de rien sans l'avis, le conseil & le consentement des Grands du Royaume. Aujourd'huy les Rois ne composent leur Conseil Souverain que de quatre ou cinq esclaves de leurs passions, qui suivent aveuglement les desordres du Prince, & qui n'ont aucun droit de s'y opposer quand ils les condamneroient.

6. Aujourd'huy les Grands sont dans une extrême oppression ; toutes leurs Dignités sont éclipsées & tous leurs Privileges abolis. Les titres de Pairs, de Ducs, de Comtes & de Barons, sont des vains noms & des

Fantômes creux qui ne signifient rien, que ce qu'il plaît à un Maître imperieux. Mais autrefois ces Dignités étoient ou Souveraines, ou dans une dépendance bornée par les Loix & munie de Privileges inviolables.

7. Aujourd'huy le Roy est Maître Absolu des biens, de la vie & de la liberté de tous ses Sujets, de quelque qualité & condition qu'ils soyent. Mais nous avons prouvé qu'autrefois personne ne pouvoit perdre ses avantages, qu'il n'eût été convaincu dans les formes d'avoir violé les Loix. Des Esclaves de la Cour, qu'on appelle des Intendants, mettront la tête sur l'échaffaut du plus distingué Seigneur d'une Province ; mais autrefois un Paysan ne pouvoit être jugé & condamné que par le Com. & les Barons de la Province ; & pour les Gentilshommes & Barons ils ne pouvoient être jugés que par leurs Pairs, non plus que les Comtes & les Ducs.

8. Autrefois les Rois sans leur Parlement ne pouvoient, ni faire des nouvelles Loix, ni alterer & casser les anciennes, & eux-mêmes se croyoient soûmis aux Loix. Aujourd'huy les Rois de France se disent au dessus de toutes les Loix. Ils les font, ils les changent & les cassent seuls, avec une Puissance Absoluë.

9. Aujourd'huy la Noblesse prétend à la verité avoir de certains privileges & exemptions qu'elle n'avoit pas autrefois ; mais dans le fonds son Esclavage est beaucoup plus grand, car on ne met plus de distinction entre le Noble & celuy qui ne l'est pas ; & l'on trouve moyen d'accabler tout le monde également ; les Privileges qu'on luy avoit accordés sont évanoüis, & on les élude par des restrictions de mauvaise foy.

10. Autrefois les Villes étoient Maîtresses de leur Domaine : on pouvoit traiter avec elles avec seureté & leur confier de l'argent. Aujourd'huy le Roy s'est rendu Maître de tous les deniers publics, & il en frustre les particuliers quand il veut avec la derniere injustice.

11. Chacun étoit libre autrefois & possedoit son bien indépendamment des Rois en observant les Loix. Aujourd'huy toute possession est si incertaine, qu'elle semble être dépendante de la volonté du Prince. Et toutes les fois qu'il plaît au Roy d'expulser un homme de son bien, sous quelque pretexte quelque faux qu'il soit, il n'y a aucun moyen de se pourvoir. Mais autrefois on pouvoit se pourvoir contre le Roy luy-même, & l'Assemblée des Etats ou Parlement étoit Juge entre le Roy & les Sujets.

12. Autrefois les Prêts, qui étoient faits au Roy, étoient aussi seurs que ceux qui se faisoient aux particuliers. Aujourd'huy le payement de ce que le Roy doit à ses Sujets, dépend de sa volonté ; en sorte qu'il cesse de payer tout aussi-tôt qu'il le trouve bon, sans être obligé d'en rendre conte à personne.

13. Autrefois les Rois de France ne pouvoient faire la Guerre sans assembler leurs Comtes & leurs Barons, & sans avoir leur consentement. Aujourd'huy les Rois, uniquement pour satisfaire leurs passions & servir à leur ambition, engagent leurs Sujets dans des Guerres qui ruinent l'Etat & qui ont de funestes suites, sans consulter personne & avec une Puissance Absoluë.

14. La France avoit autrefois divers Souverains tous Vassaux à la verité du Roy, mais avec le Privilege de se pouvoir garantir de l'oppression par les armes. Mais aujourd'huy tout Seigneur souffrant la derniere oppression, qui seroit trouvé remüant pour s'en garantir par les armes, seroit traité de Rebelle & perdroit la vie. Il n'y a plus qu'un seul Seigneur qui a dépoüillé tous les autres.

15. Les Peuples étoient si libres, qu'on ne pouvoit tirer aucun Tribut d'eux que de leur consentement. Le Roy n'avoit aucun Droit de faire des Impôts de sa seule authorité ; aujourd'huy le Roy croit être en droit d'imposer tout ce que bon luy semble.

16. Autrefois l'argent provenu des Impôts ne pouvoit être employé qu'à la défense du Royaume : aujourd'huy on l'employe à satisfaire toutes les folles passions du Prince.

17. Autrefois les Impôts étoient levés & l'argent administré par des Officiers nommés par les Etats, & ils étoient obligés d'en rendre conte aux Etats mêmes : Aujourd'huy les Rois établissent des gens absolument dépendans de la Cour pour lever les Tributs & administrer les Finances. On met les Tributs en parti, on les loüe, on les afferme à des Harpies, qui font du pis qu'ils peuvent, c'est à dire qu'on vend le sang, la liberté & la vie du Peuple.

18. Enfin les Rois n'avoient point de troupes reglées autrefois, même point des Gardes. Ils ne levoient des soldats qu'en temps de guerre. Aujourd'huy la terre & la mer, les frontieres & le cœur du Royaume sont couverts de troupes au milieu de la Paix, pour opprimer les Sujets & établir la Puissance absoluë.

On pourroit trouver encore beaucoup plus d'Articles de differences & d'oppositions entre l'ancien Gouvernement & celuy d'à present. Mais c'en est assés pour faire voir qu'autrefois nous étions Peuples libres sous nos Rois, & qu'aujourd'huy nous sommes le Peuple le plus esclave de l'Europe.

Fin du Onziéme Memoire.

LES SOUPIRS

DE LA

FRANCE ESCLAVE

Qui aspire aprés la Liberté.

XII. MEMOIRE,
Du 15. de Juin 1690.

Premiere raison pourquoy les François doivent penser à ramener la Monarchie à sa forme ancienne : C'est qu'elle court risque d'être ruinée si elle n'est reformée. Digreßion sur la conduite des Cours de France & de Rome à l'égard l'une de l'autre.

DANS le commencement de cet Ouvrage nous nous sommes proposé de faire quatre choses, la premiere de voir jusqu'où va la Tyrannie de la Cour de France, & jusqu'où elle pousse l'exercice de sa Puissance Despotique. La seconde de montrer les moyens par lesquels elle exerce cette Puissance & la conserve. La troisiéme de prouver que la Monarchie Françoise n'a point été fondée sur le pied de cette Puissance Arbitraire. Et cela pour répondre aux Flatteurs de la Cour qui disent que nôtre Monarchie a de tout temps récônnu une Puissance sans bornes dans ses Monarques : pour refuter cela nous avons en six grands Chapitres donné l'idée des Droits du Peuple & du Monarque, & une description exacte de l'ancien Gouvernement de la Monarchie. Nous avons fait ces trois choses, il en reste une quatriéme que nous avons aussi promise. C'est de voir s'il y auroit des moyens possibles & légitimes de ramener la Monarchie à son ancienne forme, pour contenir les Rois dans les justes bornes de leur Puissance. Ce que nous avons

A a

à dire là-deffus fe reduit à ces trois articles. I. Que cela eft neceffaire.
II. Que cela eft jufte. III. Et enfin que cela n'eft pas impoffible.

Pour ce qui eft de la neceffité, il ne paroît pas qu'il foit fort neceffaire
de nous y étendre, car elie eft fenfible. Il ne faut que repaffer la vûë fur
les premiers Chapitres de cet Ouvrage pour la comprendre. On y verra
un portrait des miferes où eft reduit le Royaume par cette efpece de Gouvernement. Mais il eft encore plus feur de jetter les yeux fur le Royaume
même pour voir par foy-même l'état où il eft reduit : les Provinces font
épuifées de longue main par des Impôts prodigieux. Le Peuple y eft reduit à ce qu'on appelle les dernieres extremités ; fans bien, fans argent,
fans vêtements, fans vivres ; denué de tout ce qui eft neceffaire pour la
fubfiftence : ceux qui ont du bien, fe trouvent chargés de ce que leurs
fonds leur rapportent ; les uns bleds & les autres vins. Mais avec une fi
étrange difette d'argent, que ceux qui ont du vin n'ont pas dequoy acheter du bled, & ceux qui ont du bled n'ont pas dequoy acheter du vin.
Parce que la fource du fimple Peuple eft épuifée, on eft allé ouvrir la
bourfe & les Cabinets de ceux qui pouvoient avoir quelque argent en referve. On a tiré cet argent des lieux où il étoit par diverfes machines. Partie
par rufe & partie par violence. Par violence on a impofé des taxes fur tout
ce qu'il y a de Charges dans le Royaume, grandes & petites. Il y a tel
petit Officier dans les Elections de France qui a été obligé de vendre fes
meubles & d'engager fes fonds pour payer les taxes qui luy ont été impo-
fées. On impofe aux Convents des taxes qui vont bien loin au delà de
leurs revenus : on a proprement pillé l'argent des Eglifes & leurs tréfors.
Ces Biens ont toûjours été reputés facrés, & au moins on n'a jamais entrepris d'y toucher qu'avec la permiffion du Chef de l'Eglife qui eft affis
fur le Saint Siege. Mais la Cour qui fait toute chofe de hauteur, & qui
fuit fes maximes, n'a confulté là-deffus ni l'Eglife Romaine, ni l'Eglife
Gallicane. Conduite qui a quelque chofe de furprenant dans les circon-
ftances prefentes. Puis que l'Imprimeur a trouvé bon de partager & de
couper en piece cet Ouvrage qui étoit deftiné à paroître entier, il nous
fournit les moyens de faire entrer deformais quelques reflexions fur les é-
venemens arrivés depuis que les premieres feüilles paroiffent. C'eft ce que
nous ferons quand les occafions s'en rencontreront. Et trouvant dans nôtre chemin la conduite de la Cour de France à l'égard de l'Eglife & celle
de la Cour de Rome à l'égard de la France, nous nous y arrêterons un
peu avant que de retourner à nôtre principal but. Nous difions donc que
le Roy s'eft bien oublié dans le deffein qu'il a d'appaifer le Pape, &
que ce n'eft pas le temps de faire de nouvelles entreprifes contre fon au-

thorité. Car depuis quelque temps on voit le Roy s'humilier jusqu'à la
bassesse devant le Saint Siege. Et aprés avoir fait paroître tant de fierté, ou
comme on l'appelloit, tant de fermeté sur les affaires des Franchises, de la
Regale & des autres démêlés sous le Pontificat d'*Innocent XI.* on abandonne tout quasi sans façon au Pape *Alexandre VIII.* On le prie à genoux
d'être content; on luy demande seulement qu'il donne, ou qu'il laisse
donner des couleurs, afin que la retrogradation ne soit pas si honteuse.
On est prêt à luy abandonner les Libertés de l'Eglise Gallicane, dont on
a fait tant de bruit dans les siecles passés. C'est dommage qu'il n'y ait encore aujourd'huy une Pragmatique Sanction, comme du temps de *Loüis
XI.* dont on luy pût faire un sacrifice comme on fit alors. Si les choses
vont en empirant pour la Cour de France, il n'y a pas lieu de douter que
le Saint Siege obtiendra une retraction formelle des Decrets de l'Assemblée du Clergé de 1682. On avoüera que le Pape est infaillible, qu'il est
au dessus du Concile, qu'il peut excommunier les Rois & dispenser les
Sujets du Serment de fidelité. Il vaudroit mieux ne se pas tant hâter de
faire les choses, que d'être obligé ensuite à se dédire d'une maniere si peu
honnête. C'est une obligation, quoy qu'on dise, que le Saint Siege a
aux Calvinistes. Car si les Anglois & les Hollandois n'avoient causé la
revolution que nous voyons, l'Empereur seroit encore seul à soûtenir le
fardeau de la guerre contre la France & contre le Turc, & les droits du
Pape seroient combattus en France avec autant de violence, que jamais.
D'où vient ce changement de conduitte qui nous fait si peu d'honneur?
Comment la Cour France est elle devenuë si devote, ne voulant plus
avoir de demêlés avec le Pere commun des Chrêtiens? elle qui a fait de
si grands outrages au precedent Pape reconnu par tout pour être le meilleur Pontife qui ait occupé le Saint Siege depuis plusieurs siecles? On
voit clairement que la Religion de la Cour de France est un pur interêt:
quand elle s'étoit renduë la terreur de ses voisins, elle ne menageoit personne, le Roy ne faisoit rien que pour ce qu'il appelloit sa gloire & sa grandeur: Catholiques & Heretiques, Saint Pontife, Eglise, & tout ce qu'il
vous plaira, étoit immolé à son grand orgueil. Il faloit que tout fût réduit en
poudre sous ses pieds. On alloit le grand chemin de mettre en France les
Droits sacrés du Saint Siege au même état que les Privileges accordés
aux Calvinistes. Mais depuis que les affaires de l'Europe ont changé de
face, la pieté du Roy l'a emporté sur tout; il ne peut plus se resoudre de
vivre en division avec la Cour Sainte: on luy accorde tout; on luy rend
Avignon & tout ce qu'on luy avoit enlevé; on luy veut rendre tous les
hommages qu'on luy refusoit autrefois; on renonce absolument aux

Franchifes. Pour la Regale, on s'en tiendra aux Decifions du Concile de Lion : enfin on fera fi fage deformais que jamais le Pape n'aura fujet de fe plaindre du Roy. C'eft quelque chofe que de profiter du châtiment : Mais je voudrois bien que le Pape & les Princes de l'Europe fiffent fur ce changement de conduite quelques reflexions.

Premierement je croy que la Cour de Rome ne fe doit pas extreme-ment feliciter de la repentance du Roy & de fon changement. Car ce ne font pas fes verges fpirituelles qui l'ont operé ; s'il n'y avoit point en d'autres armes dans l'Europe que celles du Vatican, on ne s'en feroit pas fort allarmé en France. On alloit pouffer les affaires bien loin fur le mé-pris des foudres fpirituelles & des excommunications. Pour avoir excom-munié *Lavardin* Ambaffadeur de France à Rome déja on avoit fait revolter l'Eglife Gallicane en corps & même les Communautés Religieufes qui font plus foûmifes au Pape que les autres Corps de l'Eglife. Et qu'eft-ce que le Saint Siege doit conclure de là ? C'eft que tout auffi-tôt que le Roy fe verra la verge levée de deffus le dos, tout auffi-tôt qu'il fe fera fait procurer la paix par l'entremife du Pape, il retournera à fa premiere fierté, il réveillera toutes fes pretentions & revoltera contre luy l'Eglife Gallicane comme il a fait. Car là caufe ceffant les effets ceffent : la rai-fon du Roy & fon humiliation ne viennent que des grandes affaires qu'il fe voit fur les bras. Quand cela ceffera on verra ceffer auffi toute fa com-plaifance. Et même de la maniere que le cœur du Roy eft tourné on peut être affuré qu'il reviendra à la charge contre le Saint Siege plus violem-ment que jamais. Car il voudra fe vanger de la violence qu'il fe fait au-jourd'huy. Il fçait bien que toute l'Europe regarde avec étonnement fa conduite avec la Cour de Rome, & admire comment d'un ton fi fier on puiffe defcendre à tant de baffeffe. Cette reflexion le fait fouffrir, & il ne manquera pas de fe vanger auffi-tôt qu'il pourra contre une autho-rité fous laquelle il s'humilie aujourd'huy au dépends de fon honneur & de fa reputation. De plus il voit par experience combien l'authorité du Saint Siege eft un grand poids dans la balance, & combien celle d'*In-nocent XI.* a eu de force fur les Princes Catholiques pour les obliger à rompre avec la France. Pour n'être plus expofé, s'il luy eft poffible, à ce malheur il ne manquera pas d'abaiffer & de ruiner, s'il peut, le Saint Siege, & fon authorité, pour l'empêcher de luy faire du mal une autre fois. Ces confiderations me font dire que comme *Innocent XI.* étoit en-tré dans fes veritables interêts, & les avoit bien connus quand il avoit travaillé à liguer les Princes Chrétiens contre la France, *Alexandre VIII.* eft entierement forti de fon veritable interêt en rentrant en alliance avec fé Roy. S'il n'eft pas encore tout à fait engagé il ne fçauroit prendre un meilleur confeil que celuy de ne paffer pas plus avant. La Cour de France eft l'ennemie naturelle du Saint Siege & de fes droits,& une ennemie irreconciable aprés tout. Car les principes de la Theologie de l'Eglife Gallicane, qui vont fi droit à la ruïne de l'Eglife Romaine & de fes droits, peuvent bien dormir pour quelque temps, mais ils ne peuvent jamais mourir. Et la Politique des Rois de France. les reveillera toûjours quand elle en aura befoin. Si le Saint Siege pouvoit perir il periroit par là. Car la Theologie de l'Eglife Gallicane ne vaut pas mieux à cet égard que celle de Calvin, puis qu'elle ne donne Pape qu'une primauté d'ordre de droit Divin fur les autres Evêques : elle dit aujourd'huy que de droit il n'eft Evêque que de la Ville de Rome, & des Villes qu'on appelloit autrefois Suburbicaires ; c'eft à dire du Pays qui eft depuis le Royaume de Naples jufqu'au Duché de Milan : elle pretend que toutes fes preéminences, fa jurifdiction fur l'Eglife univerfelle , fon droit de juger des Appellations, celuy de conferer les Benefices, ou d'en confirmer la collation par fes Bulles , fa prefidence fur les Conciles , & autres femblables ne font que des conceffions des Conciles, & ne font fondées par confequent que fur un droit humain pofitif. Droit humain pofitif qui n'ayant autre fondement que la volonté des diverfes Eglifes, dont l'Eglife univerfelle eft compofée, peut auffi être revoquée & aneantie auffi-tôt qu'il plaira aux diverfes Eglifes qui font foûmifes à l'Eglife Romaine. Principe abfolument ruineux à l'authorité du Saint Siege. Et pour ce qui eft du droit d'excommunier & de depofer les Souverains , d'affembler des Conciles generaux de plein droit comme leur Superieur, de reformer ce qui a été fait dans les Conciles, de pouvoir difpenfer des Canons ; de pouvoir mettre en interdit les Royaumes, & de pouvoir juger infailliblement les Controverfes, l'Eglife Gallicane les refufe abfolument à l'Eglife Romaine. Or ce font pourtant là les plus beaux de fes privileges. C'eft ce qui l'a élevée au point de grandeur où elle eft , car fi elle n'eût jamais exercé aucun pouvoir fur le temporel des Rois , elle ne les auroit jamais tenus dans la legitime obeïffance qu'ils luy doivent. Je fuis bien de ceux qui croyent que la jurifdiction temporelle eft naturellement bien diftinguée de la jurifdiction fpirituelle , & peut-être qu'à l'égard des veritables libertés de l'Eglife je fuis auffi bon François qu'un autre. Mais je comprens pourtant bien, qu'il eft neceffaire pour la confervation de l'Eglife que l'authorité du Saint Siege demeure en fon entier comme elle eft. Le Pape n'eft pas de droit Divin Superieur des Rois pour le temporel, je l'avoüe ; mais fa poffeffion là-deffus eft ancienne ; il eft perilleux de remuër les bornes de nos Ancêtres. Et il y a beaucoup plus de danger pour l'Eglise de diminuer l'authorité de son Chef que de l'augmenter. A quoy j'adjoûte que les mouvemens de nos François là-dessus n'ont point du tout pour principe l'amour de la verité, mais la politique & l'esprit de sedition. Car l'Eglise Gallicane s'éleve là dessus, & s'appaise uniquement selon les inspirations de la Cour, & pour servir à ses desseins ambitieux & à ses passions. Et quoy qu'elle face, il est certain qu'elle a conservé toûjours un cœur ennemi de la legitime authorité des Papes. Ainsi la Cour de Rome doit penser que n'ayant pas de plus grand ennemi que la France : elle est aussi de toutes les Puissances de la Chrétienté, celle qui est le plus interessée à l'abaisser. Car pour les autres Puissances quand la France ne descendroit pas bien bas dans les affaires presentes, au moins on la mettra en état de ne pouvoir rien entreprendre, & on l'obligera bien de renoncer à ses pretentions. Mais pour le Saint Siege, s'il ne se prevaut de cette occasion pour étouffer entierement les semences de la rebellion qui sont dans le cœur des Theologiens François & de la Cour de France, il n'y reviendra jamais. Et comme il est desarmé & incapable de se soûtenir contre les efforts d'une si grande Puissance, dans une paix qui se feroit à present il ne pourroit prendre de suffisantes precautions pour l'avenir. Ainsi le veritable interest du Saint Siege c'est de laisser subsister la ligue, & de la fortifier jusqu'à ce que la France soit reduite, à renoncer dans toutes les formes, & par un Concile general de la Nation à cette Theologie si fatale à la legitime authorité des Saints Pontifes ; Theologie de rebellion, qui a pris son origine dans les Conciles de Constance & de Bâle, & dont on s'est servi pour combattre les Papes depuis le regne de *Charles VII.* Roy de France. Aprés avoir obtenu de l'Eglise Gallicane cette revocation, avant que de quitter les armes il faudroit faire confirmer dans un Concile general la renonciation de l'Eglise Gallicane à ses pretendus privileges. Afin que cette revolte qui a pris naissance à l'occasion du Concile general de Constance fût aussi aneantie dans un Concile general. C'est là, dis-je, le veritable & l'unique interêt de la Cour de Rome. Au lieu de cela nous voyons qu'elle se laisse flatter par nos humiliations, elle fait des faveurs à nos Ambassadeurs, elle nous accorde des Chapeaux, elle promet son entremise pour nous procurer la paix. Elle nous accorde même des preferences. En verité on peut dire qu'elle s'aveugle & ne sçait ce qu'elle fait. Elle verra comment il luy en prendra ; les exemples des siecles passés la devroient rendre sage. Et sans aller bien loin parce que les Jesuites François il y a trente ou quarante ans avoient besoin de la faveur du St. Siege pour condamner les Disciples de Janſenius & de St. Auguſtin , quelle baſſeſſe ne fit-on pas à la Cour & dans la Sorbonne ? & ne renoncea-t'on pas preſque formelle-ment aux dogmes qui mettent le Pape au deſſous des Conciles, qui le ſoûmettent aux Canons, & qui luy ôtent ſon infaillibilité ? On bannit pluſieurs Docteurs de Sorbonne qui s'obſtinerent à maintenir les ancien-nes maximes de la Faculté. Que ne fit point le Cardinal de *Richelieu* con-tre les libertés de l'Egliſe Gallicane au ſujet des appellations, & pour faire condamner par le Pape des Evêques qu'il vouloit perdre, ſans qu'ils fuſſent jugés par leurs Comprovinciaux. Mais on s'eſt bien relevé de tout cela depuis que l'on a crû n'avoir plus affaire du Pape. Le Pape *Alexandre VIII.* peut bien auſſi s'aſſurer que l'on ſe moquera de tout ce qu'on fait au-jourd'huy quand le temps ſera changé, & qu'on n'aura plus affaire de luy. Il me ſemble que le Saint Pere devroit bien ſentir qu'on le veut tromper , car à quoy tendent ces longues negociations des Miniſtres de France à la Cour de Rome ? On eſſaye de faire paſſer le Pape au moins qu'il ſe peut : on luy offre une lettre de ſoûmiſſion de cinq ou ſix Evêques & d'autant d'Abbés qui ont beſoin de bulles. Dans ces ſoûmiſſions on donnera au Pape du Galimathias ; peut-être que la prochaine Aſſemblée du Clergé entrera auſſi là dedans. Mais que fera-t'elle ? Elle fera tout ce que la Cour voudra. Mais la Cour n'eſt pas encore aſſés effrayée pour re-retourner tout droit ſur ſes pas & pour caſſer tout ce qu'elle a fait depuis l'an 1682. Si le Pape ſe contente de je ne ſçay quelle ſoûmiſſion ambi-guë, il ſe rendra le mépris de toute l'Europe , & l'objet même de la hayne de toute l'Egliſe. Parce qu'on fera une oppoſition de ſa conduitte avec celle de ſon Predeceſſeur, ce grand Pontife *Innocent XI.* Dont la conduitte a été ſi ferme, ſi vigoureuſe, & a fait tant d'honneur au ſaint Siege. Le Pape doit donc tenir ferme & refuſer la mediation pour la Paix qu'on luy veut mettre en main, juſqu'à ce qu'on ait rayé & biffé tous ces actes inſo-lents du Parlement de Paris , de l'Aſſemblée de 1682. tous les appels au Concile qu'on a fait ratifier par les Evêques, par les Chapîtres, & par les Maiſons Religieuſes. D'une doctrine tout au plus problematique, qui eſt la ſujettion du Pape au Concile, & qu'il eſt capable d'errer, le Roy a voulu faire un article de Foy, ordonnant à toutes les Univerſités de la faire enſeigner à leurs écoliers ſous peine de châtiment. Il ne ſe peut rien de plus injurieux. Et par conſequent le Pape ne peut oublier une telle in-jure qu'on ne l'ait reparée par des actes tout à fait ſolemnels, & dans leſquels il n'entre point d'équivoque : ſi la guerre continuë il obtiendra la-deſſus tout ce qu'il pourroit demander.

Il eſt certain que les Princes Catholiques qui ont leurs Miniſtres à Rome ne doivent jamais se lasser de representer au Pape ces veritès, afin qu'il ne continuë plus à se relâcher comme il a fait, & qu'il revienne bien-tôt à la conduitte de son Predecesseur. Mais quand le Pape continueroit a se laisser flatter par la France, & entreprendroit de porter les Princes Catholiques à se détacher de la Ligue, ils ne devroient pas l'en croire ; parce qu'il est Venitien, & qu'il agiroit en cela selon les Principes de sa Nation & de sa Patrie. Quelque union qu'il y ait aujourd'huy entre la Republique de Venise, & la maison d'Autriche pour leur commune défense contre le Turc, cependant elle craint l'aggrandissement de cette Maison,& souhaite de la tenir bas & dans la mediocrité. L'Espagne borne cette Republique par la Duché de Milan : elle est voisine de l'Empereur du côté de l'Allemagne & de la Dalmatie : Ainsi elle ne sçauroit voir augmenter cette Puissance sans jalousie. C'est pourquoy les Venitiens seroient fort aises que les forces de l'Empereur & de l'Empire diminuassent du côté du Rhin ; ils voudroient que le Roy fût toûjours assés puissant pour tenir l'Empereur en allarme, afin qu'il n'entreprît rien sur ses voisins. C'est pour cela qu'ils souhaiteroient que l'Union des Alliés se rompît afin que la France demeurât dans toute la grandeur où elle est à present. Outre cela ils ont encore un interêt considerable à faire la Paix sur le Rhin, c'est qu'ils voudroient que l'Empereur fût en état d'agir de toutes ses forces contre le Turc , afin que pendant qu'il s'occuperoit à gagner des batailles dans les deserts de la Bulgarie, leur Republique pût achever la conquête du plus beau & du meilleur Païs qui soit dans l'Europe ,c'est la Grece, Candie & toutes les Isles de l'Archipel. Aprés quoy Venise deviendroit redoutable à l'Orient & à l'Occident. Il est à remarquer que jamais Venitien, même quelque disgracié qu'il soit, n'abandonna les maximes & les interêts de son Païs. Et par consequent à plus forte raison le Pape *Alexandre VIII.* qui a receu tant d'honneur & tant de faveurs de la Republique depuis son élevation au Pontificat, ne sçauroit manquer d'être bien avant dans ses interêts. Il y est soûtenu par les Ministres de Venise qui sont à Rome, qui ne manquent pas de le faire ressouvenir des maximes qu'il pourroit avoir oubliées pendant son sejour hors de Venise.

Il faut même observer que les Venitiens ont des maximes tout à fait opposées à la grandeur du saint Siege. La Theologie de *Fra Paolo* n'y est pas entierement éteinte, ils n'ont pas oublié le chagrin que le Pape *Paul V.* leur fit, & comment il mit leur Republique sous l'interdit. Ils ne voudroient pas se dédire de la fermeté qu'ils firent paroître alors au prejudice de l'authorité du saint Siege. Ils ne veulent point dans le Pape d'une Puissance sans bornes pour le spirituel, parce que cela seroit propre à faire

re-

revolter leurs Ecclesiastiques qui sont immediatement soûmis au saint Siege ; ils ne veulent non plus dans le Pape une grande Puissance temporelle, parce qu'ils ne veulent pas qu'il soit en état de les troubler dans leurs desseins, & d'entreprendre sur leur Etat de terre ferme. Ainsi toutes les maximes de la Republique vont à tenir le Pape fort bas ; & par consequent leurs Conseils n'iront jamais à inspirer au Pape une veritable vigueur pour la gloire du saint Siege, & pour l'abbaissement de la France. S'Ils êtoient assurés d'avoir toûjours un Pape Venitien & qui fût dans leur interêt, comme celuy-cy, ils se mettroient moins en peine de ce qui arrivera des demêlés de la Cour de Rome avec la Cour de France. Mais comme ils sont persuadés qu'ils n'auront jamais de Pape de leur Nation, ils ne travailleront pas sous ce Pontificat qui ne peut être long, à augmenter une Puissance qui leur donneroit de l'ombrage & les incommoderoit aussi-tôt qu'elle seroit passée en d'autres mains. Toute l'Europe a vû avec étonnement un Venitien monter sur le Siege des Souverains Pontifes. Car tous ceux qui ont écrit sur la matiere pour nous marquer entre les Cardinaux ceux qu'on jugeoit capables, ou ceux qui ne l'étoient pas, ont toûjours regardé la naissance d'un Cardinal Venitien comme un peché originel, qui étoit un obstacle insurmontable à son élevation au Pontificat, à cause des maximes de cette Republique, qui ne sont pas moins ennemies de la Grandeur du Saint Siege que celles de France. La circonstance des affaires presentes a surmonté ces obstacles. Il n'y avoit pas moyen de prendre un Cardinal qui fût ou Genois ou Milanois, ou Napolitain, ou Italien dans les interêts de l'Espagne, parce que la France luy auroit donné l'exclusion. Encore moins étoit-il possible d'élever un Cardinal François, ou du parti de la France. Car l'Espagne ne l'auroit jamais souffert. De sorte que le College des Cardinaux a été obligé de prendre ce qu'il a trouvé ; c'est un Cardinal Venitien, auquel les Couronnes ne pussent raisonnablement donner l'exclusion. Et on s'y est porté avec d'autant plus de facilité que le voyant vieux on a esperé, que quand il suivroit les maximes & les inspirations de sa Republique, il ne pourroit pourtant pas faire grand mal au Saint Siege, parce qu'il vivroit peu. Mais sa vieillesse qui a été la cause de son élection est une des raisons qui doit rendre sa conduite suspecte aux Alliés Catholiques, & les doit empêcher d'y avoir égard. Car son âge le rend plus propre à suivre les inspirations d'autruy, & à faire de fausses demarches par foiblesse. Ainsi étant possedé par ses Neveux & par les Ministres de Venise il sera sans doute poussé à se contenter de ce que la

Bb

Cour de France luy voudra accorder de satisfaction, quelque petite qu'elle soit; il ne soûtiendra pas les Droits du Saint Siege avec vigueur, parce que ce n'est pas l'interêt des Venitiens que les Papes rattrapent toute l'authorité qu'on leur a ôtée, puis qu'on ne sçauroit condamner les maximes de l'Eglise Gallicane qu'on ne fasse le procés à la conduite de la Republique sur l'affaire de l'Interdit de *Paul V.* Enfin *Alexandre VIII.* pourra être induit à se rendre Mediateur de la Paix pour détacher les Princes Catholiques de la Ligue : parce qu'il y a plusieurs interêts spirituels & temporels qui engagent le Senat de Venise, la Republique & tous les Venitiens à faire la Paix entre le Roy & le Pape, & ensuitte à pousser le Pape à se rendre Mediateur entre le Roy & les Princes Catholiques qui sont entrés dans la Ligue. Mais les Princes Catholiques pour toutes les raisons que nous venons de rapporter, ne doivent pas croire là-dessus un Pape Venitien, possedé par des Neveux & des Ministres Venitiens. Enfin qu'est-il besoin de raisonner en cet endroit aprés ce qui vient d'arriver? & n'est-il pas clair qu'on doit tout craindre de l'esprit Venitien quelque part qu'il regne, soit à Rome, soit ailleurs. On soupçonne cette Republique d'avoir trahi le Duc de Savoye de la maniere du monde la plus cruelle & la plus mal-honnête. Ce Prince vouloit rompre les fers sous lesquels la France le tient depuis si long-temps. Il avoit pour cela fait une partie bien concertée avec l'Empereur & le Roy d'Espagne. Il devoit recevoir d'eux des troupes suffisantes, & pour attaquer & pour se défendre. On peut juger dans quel embarras la France se seroit trouvée si elle avoit eu à soûtenir les efforts d'une puissante armée d'un côté où elle n'a ni remparts, ni forteresses. Mais on accuse la Republique de Venise d'avoir crocheté le secret de cette négotiation; par le moyen d'un Moyne & de l'Abbé *Grimani*, qui luy ont livré la copie du Traitté. Ils l'ont mise entreles mains de Monsieur de *Rebenac.* Monsieur de *Rebenac* faisant des reproches au Duc qu'il entroit en Traitté avec les ennemis de son Maître, & le Duc le niant, *Rebenac* luy produisit la copie du Traitté. L'affaire étant découverte, & le secours des Alliés n'étant pas prés, le Duc a été obligé de se livrer poings & pieds liés à la France. On fait même courir le bruit à l'heure que j'écris qu'il a receu garnison Françoise dans Turin & dans Veruse. C'est à dire que le voilà dépouïllé : Il peut bien, si cela est vray, aller manger une pension à Rome, s'il ne veut être bientôt prisonnier. Aprés un tel exemple qu'on se fie à l'esprit Venitien aujourd'huy regnant à Rome. Desormais donc tous les Offices que le

Pape pourra faire pour faire la paix, sous le pretexte de la Religion & du bien public doivent être suspects. Et bien loin d'y avoir égard, les Alliés doivent être sur leurs gardes : Car ces propositions de Paix n'auront autre but que de les desunir, de rompre l'alliance des Princes Catholiques avec les Protestants, & de les exposer en proye à la puissance de la France, qui est armée d'une maniere si extraordinaire; & qui la rendra maîtresse de toute l'Europe si les Alliés se separent & mettent les armes bas. La France joüe de son reste : Elle fait des efforts prodigieux pour se défendre. Mais elle se servira de ce redoutable armement destiné à la defensive pour aujourd'huy. Elle s'en servira, dis-je, pour attaquer aussi-tôt qu'on ne l'attaquera plus. Et qui pourra alors luy resister, quand elle n'aura à vaincre que quelques Puissances particulieres.

Voicy une longue digression; mais nous n'avons pas pourtant perdu la memoire, de l'endroit où nous en étions, car nous avions dessein de faire voir à nos François la necessité où ils sont, de pourvoir bien-tôt aux desordres de la Monarchie pour la remettre sur l'ancien pied. Cette necessité paroît premierement par le deplorable état où le Royaume est reduit; il s'en va devenir une vaste solitude, comme tant d'autres Païs que la Puissance arbitraire a entierement desolés & rendus deserts. C'est le premier peril où il est. Le second c'est qu'il ne peut manquer d'être bien-tôt divisé au dedans & par consequent dechiré dans ses entrailles par ses propres enfants. Car enfin le nombre des mécontents est infini, & le mécontentement n'est pas mediocre, il est extreme. La patience de la Nation est dans un état violent & qui ne peut pas être de durée. Elle ne peut manquer de faire éclater son mécontentement à la premiere occasion. Mais cette occasion ne se trouvera pas, dira-t'on, si le Roy est toûjours heureux comme il a été jusqu'icy; il y a apparence qu'en effet cette occasion ne se presentera pas si tôt : pendant qu'on aura quatre cens mille hommes armés dans le Royaume, il ne paroît pas qu'on ait rien à craindre des mécontents. Mais si le Roy cessoit d'être heureux, s'il venoit à perdre une bataille ou deux, croit-on que tout le Royaume demeurât dans la situation où il est? y a-t'il quelqu'un qui ne soit parfaitement convaincu que la crainte seule oblige nos François à supporter les horribles fardeaux dont on les accable? Et quand ils cesseront de craindre, n'est-il pas évident qu'ils cesseront aussi de souffrir leur insupportable joug? Or quel lieu y-a-t'il d'esperer que le Roy sera toûjours heureux & toûjours victorieux? Ce seroit une chose sans exemple; qu'un

Prince soit toûjours vainqueur & jamais vaincu. Cela n'est arrivé qu'à ce petit nombre d'hommes que la Providence destinoit à bâtir les grands Empires qui ont occupé l'Univers ; un *Cyrus*, un *Alexandre*, un *Cesar*, & peut-être quelques Empereurs Turcs. Mais encore ces hommes extraordinairement protegés du Ciel en ont été quelquefois abandonnés. *Cyrus* fut vaincu par la Reyne des *Scythes*, *Cesar* perit sous l'épée de ses propres amis. Le fier, l'orgueilleux & l'heureux *Bayazeth* fut vaincu par *Tamerlanes*. Vint-cinq années de Prosperité semblent plus que suffisantes pour épuiser une étoille de ses benignes influences, on a sujet aprés cela d'en attendre de malignes. On peut bien adjoûter à cela sans trop faire le Prédicateur, qu'aprés les horribles violences qui ont été commises & les maux qu'on a faits, il n'y a gueres d'apparence que le Ciel continuë à prendre nôtre party ; puis que nous avons si fort negligé ses Loix & ses ordres. Supposés donc ce qui est apparent : qu'enfin la Puissance du Roy succombera sous les efforts de tant d'ennemis liguées ensemble ; on ne verra pas plûtôt le Royaume exposé en proye, que tant de gens du dedans qu'on a épuisés par tant d'extorsions, se jetteront sur ce qu'ils pourront attrapper pour recouvrer une partie de ce qui leur a été ravi. Le Royaume sera divisé en cent factions, & peut-être alors verra-t'on la fin de la Monarchie. Mais supposés que le Roy ne soit jamais malheureux ; au moins sera-t'il quelque jour vieu. Alors il cessera d'être craint & redouté, car les Princes voyent déchoir leur authorité avec les forces de leur corps & de leur esprit. Et ce sera aux mécontens un moyen de lever la tête, & d'allumer dans l'Etat une guerre civile. Guerre dont les suittes seront bien plus funestes que celles des mouvements qu'on voit quelquefois dans les Etats, excités uniquement par l'ambition & par les ressorts des Grands. Il n'arrive guere que ces sortes de guerre durent long-temps ; parce que les Peuples qu'on a trompés & engagés dans un mauvais party, reconnoissent bien-tôt les suittes de leurs engagements, & sentent bien qu'on n'a pas d'autre but que de se servir d'eux pour ruiner une tyrannie en faveur d'une autre tyrannie. Et ils se retirent en abandonnant ceux dont ils avoient soûtenus les interêts. Mais quand le Peuple entre dans une affaire par ses propres interêts, & parce qu'il se voit ruiné ou persecuté, il la soûtient comme sa propre affaire & y persevere. Cela se voit dans les guerres civiles du siecle passé qui durerent prés de quarante ans, & qu'on soûtint de part & d'autre avec opiniatreté. S'il n'y avoit point eu d'autres ressorts que l'ambition des Maisons de *Guyse*

de *Bourbon* & de *Coligny*, la machine n'auroit pas remué si long-temps.
Mais d'un côté les Calviniftes fe trouverent engagés dans la partie pour
leur propre confervation, puifqu'on en vouloit à leur vie. Et les Catholiques pour la confervation de leur Religion, que les Calviniftes vouloient détruire. Si donc une fois la guerre civile s'allumoit en France,
ce ne feroit point pour l'interêt des Grands, ce feroit uniquement pour
celuy des Peuples, lefquels par confequent ne cefferoient pas d'agir,
ou qu'ils ne fuffent entierement abbatus, ou que l'on ne les eut parfaitement fatisfaits. Ainfi les François ont un grand interêt à faire ceffer une Puiffance qui les accable, & qui dans la fuitte fera occafion
de tant de defordres. On dira fans doute que c'eft fe jetter dans l'eau
pour éviter la pluye : que l'on ne fçauroit entreprendre de diminuer
l'authorité du Roy, fans fe jetter neceffairement dans une guerre civile. Ainfi ce feroit proprement entrer dans une guerre civile tres-cer-
taine pour en éviter une autre fort inceitaine. Je réponds que je n'en
fuis pas encore aux moyens dont on fe pourroit fervir pour rétablir la
Monarchie Françoife dans fon premier état. C'eft pourquoy je ne fuis
pas obligé à prefent de m'ouvrir de mes penfées là-deffus. Mais on peut
être affuré qu'elles ne vont ny à exciter une guerre civile, ny à livrer
le Royaume aux Etrangers. Si nos François vouloient entrer d'une
maniere unanime dans des moyens legitimes de reformer l'Etat, comme la Nation Angloife eft entrée dans le deffein de favorifer les deffeins du Prince d'Orange, quand il entra en Angleterre, il ne feroit
pas neceffaire d'aller juftement auffi loin que les Anglois ont fait. Mais
on pourroit donner des bornes à une Puiffance qui n'en veut point fans
répandre du fang & fans brûler des Villes & defoler des Provinces, &
même fans faire defcendre perfonne du throne.

Bien loin que mes penfées aillent à ruiner la Monarchie, elles
tendent à fa confervation. Et c'eft une des raifons qui me font dire
qu'il eft d'une neceffité abfoluë de pourvoir au retour de nôtre ancienne liberté : parce qu'il n'eft pas poffible que l'Etat fe conferve fi le Gouvernement ne change au dedans. Il eft aujourd'huy evidemment expofé au peril de paffer dans les mains des Etrangers & d'être démembré.
Car nous avons obfervé d'une part qu'à juger felon les apparences,
le Roy ne peut demeurer Maître dans l'affaire prefente ; il fuccom-
bera ; & d'autre part nous avons remarqué, que fi le Roy fuccom-
be, les Peuples fe prevaudront de fa foibleffe, pour fe vanger de luy
& des tyrans qui ont abufé de fon authorité, pour les reduire dans un

ſi triſte état. Suppoſons donc que ces deux choſes arrivent comme elles doivent vray-ſemblablement arriver, que les ennemis entrent dans le Royaume par divers coſtés, & que les Peuples ſe ſoulevent au dedans; que deviendra la Monarchie ? il eſt clair qu'elle ſera la proye du premier occupant. Les Eſpagnols ne ſe contenteront plus des Provinces qu'on leur a enlevées; ils joindront la Duché de Bourgogne à la Comté. La Picardie eſt ſi fort à leur bienſeance & ſi voiſine de l'Artois & du Hainaut, qu'ils reprendront comme leur ancien domaine, que ſans doute ils ſe l'attribueront par le droit de bienſeance. Les Allemands ayant paſſé le Rhein & la Moſelle reprendront la Lorraine, mais ils inonderont auſſi la Champagne qui les conduira juſqu'aux portes de Paris. Les Anglois ſi une fois ils mettent le pied en terre ferme, feront reſſuſciter tous leurs anciens droits, & ne manqueront pas de ſe ſaiſir des Provinces maritimes, de Guyenne, de Xaintonge, & peut-être de la Normandie & de la Bretagne. Les Hollandois ſont moins propres pour des conqueſtes parce qu'ils ſont Republicains : Et qu'ordinairement les Republiques ne cherchent qu'à ſe conſerver & non à s'aggrandir. Et ç'a été particulierement l'eſprit de cette Republique juſqu'icy. Mais qui répondra qu'elle ne pourra pas changer de goût à cet égard ? ſeroit-ce la premiere Republique qui ait pouſſé loin des conqueſtes. Juſqu'où ne s'eſt point étenduë Rome pendant qu'elle étoit encore Republique ? Et ſans aller ſi loin la Republique de Veniſe n'a-t'elle pas autrefois poſſedé toutes les côtes de la Mediterranée depuis le Golphe juſqu'à Conſtantinople ? Ne fait-elle pas aujourd'huy des conqueſtes ? N'a-t'elle pas pris la Morée ? N'a-t'elle pas un pied dans la Grece, & croit-on qu'elle a pris tant de Pays à deſſein de les rendre. On s'imagine que l'eſprit de conqueſte & celuy du commerce ſont entierement incompatibles; & c'eſt ſur cela qu'on établit la confiance que les Hollandois ne pourront & ne voudront jamais contribuer à ruiner la Monarchie Françoiſe. Leur intereſt, dit-on, & leur veüe eſt ſimplement de tenir la balance égale entre les Maiſons dominantes dans l'Europe, celle d'Angleterre, celle de France & celle d'Autriche, afin de ſe conſerver eux-mêmes dans cette égalité. Ainſi quand il n'y auroit que les Hollandois on pourroit être ſeur que jamais la Monarchie Françoiſe ne ſera démembrée : parce qu'ils s'y oppoſeront toûjours, & qu'ils ſeront toûjours aſſés forts pour l'empêcher. Ce raiſonnement qui paroit ſi fort peut être forcé par bien des endroits. On ſe trompe beaucoup quand on croit qu'il y a une si grande incompatibilité entre l'esprit de conqueste & l'esprit de commerce. La Republique de Venise étoit autrefois dans l'Europe ce qu'est aujourd'huy la Republique d'Hollande à l'égard du commerce & quelque chose de plus. Car elle étoit Maîtresse de tout le commerce du monde, de l'Asie, de l'Afrique, de l'Egypte: tout passoit par son Canal ; excepté ce que pouvoient faire les Villes de Genes, de Florence & quelques autres d'Italie. Mais c'étoit peu de chose en comparaison de ce que faisoit cette Republique toute seule. Cependant cette Ville toute marchande de profession qu'elle étoit, ne laissoit pas de faire la conquerante. Et l'on sçait combien sa domination s'est étenduë avant que les Turcs fussent devenus les plus forts dans l'Europe. Je voudrois bien sçavoir pourquoy les Hollandois qui se sont fait aux Indes un établissement qui vaut bien l'Etat qu'ils ont en Europe, qui y ont des Villes, des Provinces, des Ports de mer, des Forteresses, des Flottes & des Armées, ne pourroient pas faire la même chose dans les côtes qui sont si voisines d'eux? Ils sont Marchands, mais ils sont pourtant Conquerants, comme il paroît par les grandes conquestes qu'ils ont faites en Orient. Mais, dira-t'on, s'ils ont fait des conquestes, c'est dans la veüe d'établir leur commerce. Mais je voudrois bien sçavoir si plusieurs bons ports de mer sur nos côtés, tant sur l'Ocean que sur la Mediterranée, plusieurs bonnes Citadelles bâties sur la Mer dans ces côtes, ne favoriseroient pas extremement leur Commerce & en Angleterre & en France, & aux Smirnes? Il faut donc se défaire de cette imagination que les Hollandois ne peuvent jamais entrer en partage du gasteau, en cas qu'on trouvât une belle occasion de le partager. Assurement & eux & les Anglois trouveroient des grandes commodités à être Maîtres des côtes de France, pendant qu'ils laisseroient les Provinces interieures à qui les pourroit occuper. Je soûtiens donc qu'on peut craindre la ruïne de la Monarchie, & son démembrement par les Etrangers, si on n'y donne ordre en faisant cesser tous les mécontentements du dedans. Il y a bien encore de chemin à faire d'icy là, dira-t'on? Pas tant que l'on pourroit s'imaginer : je tombe d'accord que pendant que la France sera bien unie il ne sera pas aysé d'en venir à bout avec toutes les forces, dont elle est attaquée ; Mais si l'union des ennemis de dehors subsiste, que leurs armes soient hevreuses, & que la division se mette au dedans, non seulement il est tres-probable que la Monarchie tombera; mais on ne voit pas comment elle pourra éviter de tomber. Si les ennemis & les voisins de la France l'eussent attaqués avec le même concert qu'aujourd'huy, dans le siecle passé, quand les factions des Calvinistes, des Guyses & des Bourbons la déchiroient, il est indubitable que la Monarchie auroit été démembrée. Mais on sçait comment Dieu gouverne les affaires. Une Armée d'Allemands ou d'Espagnols entroit en France pour favoriser l'un des partis. Mais ce parti se soûtenoit par une Ligue avec d'autres Etrangers. Les voisins de la France n'avoient entr'eux ni Ligue, ni union, ni desseins concertés d'abbattre la Monachie. Châcun favorisoit ses amis. L'Espagnol travailloit pour ses interêcs, & vouloit peut-être joindre la France à ses domaines. Mais l'Anglois s'y opposoit fortement, & les Allemands ne concouroient pas au dessein des Espagnols. Aujourd'huy que l'Empire, l'Angleterre, l'Espagne, & la Hollande sont dans les mêmes interêts, si la France retournoit par ses divisions internes à l'état où elle étoit dans le siecle passé, sa ruine seroit inévitable. Or encore une fois les divisions internes ne peuvent manquer d'arriver aussi-tôt que le Roy aura souffert quelque grand échec. D'où il est clair que tous ceux qui aiment la Monarchie & sa conservation, doivent concourir à moderer la puissance du Monarche qui jette dans l'esprit de la Nation un mécontentement universel, & plante les racines d'une division & d'une ruine prochaine.

Nous avons encore plusieurs autres raisons pour prouver à nos François qu'il est temps de penser à la reformation de l'Etat, sans pourtant travailler à le renverser, & sans faire aucun préjudice à la famille régnante, ni même au Roy. Mais elles sont trop importantes pour les proposer legerement & en peu de mots. C'est pourquoy nous les remettrons à une autre fois.

Fin du douxiéme Memoire.

LES SOUPIRS

DE LA

FRANCE ESCLAVE

Qui aspire aprés la Liberté.

***

XIII. MEMOIRE,
Du 15. de Juillet 1690.

Nouvelles preuves de la necessité qu'il y a de reformer l'Etat.
Les Dominations violentes ne sçauroient être de durée. La gloire & la repu-
tation d'un Etat ne dépend pas de la Puissance Arbitraire de son Souverain :
la reputation de la France est perduë.

NOUS avons dessein de faire sentir à tous les bons François
combien il est necessaire de se reveiller pour travailler au Salut
de la Nation : Et de leur faire connoître qu'il est impossible
d'y travailler avec efficace que par une reformation du Gouvernement. Nous avons déja fait voir que la tyrannie qui s'exerce aujourd'huy en France ; met le Royaume dans un peril évident de desertion
par les terribles charges, dont le Peuple est accablé, de division & de guerre civile par la multitude infinie de mécontents, & enfin d'être partagé
entre les Etrangers par l'union de tant de Puissances qui concourent aujourd'huy à sa ruïne. A ces raisons qui prouvent la necessité d'une prompte reformation, nous en avons d'autres à adjoûter aujourd'huy.

Sans avoir égard aux circonstances du temps present qui meritent
pourtant qu'on y face attention on peut dire que l'excés où le gouverne-

C c

ment est monté en France depuis un siecle ; & particulierement sous ce
dernier Regne menace la Monarchie d'une prompte ruine : parce que
les choses violentes ne peuvent être de durée. Un gouvernement pour se
conserver doit être moderé : puis que les Sujets doivent concourir à la
conservation d'un Etat ; & ils n'y peuvent être engagés que par la per-
suasion où on les fait entrer que la felicité du Peuple depend de la conservation du Gouvernement dans l'état où il est. Mais comment seroit-il
possible qu'une Nation entiere pût entrer dans la pensée que le Gouvernement Despotique tel qu'il s'exerce aujourd'huy en France fût le
meilleur pour la felicité du Peuple & des Sujets ? Les plus prevenus ; &
les plus aveuglés Partisans de la Cour de France tombent d'accord que
les Sujets du Royaume sont dans la servitude, qu'ils n'ont rien à eux,
que leurs biens & leurs vies sont toûjours comme en l'air, dependants du
caprice d'un seul homme; que les particuliers sont ruinés,& que rien n'est
asseuré que leur misere presente, & celle qui est à venir, à moins qu'un
changement n'arrive. Il est vray que pour les consoler on leur represente
que si le Gouvernement arbitraire a ses incommodités il a ses avantages
qui prevalent. On leur fait remarquer la promptitude des expeditions
de la France qui a si souvent achevé ses desseins & ses conquestes avant
la saison ordinaire de mettre les Armées en Campagne, & qui est toûjours prête à tout : au lieu que ses ennemis sont lents, prenent mal
leurs mesures, concertent mal leurs desseins & les executent avec une
lenteur qui les rend inutiles. Cela vient, dit-on, de ce que les ennemis ne
sont pas maîtres chez eux, & de ce que leurs resolutions dependent de tant
de têtes : au lieu que le Roy étant Maître absolu il n'a qu'à commander, & l'execution suit. Mais les Peuples ne trouvent là dedans qu'un
tres-miserable secours pour soûtenir la pesanteur de leur joug. Premierement ils disent que la promptitude avec laquelle le Roy execute ses
desseins ne vient pas tant de ce pouvoir absolu avec lequel il commande à ses Generaux & à ses Officiers que de l'abondance de l'argent qu'il
a eu jusqu'icy. Car sans argent il auroit eu beau commander, il n'auroit pû faire ces Campagnes avancées & souvent au cœur d'hyver qui
coûtent le double des autres. Mais cette abondance d'argent qui donne
au Roy tant de facilité pour l'accomplissement de ses desseins est ce qui
fait la desolation du Royaume. Car c'est le sang du Peuple, on l'a tiré
de ses veines, le corps demeure donc asseché. Le Roy a tout ; les Peuples n'ont rien. Or il faudroit refondre les hommes pour les amener à

Se point de defintereffement de fouffrir fans murmure d'être dépoüillés de leurs biens parce qu'il en revient de la gloire & du plaifir au Souverain. De plus ils difent que ces victoires du Roy & la facilité qu'il trouve à executer fes deffeins ne venant que de ce que par une puiffance abfoluë il exige des Sujets tout ce qu'il luy plaît , quand il aura tout exigé & qu'il n'y aura plus rien il faudra neceffairement que luy-même demeure dépourvû & foit expofé à un revers de fortune. Alors n'ayant plus ce reffort qui fait mouvoir , il ne fera plus fi promptement obeï , & le Royaume aprés avoir été épuifé par le Maître fe trouvera expofé à être mangé par les ennemis. Enfin le Peuple dit qu'il eft fort peu intereffé dans la gloire d'un homme lequel ne bâtit cette gloire que fur les ruines de leurs maifons : que les Provinces du cœur du Royaume qui compofent l'Etat, n'en font pas mieux parce que le Roy étend fes frontieres: qu'au contraire plus le Roy devient puiffant, plus il aggrave le joug, & plus il eft en état d'affermir la tyrannie. Il eft vray qu'il y a bien des gens dans l'Eftat & dans les Armées qui gagnent avec le Roy , & qui par confequent ont intereft à le foûtenir dans la reputation de Conquerant. Mais ces perfonnes ne penfent pas que leurs familles & leurs enfants fe verront ravir par le Succeffeur & par le fils ce qu'ils auront acquis fous le Pere. De plus ceux qui fervent le Roy dans fes Armées, & qui par confequent font les principaux Miniftres de fes Conqueftes n'y acquerrent pour leurs maifons qu'une vaine reputation, mais ils y ruinent leurs enfants. Il faut conter & voir s'il y a beaucoup de grandes Maifons qui fe foient faites par la Guerre : On en trouvera tres peu ; au contraire on en voit un grand nombre qui s'y font ruinées. Les fortunes qui fe font par les Finances font à la verité plus feures & plus communes ; mais on voit pourtant à quelles revolutions elles font fujettes. On verra avant que le Regne prefent foit fini s'il reftera beaucoup de richeffes dans ces maifons qui s'étoient faites fous les Miniftres de *Richelieu* & de *Mazarin*. Et dans le Regne fuivant on verra fi les maifons qui fe font aujourd'huy fous *Loüis XIV.* auront le bonheur de fe conferver fous *Loüis XV.* Et ainfi à bien conter tout, on ne voit pas que les Financiers & les Gens d'Efpée ayent un grand intereft à conferver le Gouvernement dans ce degré de puiffance abfoluë où il eft aujourd'huy. Mais fuppofons que les Financiers & quelques Officiers d'Armée ayent intereft à conferver la puiffance abfoluë ; le Peuple & le refte des Sujets peuvent-ils entrer dans ces interets ? Que leur importe que le Roy foit

Maître de la Lorraine, des Pays-bas, de la Franche Comté, qu'on luy conte cinq Provinces & plus de cent places soûmises à sa domination? en sont-ils moins miserables? Il est vray les Peuples à l'abord se laissent surprendre par la gloire du Roy, ils content qu'ils ont part à cette gloire, & l'on se fait un plaisir d'être membre d'un Estat qui prend le dessus par dessus ses voisins d'une si grande hauteur, mais comme c'est un plaisir purement chimerique & d'imagination le charme ne dure pas long temps. Il pourroit durer si tous les avantages qui reviennent proprement au Roy ne coûtoient rien aux Sujets. Mais quand un Peuple se voit reduit à la derniere calamité & privé de tout ce qui fait les douceurs de la vie, il perd bien-tôt le goût des plaisirs imaginaires que la grandeur du Prince luy donne. Tout cela fait voir que des Sujets ne sçauroient jamais être contents s'ils ne sont heureux. Et cela me conduit où je veux aller, c'est qu'il est absolument impossible qu'un Gouvernement subsiste long-temps quand il est violent. Parce qu'un Etat ne peut être conservé que par le concours unanime de tous ses membres pour sa conservation; Quand il y a un si grand nombre de mécontents quelque peu considerables qu'ils soient chacun en particulier, ils sont toûjours à craindre, & il est impossible qu'ils ne causent la ruine & la dissipation d'un Etat par quelque côté. Au lieu que les Gouvernements moderés réünissent tous les cœurs, réjoignent tous les interêts, & font que tous les membres du corps sont prêts à se sacrifier pour conserver ce Gouvernement qu'ils éprouvent si heureux & si doux. Il est impossible qu'un Etat ne soit quelque fois troublé par des esprits inquiets & turbulents; mais ces esprits sont incontinent & reprimés & accablés par la multitude. Qui est-ce qui fait la seureté de la Republique de Venise, & qui la fait subsister depuis mille ou douze cents ans au milieu de tant d'ennemis & de tant de jaloux? C'est son union; car il n'y a jamais eu d'Etat dont les membres soient si parfaitement unis, & où les rebellions & les conjurations soient si rares. Et d'où vient cette union? Elle ne vient que de la douceur du Gouvernement; chacun s'interesse à conserver un Etat où sa prosperité & son bonheur trouvent un port asseuré. On ne peut nier que les Anglois ne soient assés remuants; cependant leur Monarchie subsiste & se conserve bien, par cette raison, c'est que leur Gouvernement est si doux & si propre à conserver aux Sujets la tranquillité & les biens, que tous s'interessent à la conservation commune de ces douces loix, malgré les differents interêts où ils peuvent être d'ailleurs. Y a-t'il un Etat plus ancien & qui se conserve mieux que la Po-logne, quoy qu'environné de Turcs, de Tartares, de Cosaques & de tant d'ennemis barbares ? sa conservation vient de cela même, c'est de la liberté des Peuples. Il est vray que ce qu'on appelle la lie du Peuple bien loin d'y être libre y est esclave ; mais ce n'est pas cette lie du Peuple qui fait la force de l'Etat. D'ailleurs ce qu'il y a de Nobles, de Ri-ches, & de ce qu'on appelle bons Bourgeois & honnestes Gens sont dans une raisonnable independance & sous des loix qui les mettent à l'abry des insultes de celuy qui porte le nom de Roy.

Au contraire nous voyons que les Monarchies où le Gouvernement est Despotique, & où la Puissance est Arbitraire ne peuvent durer. L'Em-pire des Caldéens n'a pas duré cent ans dans sa grandeur. Car depuis *Cia-xares* ou *Nabopolassar* qui ravirent l'Empire aux Assiriens jusqu'à *Darius de Mede* qui fut le dernier Roy Babylonien, on ne conte qu'environ 70. ans; depuis l'an du Monde 3380. jusqu'à l'an 3450. ou un peu plus. *Cyrus* dans ce temps-là se rendit Maître de tout l'Orient par la conquête de l'Em-pire des Caldéens & des Medes. Mais ce grand & vaste Empire ne subsi-sta gueres plus de deux cents ans; & *Alexandre* passant en Asie l'an du Monde 3666. le détruisit en peu d'années. Mais cet Empire des Grecs luy-même ne dura pas cent cinquante ans dans quelque éclat. Les Suc-cesseurs d'*Alexandre* se consumerent les uns les autres. Plusieurs Peuples reprirent leur liberté ; les Parthes enleverent aux Grecs tout ce qu'ils a-voient au-delà de l'Euphrate, & les Romains se rendirent Maîtres des Royaumes des Seleucides & des Ptolomées, en moins de cinq ou six cens ans. Voilà trois où quatre Empires passés. Pense-t'on que cette petite durée venoit uniquement de la puissance des Conquerants. *Ciaxares* ou *Nabopolassar* ruina l'Empire de Ninive & des Assiriens parce qu'il fut le plus fort. *Cyrus* abbâtit l'Empire des Caldéens, parce que son Etoile fut superieure à celle de *Babylon*. Les Grecs viennent & détruisent l'Empire des Perses, parce qu'ils sont ou plus braves ou plus heureux. Les Romains viennent & se rendent Maîtres des Biens des Successeurs d'*Alexandre*, parce que les Grecs perdirent leur ancienne valeur par leur commerce contagieux avec les A-siatiques, & par l'usage des delices de l'Asie. C'est bien là une partie de la verité, mais ce n'est pas tout. Et il est constant que ces grandes & promptes révolutions venoient de la disposition des Peuples. Ces Anciens Rois de Ninive, de Babylon, des Perses, & en general tous les Rois de l'Orient étoient des Tyrans sous lesquels les Peuples étoient Esclaves.

Ce qui étoit cause que les Sujets ne s'interessoient pas dans la conservation de l'Etat. Tyran pour Tyran il ne leur importoit guere qui ils eussent.
Au contraire comme le present étoit tres-incommode, ils esperoient trouver mieux dans le changement & dans l'avenir. Il ne faloit en ce temps-là
que gagner deux ou trois Batailles pour subjuguer toute la Terre. Cela se
seroit-il passé de cette maniere si les habitants d'un Pays opiniâtrés à se
conserver sous leur ancien Maître s'étoient cantonnés & retranchés par
tout, & avoient combâtu jusqu'à l'extremité? Ils l'auroient fait sans
doute, s'ils avoient combâtu pour la Liberté. Mais puis qu'ils étoient
destinés à avoir de fâcheux Maîtres, il leur importoit fort peu d'où ils
vinssent, ou de Ninive, ou de Babylon, ou de la Perse, ou de la Grece, ou de Rome. Qu'est-ce qui a rendu les Conquêtes si difficiles aujourd'huy & qui les rend si rares? C'est cela. C'est que chaque Nation a
ses Maîtres, elle s'en trouve bien, & ne s'en veut pas défaire.

Contre ce que nous venons d'établir, que les Monarchies où le Gouvernement Despotique a lieu, ne peuvent pas être de durée, on opposera
sans doute, la Domination des Romains qui a duré si longtemps, & celle
des Turcs qui dure depuis tant de siecles. Pour ce qui est de celle des Romains. Premierement elle n'a pas duré aussi longtemps qu'on pourroit le
croire. Rome avoit six cents ans sur la tête que sa domination ne se tendoit
pas encore fort loin, & sa grandeur n'a pas duré plus de six cents ans. De ces
six cents ans, il y en a environ deux cents sous la Republique & quatre cents
sous les Empereurs. Ce n'est pas une durée qui approche de celle de nos Monarchies qui composent aujourd'huy le Christianisme. De plus il n'est pas
vray que la domination des Romains quoy qu'étenduë fort loin, fût pesante aux Peuples conquis. Au contraire les Peuples vécurent plus heureux sous leurs nouveaux Maîtres qu'ils n'avoient fait sous les Anciens:
les Gouverneurs des Provinces rendoient un conte exact de leur conduitte,
ou au Senat, ou aux Empereurs. On n'y souffroit pas l'oppression. On voit
encore dans les harangues de *Ciceron* comme il a défendu la cause des Provinces qui demandoient justice de la violence de quelques Gouverneurs.
Les Romains établissoient par tout des Colonies, ils donnerent le droit de
Bourgeoisie de la Ville, à tout ce qu'il y avoit d'illustre dans les Provinces
de l'Empire. Ainsi toute la terre ne devint qu'une Ville, elle entra dans
les mêmes interêts, eut part aux mêmes privileges, & jouïssoit paisiblement d'une assés grande liberté sous la Ville dominante. Et enfin les Romains entretenoient dans les Frontieres de grandes Armées, & une autre

auprés de la personne de l'Empereur quelque part qu'il fut : Ce qui sup-
primoit & empêchoit tous les mouvements. Ces circonstances ne se trouvent pas par tout. C'est pourquoy on ne doit rien conclurre de la durée de
l'Empire Romain, en faveur des Monarchies d'aujourd'huy où la Puissance Despotique a lieu.

Pour ce qui est de l'Empire Turc, il est vray qu'il n'en est pas comme
de l'Empire Romain. La Domination des Romains étoit assés douce
pour faire aimer leur Gouvernement à leurs Sujets. Mais celle du Turc
est violente, cruelle, & insupportable : comment donc cette Monarchie
a-t'elle duré si longtemps ? Premierement il n'est pas vray que cette Monarchie ait duré fort longtemps : Ottoman le Fondateur de cet Empire ne
commença ses conquêtes qu'au commencement du quatriéme siecle &
mourut l'an 1326. avant cela les Turcs étoient des voleurs qui étoient
partagés en plusieurs bandes, qui pilloient l'Orient. De plus la subsistence de
cet Empire violent ne peut être tirée à consequence ; parce que c'est évidemment une œuvre de la Providence qui veut affliger les Chrétiens &
mortifier l'Eglise. Car autrement il semble que si Dieu laissoit aller les
choses dans leur cours naturel, cet Empire n'auroit pû durer longtemps à
cause des seditions & des revoltes, qui y sont, & plus terribles & plus frequentes que dans aucun autre Etat, qui fut jamais. De plus cet Empire
s'est affermi par une voye qui affoiblit tous les autres, c'est en dépeuplant
la terre de ses Habitans. Les Païs occupés par le Turc sont de vastes soli-
tudes. Les Chrétiens n'ont pas garde de secoüer son joug, car ils n'ont
pas de forces pour cela. Ceux qui sont restés sont dans un abbaissement
inconcevable, sans biens, sans armes, esclaves, & dépoüillés de tous les
aydes qui soûtiennent ou qui relevent le courage. Outre cela le Turc s'est
rendu seul Seigneur de tous les fonds : il les donne en Commanderies &
en Timariots à ses Janissaires & à ses Spahis ; qui sont ses Soldats & ses
Gens d'armes. Enfin le Turc domine & sa domination dure par la violence, parce que toutes les Provinces sont couvertes de grandes armées qui les
desolent, qui les devorent & les retiennent dans l'esclavage. Ce n'est pas
ainsi que les Rois Chrétiens regnent & doivent regner. Les inclinations
de leurs Peuples doivent être leurs principaux remparts. Aussi voit-on
que les Monarchies Chrétiennes sont bien plus anciennes que l'Empire
des Ottomans. La Monarchie Françoise a douze cents ans & l'Empire
Turc n'en a pas quatre cents. Et selon toutes les apparences il roule du
côté de sa fin. Et il y a apparence qu'il servira bien tôt de nouvelle preu-

ve à nôtre thefe ; c'eſt que les dominations violentes ne ſçauroient durer longtemps.

Contre cela on oppoſera peut-être la Monarchie Françoiſe qui eſt ſi ancienne nonobſtant la Puiſſance Deſpotique qui y eſt établie. Mais nous avons répondu à cela : en faiſant voir que la Monarchie n'a pas ſubſiſté ſous ce Gouvernement de ſon origine. Il n'y a pas quatre cents ans que la Nation Françoiſe étoit encore la plus libre qui fût dans l'Europe. Son eſclavage n'a proprement commencé que ſous *Loüis XI.* & n'a été porté à ſon comble que ſous *Loüis XIV.* Ainſi on ne doit conter tout au plus la durée de la tyrannie que depuis deux cents ans. Encore y a-t'il eu depuis ce temps-là des Regnes où la liberté a repris le deſſus, ou par la bonté des Princes ſages comme fût *Loüis XII.* ou par les Minorités & la foibleſſe des autres. Ma propoſition demeurant ferme, c'eſt que les Monarchies d'une Puiſſance Deſpotique ne peuvent durer, tous les François qui aiment comme ils doivent cette Monarchie ſi glorieuſe par ſes actions, & ſi venerable par ſon antiquité, doivent pour la gloire & pour ſa conſervation ramener le doux Gouvernement ſous lequel elle a ſubſiſté tant de ſiecles. Il ne faut pas ſe perſuader que toutes ces Provinces nouvellement conquiſes puiſſent parfaitement s'unir & s'incorporer avec nous. Elles auront toûjours leurs interêts differents des nôtres & des inclinations oppoſées à celles de nos Monarques. C'eſt pourquoy ſans avoir égard à conſerver ſes parties étrangeres & nouvellement couſuës au corps, il faut penſer à la conſervation du corps de l'Etat.

A tout cela les Politiques ne manqueront pas d'oppoſer qu'un tel changement ne pourroit arriver ſans faire beaucoup baiſſer la reputation de la Monarchie, que le Gouvernement Arbitraire eſt infiniment plus propre pour la gloire de la Nation ; que les particuliers en ſouffrent, mais qu'il eſt plus propre à faire des conquêtes & à les conſerver. Mais je dis premierement là deſſus que cette gloire de la Nation & cette reputation de la Monarchie eſt une vraye chimere. Suppoſé que la terreur qu'une Nation imprime dans les eſprits de ſes voiſins & la facilité qu'elle trouve de les ſoûmettre quand ſon ambition le veut, ſoit la gloire & le bien de quelqu'un ? En verité ce n'eſt ni le bien, ni la gloire du Peuple & des particuliers, c'eſt uniquement le bien & la gloire du Monarque ; qui par ce moyen regne ſur ceux qui ne ſont pas ſes Sujets & qui aggrandit les bornes de ſa Domination, & ſe rend maître du bien d'autruy. Mais je vous prie qu'en revient-il au Peuple ? En eſt-il moins miſerable ? Son

joug

joug en eſt il moins peſant ? En a-t'il plus de biens & plus d'honneurs ? Ne languit-il pas dans la miſere & dans la baſſeſſe & par conſequent dans la honte ? Pour moy je n'ay pas encore compris qu'un Hollandois honnête homme , riche & viv — s la joüiſſance de ſa liberté fut moins heureux & d — t moins glorieux qu'un François miſerable & eſclave : à cauſe que le Souverain du Hollandois ſe contente de conſerver l'Etat , & que celuy des François fait des conquêtes , & ſe pique d'être la terreur de ſes voiſins. Il eſt vray c'eſt une maladie des petits eſprits ; un Soldat eſt tout fier des victoires que ſon General aura gagnée pendant que luy aura été caché dans le bagage. Un Sujet ſe fait honneur de la gloire de ſon Prince pendant que d'ailleurs eſt dans la honte de l'eſclavage. Mais puis que c'eſt une maladie des petits eſprits , les Gens ſages s'en doivent garantir. Non ſeulement c'eſt la maladie des petits eſprits , mais c'eſt une maladie d'eſprit. Car c'eſt une vraye folie : elle eſt utile aux Princes , c'eſt pourquoy ils eſſayent de la nourrir dans les Peuples : Mais à cauſe de cela même nous devons nous en guerir & y renoncer , car c'eſt un des liens de nôtre eſclavage.

En ſecond lieu je ſoûtiens que quand même on ſuppoſeroit que ce qu'on appelle la gloire de la Nation devroit être contée pour beaucoup au lieu qu'on la doit conter pour rien ; cependant la raiſon de nos Politiques ne voudroit rien pour empêcher la reformation de l'Etat , & le rappel de la liberté Françoiſe depuis ſi long-temps exilée. Eſt-ce donc qu'il eſt impoſſible qu'une Nation ſoit libre & victorieuſe & même conquerante en même temps ? la Republique Romaine n'a-t'elle pas jetté tous les fondemens de ſa grandeur durant ſa liberté ? N'étoit-elle pas Maîtreſſe de l'Aſie , de l'Affrique & de l'Europe avant qu'*Auguſte* l'eût reduite en Monarchie ? les Empereurs qui ſe rendirent ſi abſolus n'ont ſervi qu'à ruiner l'Empire , & depuis *Traian* il eſt toûjours allé en decadence juſqu'à ſa totale ruine. La Republique de Veniſe toute libre qu'elle eſt n'a-t'elle pas porté & ſa reputation & la terreur de ſes armes juſqu'aux extremités de l'Europe , & même juſque dans l'Aſie ? la Nation Angloiſe , qui a toûjours conſervé ce ſage temperament de Monarchie & de liberté , n'a-t'elle pas porté autrefois la reputation de ſes armes juſques dans la Terre Sainte ? & dans les Croiſades les Anglois ſous la conduitte de *Richard cœur de Lion* n'ont-ils pas fait des actions , qui vivront eternellement dans l'Hiſtoire ? Ne s'eſt-elle pas veüe Maîtreſſe de la moitié de la France ? & même n'a-t'elle pas aſſu-

jetti presque tout le Royaume sous *Charles* VI. & *Charles* VII. son
credit & sa reputation diminuerent-elles quand *Cromwel* la reduisit en
Republique il y a trente ou quarante ans ? Il est certain que cet homme fit trembler toutes les Puissances de l'Europe, & porta la gloire de
la Nation Angloise plus loin qu'elle n'avoit été portée depuis plusieurs
siecles.

Pourquoy ne veut-on pas qu'un Prince qui est de concert avec sa Nation & qui ne fait de grands mouvements que de son consentement, soit
moins propre à se rendre redoutable qu'un Prince qui fait tout de hauteur ? Les secours d'argent ne sont pas si prompts, dira-t'on, quand il
les faut obtenir avec le consentement du Peuple. Cependant nous ne voyons pas que les Rois d'Angleterre ayent manqué d'argent quand il leur
a plû de faire de grandes & prodigieuses sorties sur nos Provinces Maritimes. On les a vû venir quelquefois avec neuf cents Vaisseaux. Peut-être
que le Roy avec toute sa Puissance Absoluë auroit bien de la peine à faire
un pareil Armement de Mer. Il y a des rencontres où l'argent ne vient
pas si promptement quand il le faut tirer avec le consentement du Peuple.
Mais ces occasions où la diligence est d'une souveraine necessité, sont rares. Des mesures qui sont prises de loin n'en sont que meilleures & plus
seures. Et un Prince sage qui menage ses desseins & leur execution avec
prudence, ne se trouve jamais dans l'embarras de manquer de secours dans
ses entreprises ; parce qu'il a pourvû à tout quand il étoit temps. S'il s'a-
git d'attaquer, trois ou quatre mois employés à consulter la Nation & à
luy demander de l'argent ne font pas un grand retardement à une entreprise. S'il s'agit de se défendre, ou bien on voit venir la nuée de loin,
ou bien c'est un orage qui creve subitement. Si la nuée vient de loin, on
a le temps d'y pourvoir sans se dispenser de rendre aux Loix ce qui leur
est dû. Si l'orage se forme & tombe en même temps, alors la necessité
met le Prince au dessus des Loix. Elle fait ce que faisoit la Sagesse des
Romains : quand ils étoient pressés, ils faisoient un Dictateur & mettoient le pouvoir souverain dans la main d'un seul. Un Prince qui se voit
attaqué par une Puissance étrangere contre laquelle il n'a eu le temps
de se pourvoir par les voyes ordinaires, est suffisamment authorisé de
prendre en main toute la Souveraineté qui pouvoit être auparavant partagée, & d'obliger tout le monde à laisser les formes pour courir à la
conservation de l'Etat : quand le feu est dans une maison il n'est besoin ni de formes, ni de Loix pour appeller les gens au secours & pour

les obliger à éteindre le feu. Mais ces cas extraordinaires ne font pas de regle, & ne font aucun préjudice aux Loix d'un fage Gouvernement. Le Prince qui eft la tête & l'œil de l'Etat, & qui eft établi pour veiller fur luy, fçaura bien quand il faudra courir ou marcher à pas mefurés.

Si nous confultons l'Hiftoire de nôtre temps & les évenemens qui font encore fous nos yeux, nous ne verrons pas que la Puiffance Abfoluë & le Pouvoir Arbitraire foyent toûjours neceffaires, & pour la gloire des Princes, & pour l'execution de grands deffeins. *Guillaume* Prince d'Orange aujourd'huy Roy d'Angleterre, n'étoit rien moins que Souverain en Hollande; il n'étoit que le Gouverneur du Pays. Il n'avoit que fa voix dans l'Etat. Si les Droits de fa Charge de Gouverneur & de Grand Amiral luy donnoient quelque pouvoir de mettre dans une fituation avantageufe les forces de Mer & de Terre, certainement il n'avoit aucun Droit de s'en fervir fans le confentement, peut-être de plus de mille Têtes qu'il falloit confulter. Cependant ce Prince fans Authorité Abfoluë eft venu à bout de donner de la terreur à la France, qui jufqueslà en avoit donné à tout le Monde: Il a executé le plus grand deffein qui foit jamais monté dans la tête d'un homme; & enfin il a porté la reputation de la Republique de Hollande par ce coup, j'ofe dire, plus loin que nôtre Monarchie n'a porté la fienne par fes Conquêtes depuis vint-cinq ans. On verra peut-être par ce que ce Prince pourra faire à l'avenir, qu'il n'eft pas neceffaire de fouler aux pieds les Privileges des Peuples & les Loix Fondamentales d'un Etat pour fe rendre redoutable à fes ennemis & pour faire parler de foy. Il y a déja des Monarques qui le craignent avec toute leur Puiffance Abfoluë. Il n'eft donc pas neceffaire qu'un Prince ait une Puiffance Abfoluë, & qu'un Etat foit dominé par un Pouvoir Monarchique fans bornes pour acquerir & conferver de la reputation. On pourroit même dire quelque chofe de plus & prouver que la decadence des Monarchies qui font aujourd'huy dans l'Europe, & la chute de leur reputation, n'eft venuë que de ce que les Princes Souverains en ont violé les Loix, n'ont pas eu affés d'égard aux Privileges des Peuples, & de leur tête ont fait des coups qui ont ruiné leur Nation. Je ne veux nommer perfonne, mais ceux qui ont de la comprehenfion m'entendront bien. Je ne diray plus qu'un feul mot fur cet article; c'eft que fans fortir de nôtre Hiftoire & de nôtre Monarchie nous pouvons trouver des preuves qu'on peut conferver la réputation d'un Etat fans

Puiffance Abfoluë. Car il me femble que la Monarchie Françoife a été plus haut qu'elle n'eft fous la feconde Race de nos Rois. C'eft *Charlemagne* l'un de nos Rois qui eft le Fondateur de l'Empire d'Occident, & qui avoit étendu fa Domination depuis l'Efpagne jufqu'à la Hongrie. Il eft pourtant certain qu'il n'y eut jamais Prince plus religieux à conferver les Privileges de fes Peuples. Il ne paffoit prefque point d'année qu'il n'affemblât fon Parlement. Et fans entrer dans un plus grand détail on peut dire que durant prés de mille ans que nôtre Monarchie a duré depuis *Pharamond* jufqu'à *Loüis XI*. elle a fubfifté avec beaucoup de gloire & de reputation fans le fecours de la Puiffance Arbitraire qui a été inconnuë durant tous ces fiecles. C'eft donc un vray Sophifme de Politique que d'avancer & de foûtenir qu'on ne fçauroit ramener le Gouvernement de nôtre Monarchie à fon ancienne forme fans diminuer fa reputation.

Il me femble que tout cela n'eft pas à méprifer, cependant je penfe avoir encore quelque chofe de meilleur à dire là deffus. Tant s'en faut que le retour de la liberté & le retabliffement des privileges du Peuple foit contraire à la gloire de la Nation & à la reputation de nôtre Monarchie, qu'au contraire il faut neceffairement abbattre la puiffance abfoluë, & renfermer l'authorité de nos Rois dans leurs juftes & anciennes bornes fi nous voulons retablir la reputation de nôtre France. C'eft une chofe étrange que les Chrétiens foient fi peu Chrétiens que de mettre toûjours aux mains leur Chriftianifme avec leur Politique, la Politique veut qu'un Etat foit toûjours redoutable à fes voifins, & qu'il les dévore & les puiffe devorer toutes les fois que les accés de fon ambition le faififfent. Et dans quelle Morale a-t'on trouvé que la belle reputation confifte à être craint plûtoft qu'aimé & eftimé? Y a-t'il quelques loix ou quelque exemple dans l'Evangile qui authorife ces manieres violentes de fe conferver? Où font les Conqueftes que le Peuple de Dieu a faites par fon ordre & par fa permiffion? Il eft vray que Dieu chaffa les Cananéens pour placer fon Peuple. Mais une fois le tirant d'Egypte, il faloit le pofer quelque part, & le pofer en un bon Pays. Il n'y en avoit pas de proche qui ne fût occupé. Dieu qui eft Maître de tout le monde peut fort bien arracher une Nation d'un lieu pour y en édifier un autre. Mais aprés avoir placé fon Peuple dans la Paleftine, luy a-t'il donné ongles & dents pour déchirer fes voifins? Ne s'eft-il pas contenté de le conferver contre leurs attaques & de l'empê-

cher d'être esclave ? Et si Dieu luy a quelque fois fait regarder comme
un bien que ses voisins seroient frappés de terreur, c'est uniquement
pour les faire vivre en seureté, & non pour augmenter la reputation de
leur Etat. Qu'on fasse un peu d'attention à ce que les Prophetes nous
representent ces grands Empires qui devoient porter leur reputation si
loin dans le Monde sous les noms & les figures des bêtes les plus redoutables ou les plus sales, * l'un a la figure d'un Lion avec des ongles
d'Aigles, l'autre a la figure d'un Leopard, une autre ressembloit à un
Ours, une quatriéme étoit tout cela ensemble, un Lion, un Ours, un
Leopard ; *Et elle étoit épouvantable, terrible & tres-forte, elle avoit des
dents de fer, elle devoroit & fouloit à ses pieds les Nations §.*; un autre est
un Bouc. Voilà le portrait des Princes qui veulent conserver leur reputation & celle de leurs Etats. Cela n'est-il pas indigne de Princes Chrétiens, qui doivent conserver leurs voisins comme eux-mêmes, & ne
se conserver puissants que pour secourir ceux que les Etats plus puissants
voudroient opprimer ? Dieu n'a pas voulu que les Nations dans lesquelles son Eglise a regné fussent Conquerantes, l'Empire Romain
n'est devenu Chrétien que quand Dieu a voulu luy ôter ce qu'il avoit
ravi aux autres, & rendre à chacun le sien.

Il est donc necessaire selon les loix, je ne dis pas seulement du Christianisme, mais d'un honneste Paganisme, d'ôter à nos Rois le pouvoir sans bornes dont ils se servent à la ruine de la gloire de la Nation.
La veritable & legitime reputation d'un Etat c'est celle de la justice,
de l'equité & de la sincerité. *Per me regnant Reges*, dit la Souveraine
Sagesse; qui est la même que la Souveraine Justice. Or nôtre reputation est perduë sur ces trois articles, *Justice, Equité & Sincerité*; par
l'usage que nos Rois font de leur puissance arbitraire. Ils n'ont point
d'autre justice que les loix de leur ambition. L'an 1667, le Roy se fit
un manteau d'une justice apparente de je ne sçay quel droit de Dévo-
lution dans les Pays-bas, & s'en alla envahir les Etats d'un Prince Mineur son Beau-frere & son Allié: contraint de lascher prise de ce côté
là il se tourne du côté des Hollandois, & sans avoir égard ni à la justice, ni à la bonne foy, il envahit les Provinces Unies avec lesquelles la
Couronne avoit des Traittés aussi anciens que les fondements de la Republique. Et cela sans autre raison ni pretexte, sinon que les Hollandois avoient empêché l'invasion des Pays-bas Espagnols par le Roy,

Dd 3

* *Daniel chap. 7.* §. *Daniel chap. 2.*

ne voulant pas avoir un si fascheux voisin. L'Espagne étant entrée dans la partie on luy enleve la Franche Comté & une grande partie de la Flandre : on garde ces Conquêtes de haute lutte par la Paix : y a-t'il de la justice à tout cela. Avant la guerre sans autre forme on s'étoit emparé de la Lorraine, & on l'avoit proprement volée à son legitime Souverain. Aprés la Paix faite on surprend Strasbourg sur l'Empire & on luy enleve de grandes Provinces sous le titre de réünion. Y a-t'il là dedans justice, equité ou bonne foy ? On fait de nouvelles chicanes sur les limites aux Espagnols, on les engage par là dans une nouvelle guerre, & on leur enleve la Ville de Luxembourg & le reste de la Province. Ne voit-on pas là dedans autant de fraude que de violence ? Enfin est-il rien de plus criant que l'ouverture de cette derniere Guerre, & que la maniere dont on la continuë au prejudice de la foy des Traittés tout nouvellement faits. On commence la Guerre en pleine Paix. On prend Philisbourg, on s'empare de Heydelberg, de Manheim, de tout le Palatinat, de Wormes, de Spire, de Mayence & de tout le Pays du Rhein ; on traitte avec ces Villes, on les reçoit à capitulation, & en suitte on les brûle, on les rase, on reduit tout en cendre & en solitude, sans avoir égard ni aux loix de Dieu, ni à celles de la Guerre, ni aux promesses, ni aux sermens solemnels. Et l'on continuë à agir sur ce pied là. En verité la reputation des François est si perduë qu'on ne les regarde dans le Christianisme pas autrement que des Mahometans & des Gens sans foy. La Puissance Absoluë de nôtre Monarque qu'on croit être la source de la reputation de nôtre Monarchie, est donc une source de honte qui ne s'épuisera jamais. Nous passions autrefois pour une Nation honneste, humaine, civile, d'un esprit opposée aux barbaries. Mais aujourd'huy un François & un Cannibale c'est à peu prés la même chose dans l'esprit des voisins. Il est donc clair que si nous voulons retablir la reputation de la Monarchie, il faut donner ordre que nos Monarques ne puissent pas faire des actions aussi honteuses que celles de ce dernier Regne. Si cela continuë, il n'y aura plus de Nation qui veüille faire des Traittés avec nous. Et en effet à quoy serviroient-ils puisque nous n'y avons aucun égard ? Les plus relachés Machiavelistes en soûtenant que les Princes ne sont obligés à avoir ni Religion, ni bonne foy, & que la Souveraine Religion est l'interêt de l'Etat, avoüent pourtant qu'il est de l'interêt des Princes de paroître avoir de la bonne foy & de la Religion, parce que c'est le fondement des Traittés & des Alliances, & que la reputation & l'apparence de la vertu dans un Prince sont les liens de la fidelité des Sujets. Mais aujourd'huy nôtre Cour ne garde ni les apparences, ni les realités. Elle a renoncé à tout : Nous ferons-nous donc un honneur de passer entre les Chrétiens pour des Brigands, qui ont perdu toute honte ? Il me semble que quand les choses sont montées au point où elles sont aujourd'huy, il est temps de penser à retablir sa reputation entre les Etrangers. Or certainement cela ne se peut, que nôtre Gouvernement ne soit remis sur un autre pied. Car pendant qu'un seul homme qui se conduit par le conseil de deux ou trois autres qui ont depoüillé jusqu'à l'humanité, aura tout le pouvoir en main, on peut être assuré qu'il n'y aura aucun changement dans la conduite des affaires.

Tout cecy tend à faire voir la necessité qu'il y a à travailler à la reformation de nôtre Gouvernement, on en pourroit apporter plusieurs autres preuves. Mais je n'en produiray plus que deux ; encore me conteray-je de les indiquer, & de les laisser pousser aux Lecteurs qui auront quelque penetration. La premiere de ces deux dernieres raisons, c'est qu'on a déja trop tardé à remedier à ce mal. Toutes les maladies deviennent incurables en vieillissant, particulierement celles des Etats. L'amour de la liberté s'efface insensiblement dans les cœurs, les Peuples les plus mal-aisés à tenir en bride, peu à peu prenent l'habitude d'être esclaves : La possession chez les Princes est un grand titre : les Peuples ont beau-dire que leurs droits ne se peuvent aliener & ne se peuvent prescrire ; une tres-mediocre durée fait prescription dans la Jurisprudence des Usurpateurs. Cela signifie que la patience de la Nation n'a déja que trop duré. La diminution de sa liberté a commencé depuis long-temps, mais l'appesantissement du joug n'est que de trois Regnes, du ministere du Cardinal de *Richelieu*, de celuy de *Mazarin*, & de la domination de *Loüis XIV*. si cela se continüe plus longtemps, il sera mal-aisé d'en revenir : sur tout si l'on perd le temps present, on ne trouvera jamais des circonstances aussi favorables. *Loüis XIV*. a besoin de ses Peuples, c'est le temps de le prier d'avoir quelques égards pour ses Sujets & pour la Nation, s'il veut qu'on en ait pour luy.

Ma derniere raison pour montrer qu'il est temps de travailler à ce grand ouvrage, c'est qu'il y va de l'interet de la Religion aussi bien que de celuy de l'Etat. On persuade au Roy que son zele mal-conduit a fait beaucoup de bien & d'honneur à l'Eglise par la suppression des

des Edits autrefois accordés aux Calviniftes, & par les Miffions Dragonnes & violentes dont on s'eft fervi pour les convertir. Mais on l'abufe cruellement : car la conduitte qu'on luy a fait tenir n'a fervi qu'à imprimer à fa reputation une tâche de mauvaife foy & de cruauté qui ne s'effacera jamais. Il n'a converti aucun Calvinifte, & il a fait une infinité de mauvais Catholiques. Il a rempli l'Eglife Gallicane d'hypocrites, & il a donné de l'horreur à plufieurs anciens Catholiques, qui font prefentement dans des doutes & des prejugés favorables au Calvinifme. Et pour l'Eglife, combien trifte eft l'efclavage où on l'a reduite. Je l'ay montré & d'autres l'ont fait voir plus amplement avant moy. Toute authorité Ecclefiaftique eft aneantie. On ne fçait ce que c'eft que de Canons, que de Pape, que de Conciles, tout eft englouti dans l'authorité d'un feul homme qui afflige l'Eglife felon les infpirations qu'il reçoit d'une malheureufe Societé. Les chofes n'iront pas autrement jufqu'à ce que le Gouvernement ait été remis comme il étoit autrefois entre les mains des Sages de la Nation, pour le partager avec le Roy.

Fin du Treiziéme Memoire.

LES SOUPIRS
DE LA
FRANCE ESCLAVE
Qui aspire aprés la Liberté.

XIV. MEMOIRE,
Du 15. d'Août 1690.

Continuation des preuves de la necessité qu'il y a de penser à reformer le Gouvernement : Reflexions sur les Batailles de Mer & de Terre que nous avons gagnées ; & sur le Memoire du Roy au sujet des affaires de Savoye.

Ans le dessein que nous avons de faire renaître dans les cœurs des François l'esprit de Liberté que la Tyrannie a éteint, nous avons cy-devant fait voir l'excés où est montée la Tyrannie, les moyens dont elle s'est servie pour s'établir & pour se conserver, combien elle s'est éloignée des anciennes Loix de la Monarchie Françoise, & comment il est necessaire de ramener le Gouvernement à son ancienne forme. A present nous en sommes à l'article de la justice de la cause que nous plaidons, & des pensées que nous voulons inspirer aux Peuples. Car nous nous sommes proposés de prouver que la reformation de l'Etat est necessaire, qu'elle est juste, & enfin qu'elle n'est pas impossible si on s'y prend bien. Nous avons prouvé qu'elle est necessaire pour la conservation, pour la gloire & pour l'honneur de la Monarchie. Il faut desormais prou-

E e

ver qu'elle est juste, & qu'on ne fera aucun tort au Roy & à la Cour en leur demandant qu'on rabbate de cette extrême hauteur avec laquelle on a gouverné depuis quelque temps un Peuple libre. Mais avant cela nous nous trouvons obligés à répondre à des objections qui sont toutes nouvelles & qui naissent des grands événements arrivés depuis nôtre dernier Mémoire. Nous y prouvons que la prosperité de nôtre Monarchie ne pouvoit être de longue durée, & que nous tendions à nôtre ruine si nous ne courions aux remedes, qui étoient de diminuër le nombre des Mécontents qui sont dans le Royaume. Il semble que le Ciel ait pris sur soy de nous refuter. Voilà, dit-on, toutes les craintes que nous voulions donner entierement dissipées. Nous representions les ennemis du Roy comme terribles. Nous supposions qu'ils pourroient bien-tôt se faire une porte pour entrer en France; nous supposions aussi qu'ils y trouveroient un grand nombre de gens qui aspirent au changement, & qui se trouvant tres-mal sous leur ancien Maître, ne seroient pas fâchés d'en essayer d'un nouveau. Mais voicy la carte bien changée, & nous nous trouvons, à ce que l'on croit, fort loin de nôtre conte. Voilà les ennemis battus par Mer & par Terre, la perte de la Bataille de Fleury les a mis aux abois. On ne craint plus la Ligue ny les desseins des ennemis de la France. Une grande Bataille Navale gagnée à dix jours delà met toutes nos Côtes en seureté, nous rend Maîtres de la Mer. Ainsi nous n'avons plus rien à craindre du dehors; rien à craindre par conséquent du dedans. Par conséquent aussi voilà tous les mauvais presages dissipés. Je suis bien fâché de n'être point en état de me réjoüir beaucoup de tous ces grands avantages de la Couronne, quoy que je prenne autant de part que qui que ce soit à sa conservation & à sa gloire. Mais quand nous aurions toute sorte de foy pour tout ce qu'on dit de ces glorieuses victoires, je ne croy pas que le Royaume ait autant de sujet de s'en réjoüir que la Cour. Ce seroient les victoires du Roy: mais elles seroient remportées sur les Sujets de l'Etat plus que sur ses ennemis. Ce seroient des moyens d'aggraver nôtre joug & d'assurer nôtre servitude. Car le Roy ne sçauroit devenir plus puissant que nous ne devenions plus miserables. Mais outre cela je ne sçay quels bruits qui s'échapent à travers l'exacte garde que l'on fait sur nos frontieres pour éloigner la verité des événements, me fait soupçonner qu'il y a quelque chose de plus ou de moins que ce qu'on nous dit. Et de la maniere que j'envisage les choses, bien loin de regarder les événements presents comme des presages de nôtre grandeur future,

ou de la confervation de nôtre grandeur prefente, je les regarde plûtôt
comme des prefages de nôtre perte prochaine. Et voicy comme je raifonne. Il faut avoüer que jamais nous n'avons fait des efforts femblables à ceux que nous faifons cette Campagne. Jamais nous n'avons tant
dépenfé & en intelligences, & en amas de forces. On avoit jetté du
côté de la Flandre les femences d'une revolution prefqu'entiere par les
Traîtres qu'on avoit gagnés à l'Eclufe, à Bruges, à Gand, & prefque
dans toutes les Villes du Pays-bas : on avoit avancé la Campagne &
l'on avoit prévenu les ennemis : on s'étoit avancé vers Gand avec une
puiffante Armée jufqu'à Deynfe qui n'eft qu'à deux lieües de Gand pour
obferver le moment que la mine joüeroit. Mais malheureufement elle
a été éventée, les Traîtres & les deffeins ont été découverts. Il a donc
falu revenir avec nôtre courte honte. Il eft vray, nos Generaux ont fort
bien pris leur mefure pour fe vanger de l'affront qu'ils avoient reçeu.
On a jetté deux grandes Armées fur cette Frontiere : on les a jointes
fort adroitement, fort à propos & fort fecretement. Le General de l'Armée Hollandoife ne s'en eft pas apperçû; il a offert la Bataille, on l'a
acceptée, croyant n'avoir à combâtre que contre 25. mille hommes, &
il s'eft trouvé en avoir plus de quarante mille fur les bras. La furprife
auroit déconcerté le General le plus intrepide, & l'Armée la plus ferme.
Cependant cela n'eft pas arrivé, les Hollandois fe font bâtus comme des
Lions durant huit ou dix heures. Il eft vray que nous fommes demeurés
Maîtres du Champ de Bataille; les Ennemis fe font retirés fans déroute
pourtant; leur départ n'a été à propos parler ni déroute, ni retraite. Ce
n'a pas été une déroute, car ils n'ont pas été pourfuivis, & le refte de
leur Armée s'eft retirée affés tranquillement & avec ordre. Ce n'a pourtant pas été une retraite, car nous avons laiffé beaucoup de Prifonniers.
Quoy qu'il en foit, l'honneur nous en eft demeuré, auffi-bien que le
Champ de Bataille & quantité d'Etandards & quelques pieces de Canon.
Les Ennemis ont fauvé leur bagage, ce qui eft le principal. C'eft une
victoire dont on a fait grand bruit. Mais j'ay peur qu'elle ne nous coûte plus qu'elle ne vaut. Car nous avons vû certaines relations faites
par nos propres gens où l'on nous fait perdre quatre Lieutenants Generaux, fix Brigadiers, douze Collonnels, prés de cent Capitaines,
fept ou huit cents Officiers de tous ordres, & dix à douze mille Soldats morts, bleffés & hors de combat. Il faut avoüer qu'une telle victoire reffemble à une bataille perduë. Mais fuppofons qu'il y ait de
l'excés à tout cela, & que le rapport foit enflé; il y a pourtant deux

choſes qui m'incommodent : la premiere c'eſt que nos ennemis avec cette bataille perduë ſont demeurés ſur leurs pieds comme auparavant; la ſeconde que nous ſommes demeurés dans nôtre place nous promenant fort en liberté ſur les bords de la Sambre , mais ſans paſſer plus outre. En verité ſi c'eſt là tout ce qui nous revient de nôtre victoire, je ne trouve pas que cela vaille nôtre Cavalerie preſque toute miſe hors de combat , & nôtre meilleure Infanterie perduë , ni que cela recule fort nôtre derniere ruine. C'eſt là tout ce que nous avons pû faire quand nous avons été deux contre un. Bien loin de tirer de là un bon preſage , j'en tire un fort mauvais : car je crains que nous ne ſoyons battus quand la partie ſera égale , beaucoup plus quand nos ennemis ſe trouveront plus fort que nous. Ce qui tres-aſſurément arrivera bien-tôt. Le fruit de nôtre victoire c'eſt que depuis quelques ſemaines nôtre Armée s'eſt retirée vers nos Places avec precipitation & avec des airs de conſternation. Voilà une groſſe Armée d'Allemands arrivée ſous la conduite de l'Electeur de Brandebourg. Il y a encore deux mois de campagne , il ne faut que perdre une bataille toute ſemblable à celle que nous avons gagnée pour laiſſer la France ouverte à l'ennemy. Dix mille hommes perdus dans une bataille gagnée & autant dans une bataille que nous pouvons perdre , éclairciront beaucoup nos Bataillons & nos Eſcadrons. Car nous n'avons pas les mêmes reſſources que nos ennemis. Il ne nous vient pas des troupes d'Eſpagnols , d'Allemands & d'Anglois tout frais pour fermer les bréches qui auront été faites. Je ne trouve donc pas que nous ayons fait ſi grande choſe ſur terre. Et je ne ſçay ſi nous avons plus de lieu de nous glorifier de ce que nous avons fait ſur la Mer.

Il faut avoüer que nos efforts par Mer ont été encore plus terribles & plus extraordinaires que ſur Terre. Jamais nôtre Cour n'a eu tant de lieu de ſe promettre de grands ſuccés : Nos intelligences en Angleterre étoient grandes , bien concertées. Tous les Catholiques Anglois étoient prêts à prendre les armes auſſi-tôt que le Prince d'Orange ſeroit en Irlande : Ils avoient dans leur party les propres Parents de la Reine & un grand nombre de Seigneurs. L'Ecoſſe étoit encore plus diſpoſée à un ſoulevement. Et preſque tout ce qu'il y a de grands Seigneurs avoient pris la Campagne attendant un débarquement de Troupes Françoiſes. Jugés quel menage tout cela devoit faire. On avoit de plus gagné le Comte de Torrington Amiral de la Flotte Angloiſe. Peut-être avoit-il concerté ſon action avec pluſieurs de ſes Capitaines de Vaiſſeaux. Et

outre tout cela *Guillaume de Naffau* ce certain Geant qui avec fa mediocre
taille nous porte ombre jufque dans Verfaille, étoit abfent & éloigné ;
plufieurs terres & plufieurs Mers faifoient que nous ne le craignions pas.
Sur des mefures fi bien prifes on auroit gagé, & juré de l'evenement.
Mais fur le point que toute la machine va jouër, en voilà une partie qui
fe démonte. On découvre la confpiration ; on arrête en Angleterre plus
de 30. des principaux Confpirateurs. Le refte ne laiffe pas d'agir ; nous
nous avançons fur les Côtes d'Angleterre à la veuë de l'Ile de Wigt avec
130. voiles, dont 82. étoient Vaiffeaux de guerre, la plûpart du premier &
du fecond rang, de cent, quatre-vint & quatre-vint-dix piéces de Canon.
Torrington jouë fon jeu, il refufe la Bataille, il reçoit ordre de la Cour d'Angleterre de la donner, nonobftant, l'énorme, difproportion de forces ; car
il n'y avoit Hollandois & Anglois que 55. Vaiffeaux contre 82. beaucoup moindres que ceux du Roy. Cependant les Hollandois fe confiants
dans l'experiance qu'ils ont dans la Marine qui furpaffe celle des François
confentent à donner Bataille. L'Amiral d'intelligence avec nous donne
l'avantgarde à vint-deux Vaiffeaux Hollandois, il les engage dans le
Combat, il les y laiffe ; il fe tient à quartier à un ou deux mille. Il tire
quelques bordées de Canon par grimace & laiffe perir l'Efcadre Hollandoife ; qui fe défend une journée entiere contre toute nôtre Flotte : prodige des plus furprenants qui ait jamais été vû. Ils tuent fur nôtre Flotte
infiniment plus de gens qu'on ne leur en tuë, & fe retirent enfin, mais
comme on peut croire dans le dernier defordre, Vaiffeaux percés, Mats
fracaffés, & prefque tous defemparés. Pour nous il nous reffe pour
fruits de nôtre victoire quelques Vaiffeaux de nôtre Flotte coulés à fonds,
le Squelette d'un de ceux des Ennemis qu'il falut laiffer enfoncer, parce
qu'il ne pouvoit plus flotter, & un feul Capitaine prifonnier, avec
trente Matelots. Voilà tout ce qui nous en revient. Sçavés-vous bien
comment je raifonne là deffus ? Bien loin que je m'en face une affurance pour l'avenir, je m'en fais un vray fujet de crainte. Car je dis, nous
avons mis en Mer le plus puiffant armement qui s'y foit veu depuis
cent ans. 130. Voiles 82. Navires de guerre, toute l'Europe en a été
étonnée. Et la France fans doute en a été épuifée. Nous avons attaqué une Flotte de 55. Vaiffeaux. Nous en avons rendu inutile les deux
tiers par nos intelligences avec ceux qui la commandoient. Et avec des
avantages fi grands le tout fe reduit à brifer quinze ou vint mats & à
faire perir fept ou huit Navires ; C'eft affurement un prodige pour l'Hiftoire, auquel on n'adjoûtera pas de foy ; qu'une Flotte fi nombreufe

chofes qui m'incommodent : la premiere c'eft que nos ennemis avec cette bataille perduë font demeurés fur leurs pieds comme auparavant; la feconde que nous fommes demeurés dans nôtre place nous promenant fort en liberté fur les bords de la Sambre, mais fans paffer plus outre. En verité fi c'eft là tout ce qui nous revient de nôtre victoire, je ne trouve pas que cela vaille nôtre Cavalerie prefque toute mife hors de combat, & nôtre meilleure Infanterie perduë, ni que cela recule fort nôtre derniere ruine. C'eft là tout ce que nous avons pû faire quand nous avons été deux contre un. Bien loin de tirer de là un bon prefage, j'en tire un fort mauvais : car je crains que nous ne foyons battus quand la partie fera égale, beaucoup plus quand nos ennemis fe trouveront plus fort que nous. Ce qui tres-affurement arrivera bien-tôt. Le fruit de nôtre victoire c'eft que depuis quelques femaines nôtre Armée s'eft retirée vers nos Places avec precipitation & avec des airs de confternation. Voilà une groffe Armée d'Allemands arrivée fous la conduite de l'Electeur de Brandebourg. Il y a encore deux mois de campagne, il ne faut que perdre une bataille toute femblable à celle que nous avons gagnée pour laiffer la France ouverte à l'ennemy. Dix mille hommes perdus dans une bataille gagnée & autant dans une bataille que nous pouvons perdre, éclairciront beaucoup nos Bataillons & nos Efcadrons. Car nous n'avons pas les mêmes reffources que nos ennemis. Il ne nous vient pas des troupes d'Efpagnols, d'Allemands & d'Anglois tout frais pour fermer les brêches qui auront été faites. Je ne trouve donc pas que nous ayons fait fi grande chofe fur terre. Et je ne fçay fi nous avons plus de lieu de nous glorifier de ce que nous avons fait fur la Mer.

Il faut avoüer que nos efforts par Mer ont été encore plus terribles & plus extraordinaires que fur Terre. Jamais nôtre Cour n'a eu tant de lieu de fe promettre de grands fuccés ? Nos intelligences en Angleterre étoient grandes, bien concertées. Tous les Catholiques Anglois étoient prêts à prendre les armes auffi-tôt que le Prince d'Orange feroit en Irlande : Ils avoient dans leur party les propres Parents de la Reine & un grand nombre de Seigneurs. L'Ecoffe étoit encore plus difpofée à un foulevement. Et prefque tout ce qu'il y a de grands Seigneurs avoient pris la Campagne attendant un débarquement de Troupes Françoifes. Jugés quel menage tout cela devoit faire. On avoit de plus gagné le Comte de Torrington Amiral de la Flotte Angloife. Peut-être avoit-il concerté fon action avec plufieurs de fes Capitaines de Vaiffeaux. Et outre tout cela *Guillaume de Naſſau* ce certain Geant qui avec ſa mediocre taille nous porte ombre juſque dans Verſaille, étoit abſent & éloigné ; pluſieurs terres & pluſieurs Mers faiſoient que nous ne le craignions pas. Sur des meſures ſi bien priſes on auroit gagé, & juré de l'evenement. Mais ſur le point que toute la machine va jouer, en voilà une partie qui ſe démonte. On découvre la conſpiration, on arrête en Angleterre plus de 30. des principaux Conſpirateurs. Le reſte ne laiſſe pas d'agir ; nous nous avançons ſur les Côtes d'Angleterre à la veüe de l'Ile de Wigt avec 130. voiles, dont 82. étoient Vaiſſeaux de guerre, la plûpart du premier & du ſecond rang, de cent, quatre-vint & quatre-vint-dix pièces de Canon. *Torrington* joue ſon jeu, il refuſe la Bataille, il reçoit ordre de la Cour d'Angleterre de la donner, nonobſtant l'énorme, diſproportion de forces ; car il n'y avoit Hollandois & Anglois que 55. Vaiſſeaux contre 82. beaucoup moindres que ceux du Roy. Cependant les Hollandois ſe confiants dans l'experiance qu'ils ont dans la Marine qui ſurpaſſe celle des François conſentent à donner Bataille. L'Amiral d'intelligence avec nous donne l'avantgarde à vint-deux Vaiſſeaux Hollandois, il les engage dans le Combat, il les y laiſſe ; il ſe tient à quartier à un ou deux mille. Il tire quelques bordées de Canon par grimace & laiſſe perir l'Eſcadre Hollandoiſe ; qui ſe défend une journée entiere contre toute nôtre Flotte : prodige des plus ſurprenants qui ait jamais été vû. Ils tuent ſur nôtre Flotte infiniment plus de gens qu'on ne leur en tuë, & ſe retirent enfin, mais comme on peut croire dans le dernier deſordre, Vaiſſeaux percés, Mats fracaſſés, & preſque tous deſemparés. Pour nous il nous reſte pour fruits de nôtre victoire quelques Vaiſſeaux de nôtre Flotte coulés à fonds, le Squelette d'un de ceux des Ennemis qu'il falut laiſſer enfoncer, parce qu'il ne pouvoit plus flotter, & un ſeul Capitaine priſonnier, avec trente Matelots. Voilà tout ce qui nous en revient. Sçavés-vous bien comment je raiſonne là deſſus ? Bien loin que je m'en face une aſſurance pour l'avenir, je m'en fais un vray ſujet de crainte. Car je dis, nous avons mis en Mer le plus puiſſant armement qui s'y ſoit veu depuis cent ans. 130. Voiles 82. Navires de guerre, toute l'Europe en a été étonnée. Et la France ſans doute en a été épuiſée. Nous avons attaqué une Flotte de 55. Vaiſſeaux. Nous en avons rendu inutile les deux tiers par nos intelligences avec ceux qui la commandoient. Et avec des avantages ſi grands le tout ſe reduit à briſer quinze ou vint mats & à faire perir ſept ou huit Navires ; C'eſt aſſurement un prodige pour l'Hiſtoire, auquel on n'adjoûtera pas de foy ; qu'une Flotte ſi nombreuſe ait combattu contre le tiers d'une autre Flotté qui étoit le tiers moindre, & qu'elle n'ait pas abîmé toute la Flotte, pour en suitte demeurer Maîtresse de la Mer & faire descente par tout où elle eût voulu. L'avantage n'a pas même été assés entier pour poursuivre les débris de cette pauvre Escadre Hollandoise. Ce qu'il est peri de Vaisseaux, ce sont les Hollandois eux-mêmes qui les ont laissé couler à fonds après en avoir retiré les équipages & les munitions. On ne sçauroit s'empêcher de conclurre de là, que Nous sommes à la fin de nos prospérités. Ce sont là les derniers efforts d'une bonne fortune mourante : efforts qui languissent, qui secoüent le corps & qui ne produisent rien. De là on conclut que quand nous trouverons des Ennemis à combattre, nous sommes perdus, puis que nous n'avons pû vaincre quand nous n'avons point eu d'Ennemis. Le plus grand plaisir qui nous revient de tout cecy, c'est celuy d'avoir causé une perte assés considerable aux Hollandois que nous haïssons mortellement, car nous voudrions avoir mangé le cœur du dernier : parce qu'ils nous ont causé la plus grande des mortifications que nous ayons jamais receuë, en fournissant au Prince d'Orange les forces qui l'ont fait Roy d'Angleterre. En effet il semble que nôtre Cour n'ait eu en veuë que le plaisir de cette petite vangeance que nous avions bien promise aux Hollandois. Mais il faut avoüer que cette vangeance est bien imparfaite & le plaisir par conséquent fort traversé. Car je ne trouve pas déja par rapport aux Hollandois que cette perte les ait mortifiés. Ils ont une Armée de Terre qui vaut mieux que la premiere. Et si on les en croit, ils sont fort en état de réprendre leur revanche; pour leur Flotte cet échec, qui leur a mis douze ou quinze Vaisseaux hors de combat, en produira bien quarante autres qui sortiront de leurs Ports & de ceux d'Angleterre. Si nous ne sommes pas assés heureux pour trouver un second *Comte de Torrington*, malheur à nous avec tout nôtre prodigieux Armement Naval. Ces pertes tant par Mer que par Terre n'ont pas abbatu les Hollandois, mais elles leur ont relevé le courage. Jamais victoires gagnées n'ont autant fait d'honneur que leur en ont fait ces Batailles perduës. Ils sont fort consolés de voir nos Gazettes qui ne loüent que le Roy & ses Generaux, leur rendre témoignage d'avoir fait des merveilles & sur Mer & sur Terre. D'ailleurs la perte les anime; ils pourront donc être encore plus vaillants à la seconde fois qu'à la premiere, & il est à craindre que nous nous en trouvions mal. Pour ce qui est des Alliés, nous ne voyons pas que ces pertes les ayent étonnés & ayent déconcerté leurs desseins. Ils different d'éclater, mais il eſt à craindre que l'éclat ne s'en faſſe bien-tôt à nôtre ruine. Voilà comment on raiſonne differemment ſur un même ſujet ; nos victoires promettent une continuation de durée à nôtre Monarchie, ſelon les uns, & ſelon d'autres ce ſont des préſages d'une prochaine tempeſte, & d'un malheureux ſuccés. Je voudrois qu'on en eût prévenu les ſuites par des conſeils ſages & par une conduite moderée ; mais je crains qu'il ne ſoit déja trop tard.

Nos victoires ne nous promettent donc pas grande choſe. Mais voilà d'autre part deux autres évenements qui nous ſont de terribles menaces, c'eſt la Declaration du Duc de Savoye contre nous, & la perte de l'Irlande. Ces deux grands évenements meritent bien qu'on y faſſe reflexion. L'affaire de Savoye eſt de ſi grande importance, que je ne voy pas quels remedes on pourra oppoſer aux maux qui nous doivent venir de ce côté-là. Nous croyons avoir fort bien pourvû à nôtre ſeureté par la multitude de places fortifiées qui ſont depuis Hunning juſqu'à Dunquerque. Mais voicy un endroit à quoy l'on n'avoit point penſé. La foibleſſe du Duc de Savoye nous paroiſſoit un rempart derriere lequel il n'y avoit rien à craindre. Et nous ne penſions pas avoir à nous défendre contre un Prince qui a toûjours été de nôtre dépendance, que nous avions toûjours traitté comme un petit garçon, & que nous avions mis ſous la tutele de deux femmes, ſous la main deſquelles nous ne croyons pas qu'il pût s'échaper. Nous ne ſoupçonnions pas qu'à ſon âge il eût la hardieſſe de ſecoüer le joug d'un auſſi grand Roy qui auroit pû le dépoüiller en huit jours de ſes Etats. Mais toutes nos conjectures ſe ſont trouvées fauſſes, & nos eſperances ſe ſont évanoüies par un coup entierement imprevû. Preſentement nos ennemis ne manquent plus de porte pour nous venir voir. Voilà plus de cent lieües de pays depuis la Mer Mediterranée juſqu'à Geneve, c'eſt à dire toutes les frontieres qui ſeparent la Provence & le Dauphiné du Piémont, de la Savoye, entierement expoſées aux Alliés. Point de Villes à prendre, point de paſſages à forcer, car tout eſt uni, & s'il y a quelques paſſages difficiles, les Savoyards & les Piémontois en ſont à peu prés les Maîtres. Et ce qu'il y a de faſcheux : c'eſt que ce ſont des Provinces éloignées de la Cour : & dont on n'a aucun ſujet de ſe promettre de la fidelité. La Provence eſt toute Catholique. Mais il n'y en a pourtant point qui porte ſon joug plus impatiemment. La Citadelle de Marſeille luy eſt une épine qu'elle arrachera le plûtôt qu'elle pourra ſans reſpecter celuy qui l'a plantée. Pour ce qui eſt des Provinces de Dau-

phiné & de Languedoc, les severités qu'on y a exercées, plus de trente ou quarante massacres executés, tant de personnes penduës, entre
lesquelles il y a plusieurs Prédicants & Ministres, tant d'autres exilées
& envoyées aux Galeres, tant d'autres qu'on a fait perir dans les prisons : Tout cela, dis-je, fait assez comprendre ce que l'on a sujet d'esperer ou de craindre de ces Provinces. Si le feu étoit une fois dans le
Languedoc, il seroit bien prés du Bearn & de la Guyenne. Eu un mot
pour se munir contre toutes les craintes & prévenir tous les perils, la
Cour aura besoin de toute sa prudence & de toute la force de l'Estat.
Le Memoire que le Roy a fait publier sur les raisons qu'il a euës d'envoyer une Armée en Savoye, fait assez voir ce que l'on craint. Car il parle d'un certain projet qui a été connu par les depositions de plusieurs Ministres
& Predicants qui ont été pris en Languedoc. Et le projet, dit-on, étoit de
faire soulever les nouveaux Convertis par le moyen des Ministres qu'on enverroit en France.

Au reste ce memoire nous donne une juste occasion de faire icy plusieurs reflexions qui iront à nôtre but, qui nous ferons voir que nous a-
vons plus à craindre que l'on ne s'imagine, & que nous n'avons pas
tant de raison que nous croyons. Voicy comme on commence.

Il n'y a personne à présent qui puisse douter des mauvais desseins que le
Duc de Savoye a formés depuis quelque temps avec les Ennemis de la France,
tant pour exciter des troubles en Dauphiné, que pour ôter au Roy les moyens
de secourir les Places que Sa Majesté possede en Italie, & qui sont seules capables d'empêcher que la Maison d'Autriche ne s'empare de toute cette grande
Partie de l'Europe qui a toûjours fait le principal objet de son ambition. J'observe là-dessus. I. Qu'on appelle *mauvais desseins* les mesures que le Duc
de Savoye a prises avec les Princes Alliés pour se mettre en liberté. A la
verité ce sont de mauvais desseins par rapport à nous, car dans les circonstances presentes sans doute il nous fera beaucoup de mal. Mais ne
faut-il pas faire justice à tout le monde ? Comment avons nous traitté
le Duc de Savoye ? nous l'avons forcé l'épée à la main à massacrer ses
Sujets Vaudois, à dépeupler son Pays, & à se rendre odieux auprès de
tous les Princes Protestants par un manquement de parole insigne &
par une cruauté qui a peu d'exemples. Nous l'avons traitté en enfant :
nous l'avons voulu marier en Portugal à dessein de l'envoyer à deux
ou trois cents lieües de chez luy pour avoir lieu de nous rendre maître
de ses Estats ; nous avons usé de son bien, de ses troupes, de ses places,
de ses armes comme des nôtres, avec une hauteur qui auroit blessé le
cœur

cœur le plus bas & le plus stupide. 2. C'est une fort plaisante chose que l'on dit icy pour le Roy : qu'il a occupé des places en Italie pour empêcher *la Maison d'Autriche de s'emparer de cette grande Partie de l'Europe.* C'est precisement pour la conservation des Princes & de la liberté de l'Italie que le Roy s'est acquis Casal & Pignerol, & qu'il les a fortifiées & remplies de grosses garnisons. En verité ces sortes de choses font tort aux Ministres que le Roy employe pour le justifier & les rendent ridicules. On sçait jusqu'où va nôtre ambition, on voit qu'elle n'a pas de bornes, & on croira que c'est par amitié pour les Princes d'Italie que nous allons prendre leurs places, & établir des Citadelles au milieu de leur Pays. C'est par amitié aussi pour le Duc de Savoye que nous voulions avoir Turin & Verüe. C'est bien prendre son temps pour donner de la jalousie aux Princes d'Italie du voisinage de la Maison d'Autriche, & de son ambition. De qui est-ce que l'on redoute l'ambition, ou de la France ou de la Maison d'Autriche ? Et qui est-ce qui a enlevé à ses voisins cinq ou six Provinces, & un nombre infini de places ? Certainement, si les Alliés n'avoient donné un frein à nôtre ambition, les Princes d'Italie avoient tout à craindre pour leur liberté. Car on sçait bien, que nous n'avons été planter nos estandarts dans Casal qu'afin d'être au milieu du Pays, pour prendre les occasions de nous en emparer. Et veritablement l'on ne comprend rien à la conduite presente des Princes d'Italie & dans les délais qu'ils apportent à se declarer pour le Duc de Savoye, qui s'est sacrifié pour leur salut commun. Est-il possible qu'ils perdroient cette occasion de s'ôter du pied les espines de Casal & de Pignerol ? La Republique de Genes a-t'elle oublié l'embrasement de ses Palais, & les entreprises de la France pour la ruiner & la reduire en cendres au milieu de la Paix & sans declaration de guerre ? ne se souvient-elle plus des outrages & des injures qu'on luy a fait souffrir, & comment elle fut obligée d'envoyer son Doge demander pardon à un Roy qui l'avoit cruellement traittée ? les Princes diront-ils qu'ils sont trop foibles pour se declarer contre un si grand Roy ? Mais qu'ont-ils à craindre à l'abry d'une aussi puissante Ligue ? ont-ils lieu de craindre qu'on les oublie dans un Traitté de Paix & qu'on neglige leurs interêts ? Il faut donc avoüer que nous n'avons pas trop de raison de nous plaindre de ce que *le Duc de Savoye a voulu ôter au Roy les moyens de secourir les places que Sa Majesté possede en Italie.* Car en cela le Duc a agi selon ses interêts & selon les interêts de tous les Princes ses voisins. On ne doit pas trouver étrange que nous parlions icy d'une ma-

niere qui ne s'accorde point avec les intentions de la Cour. Car nous
avons dessein de faire comprendre au Peuple François combien il est
obligé de travailler promptement & efficacement à la reformation du
Gouvernement , & d'amener le Roy à y consentir. Or jamais il n'y
consentira qu'il ne s'y voye forcé par le nombre de ses ennemis. C'est
pourquoy sans avoir des pensées opposées aux veritables interêts du
Royaume , on peut souhaiter beaucoup d'ennemis au Roy.

. Le Memoire continuant dit : *Cependant comme il a paru quelques écrits*
même sous le nom du Duc de Savoye , qui tendent à faire croire qu'il n'a pris la
resolution d'embrasser le parti des ennemis de la France que parce qu'il y a été
forcé par l'entrée des troupes de Sa Majesté dans ses Etats , commandées par
le Sr. de Catinat , il est bon de faire connoître le peu de solidité , &c. & le
peu de sincerité , &c. Comme on ne peut juger des sentimens des hommes que par ce qui se voit dans leur conduite, Je ne sçay pourquoy nous
jugerions des intentions du Duc autrement que ses actions ne nous donnent lieu d'en juger. On l'a vû toûjours fort soûmis à la France. On
croit facilement que sa soûmission n'étoit pas fort volontaire. Il étoit
sans doute assez fasché d'être le Gouverneur du Roy de France , pour
le Piémont & pour la Savoye. On croit aussi facilement que s'il avoit
crû pouvoir prendre des mesures justes & sures pour se mettre en liberté , il l'auroit fait. Mais on croit sçavoir aussi qu'il n'avoit intention
que de se conserver , & de se menager de telle sorte , que de quelque
côté que se declarât la victoire , ou pour nous, ou pour nos ennemis,
il eût quelques raisons à leur dire pour n'être pas mangé. Et cette conduite étoit entierement selon ses interêts ; au lieu qu'une déclaration
ouverte y étoit entierement opposée. Il ne l'auroit donc pas faite s'il
n'y avoit été forcé. Mais ce sont nos hauteurs ordinaires ; nous n'avons
pû souffrir quelques mesures secretes que le Duc prenoit avec l'Empereur & le Roy d'Espagne , pour n'être pas enveloppé dans la ruïne de
la France , en cas qu'elle vint à être accablée par la Ligue. Il n'y avoit
rien de plus innocent que ses intentions ; il ne faloit pas prendre garde à
ce que nous appellons *de fausses demarches*. Mais nôtre maxime c'est *tout*
ou rien ; il faut avoir toute sorte de seuretés pour le Piémont : Et pour
le faire , il s'en faut saisir. Et qui est le Prince qui n'aimeroit autant perdre tous ses Etats , que de se voir prisonnier & assiegé dans sa Capitale , & ses deux principales places entre les mains d'un Prince puissant ?
Quel épouvantable orgüeil est cela en l'état où nous sommes , d'aller
demander à un Souverain ses Citadelles & ses troupes ? Il n'y avoit

donc pas de milieu à prendre, il faloit que le Duc fit ce qu'il a fait. C'est là nôtre train : nous nous perdons par nôtre orgüeil ; nous trait- tons tous les Princes nos voisins comme des Vaffaux. On verra si nous continuërons toûjours sur ce ton-là. Avec tout cela nôtre fierté est mal- entenduë , on ne peut pas voir une conduite moins sage qu'a été la nô- tre à l'égard de l'affaire de Savoye, il nous étoit important d'être assu- rés des paffages qui menent à Casal. Il faloit avoir en mains les moyens de tenir en bride la Republique de Genes & les autres Princes. Il ne fa- loit donc pas faire l'affaire à demi. Il faloit envoyer une Armée capa- ble d'affieger & de prendre Turin , & de s'emparer de tout le Piémont. C'étoit une affaire de moins de quinze jours & toute l'Italie auroit trem- blé , le Milanois auroit fubi le joug , & peut-être que les liens de la Li- gue auroient été rompus par ce coup. Le Duc n'avoit rien de prêt, le Milanois ne pouvoit alors fournir de troupes. Il est vray que cela auroit été contre l'honneur & contre la bonne foy. Mais nous avons bien accoûtumé de garder des mesures avec l'honneur & la bonne foy. Et c'étoit bien là l'occasion de se faire des fcrupules que nous n'avions jamais eus. Aprés tout il est bien moins contre l'honneur & la bonne foy d'aller demander à un Prince ses troupes & ses deux principales Ci- tadelles , que de s'emparer tout d'un coup de son Pays ! Se faire donner de cette maniere , ou prendre de vive force , c'est à peu prés la même chose. Oüy : mais cela auroit donné de la jalousie aux Princes d'Ita- lie. Et qu'est ce que cela eût produit ? ils auroient eu de la jalousie & de la peur en même temps. Mais ils auroient eu les bras liés. Et de plus que le Piémont fût tombé par ceffion du Duc entre nos mains , les Princes d'Italie en auroient-ils eu moins de jalousie ? Il n'en faloit donc pas faire à deux fois. Mais au lieu de cela , nous nous sommes allés faire voir au Duc avec une Armée de 13. ou 14. mille hommes , on a chicané avec luy , on s'est laiffé tromper par des feintes propositions de Traités , par des Lettres que le Duc a écrites au Roy , & ainfi il a gagné un mois de temps : durant lequel il a difposé ses affaires & fes Voifins à une vigoureuse refistance. Voilà ce que nous appellons, *le peu de fincerité qu'il y a eu dans toute la conduite qu'il a tenuë avec Sa Majesté.* Voilà un grand fujet de plainte ! Le Roy envoye une Armée en Piémont qui commence par demander au Duc ses meilleures Trou- pes , c'est à dire par demander que le Duc se laiffe couper bras & jam- bes ; on pousse en continuant , & on demande les Fortereffes de Pié- mont , c'est à dire que le Duc se laiffe couper la tête. Et l'on appelle

F f 2

manque de sincerité, les mesures fines & secretes que le Duc prend pour éluder des propositions si étranges. Je ne sçay comment on a si-tôt oublié la maxime *Dolus an Virtus, &c.* dont nous nous sommes tant servis. Il n'y a rien de si plaisant que de nous voir coucher en jeu la sincerité, & faire des reproches aux autres là-dessus : nous, dis-je, qu'on accuse d'avoir violé tous les Traittez, d'avoir menagé des Traitres & des trahisons à Strasbourg pour nous emparer en pleine Paix d'un membre de l'Empire si considerable ; d'avoir été bombarder Genes par la plus lasche surprise qui fut jamais, d'avoir réüni à la Couronne des Provinces entieres d'Allemagne & toute la Province de Luxembourg sous pretexte de chicanes, dont le plus Fripon Procureur du Parlement de Paris n'auroit pas voulu se servir. Le Memoire dit que *Monsieur le Duc de Savoye avoit écrit au Roy une lettre du 20. de May, par laquelle essayant de justifier à Sa Majesté ses bonnes Intentions, il promet positivement au Roy de remettre la Citadelle de Turin & de Verrüe. Mais il supplie Sa Majesté que ce soit par un Traitté.* Après une parole si formellement donnée à un si grand Roy, M. le Duc de Savoye a la malhonnêteté de manquer à sa parole, & bien pis il va jusqu'à se declarer pour les ennemis du Roy. Voilà un defaut de sincerité qui n'est point pardonnable. Mais je prévois que le Duc nous dira, que selon les bons Casuites, quand un voleur, le pistolet à la gorge, vous a fait promettre de luy donner tout vôtre bien, vous n'êtes pas obligé de le tenir. Je pense que M. de Catinat avec quatorze ou quinze mille hommes valoit bien un voleur avec sa brigade. Ainsi on ne devoit pas faire grand fonds sur des promesses faites par un Prince aussi pressé. Et je suis trompé si le Duc trouve bien de la peine à obtenir absolution de ses Confesseurs de cette tromperie. Il est vray que le Roy avoit fait des avances qui mettent tout à fait le Duc dans son tort. *C'est que le Sieur Catinat demanda Verrüe & la Citadelle de Turin, dans lesquelles le Roy tiendroit Garnison Françoise, qui ne seroit point à la charge du Duc de Savoye.* Le Roy vouloit décharger le Duc de la dépense que luy cause la garde de ces deux Citadelles : il vouloit y mettre Garnison Françoise, mais à condition que ces Garnisons ne seroient pas à la charge du Duc. Assurement il faut être de mauvaise humeur pour ne pas accepter une offre si obligeante. En verité si les ennemis du Roy avoient publié un Memoire par tout, exprés pour rendre Sa Majesté ridicule, ils ne l'auroient pas fait autrement. Je suis trop bon François & trop dans les interêts du Roy pour n'en être pas sensiblement touché. Le Memoire dit aussi qu'*au commencement desdits Mois de Septembre & d'Octobre dernier*

Sa Majesté fut averti que le Prince d'Orange recevoit souvent des lettres du Duc de Savoye, & qu'il se traittoit quelque chose entre ces Princes contre les interêts de la France. Si cela est, j'avoüe qu'on avoit lieu de soupçonner le Duc de Savoye de n'être pas de nos amis. Car nous regardons le Prince d'Orange comme un Prince qui a de tres-méchantes intentions contre nous, & qui n'entretient des correspondances que pour nous nuire. Mais certes on peut assurer que les lettres du Prince d'Orange au Duc n'ont jamais fait marcher des Courriers, & que ce sont des visions ou des pretextes de nôtre Cour. Le Prince d'Orange étoit trop peu content du Duc de Savoye sur la maniere dont il avoit traitté ses Sujets Protestants, pour entretenir avec luy des correspondances de bonne amitié. Je ne sçay si le Duc a fait là-dessus quelques excuses au Prince : Mais il faut qu'il n'en fût pas trop content puis que dés ces mois de Septembre & d'Octobre, dont on parle, il donna des ordres à son Envoyé en Suisse de lever un secours secretement en faveur des Vaudois contre le Duc de Savoye, quoy que la chose n'ait été executée que longtemps après ; cependant on sçait qu'elle a été projettée longtemps devant. Après tout quand le Duc auroit voulu entretenir quelque intelligence avec les Alliés il ne faloit pas aller si loin que l'Angleterre, il avoit le Gouverneur de Milan, & l'Empereur à sa porte. Mais nous avons tant d'horreur pour le Prince d'Orange, que selon nos préventions nous nous imaginons que c'est assés pour rendre une affaire odieuse que de l'y faire entrer à tort ou à droit. Ce qui suit dans le memoire merite encore plus qu'on y face attention.

On vit aussi en même temps des effets de cette bonne intelligence. Car Sa Majesté ayant fait marcher des Troupes à Pignerol pour faire attaquer les, Séditieux qui s'étoient établis dans la Valée de S. Martin, les Officiers du Roy commencerent à s'appercevoir que ceux de Mr. de Savoye ménageoient les Rebelles vulgairement appellés BARBETS, *& trouvoient des difficultés à tout ce qu'on leur proposoit pour les attaquer.* Toute l'Europe a admiré le zele de Sa Majesté pour la propagation de la Foy. Non contente d'avoir détruit les Calvinistes dans son Royaume, elle force le Duc de Savoye à en faire autant dans le sien ; ces pauvres gens se veulent maintenir dans leurs Montagnes. Le Duc de Savoye n'agissant pas avec assés de vigueur, le Roy y envoye ses Troupes, & y fait faire les terribles executions que tout le monde sçait. Tout jaloux que je pourrois être de la gloire du Roy, je ne veux pourtant pas que le monde soit trompé. C'est pourquoy je veux bien l'avertir que nôtre zele dans l'extirpation des

Barbets, n'étoit pas si pur qu'il n'y entrât un peu d'intérêt. Et voicy ce que nous avons sçû de tres-bonne part depuis la rupture avec le Duc de Savoye. C'est que le Roy se prévalant de la jeunesse du Duc qui n'avoit alors que 18. ou 19. ans, l'avoit contraint par menaces, & induit par promesses à faire un Traité, par lequel le Duc luy abandonnoit les personnes des Vaudois, pour les chasser ou les massacrer en cas de refus de sortir; & luy cedoit leur Pays pour le posseder en proprieté & l'annexer à la France par le Vallées de Pragela. En récompense le Roy s'engageoit de rendre le Duc Maître de Geneve, & de luy faire restituër le Pays de Vaux par les Suisses. Assurément c'étoient-là deux Morceaux qui valoient bien deux ou trois Vallées & quelques sommets de Montagnes à cónter le terrain pied pour pied. Et cela étoit fort capable de tenter un jeune Prince. Le profit du Roy étoit qu'en se rendant Maître des Vallées & des Montagnes de Piémont, il auroit été absolument Maître des Passages pour aller de Pignerol à Casal, & pour penetrer dans le cœur de l'Italie. Il n'auroit point craint la rupture avec le Duc. Il auroit fait bâtir des Citadelles imprenables dans le cœur des Etats du Duc. Les mesures assurément n'étoient pas mal prises; & cela ne coûtoit gueres au Roy. Car il ne donnoit ou ne promettoit que du bien d'autruy, lequel assurément il auroit gardé pour luy-même, si une fois il s'en étoit saisi. Car après l'avoir pris, on auroit bien trouvé des excuses pour faire taire le jeune Duc de Savoye: & une Armée de 30. mille hommes chés luy, l'auroit mis en état de demeurer fort content qu'on ne luy ôât pas tout son bien. Quoy qu'il en soit, en consequence de ce Traité on commença à chercher des chicanes à la Ville de Geneve au sujet des Dîmes: On laissa répandre le bruit d'un siege dont on ménaçoit cette Ville, pour voir comment les Voisins prendroient cela. Tout le monde sçait l'allarme que Geneve en eut, & les mouvements que cela causa dans les Cantons. On ne sçavoit alors d'où venoit cela, nous le sçavons aujourd'huy. Enfin il se trouva que nôtre Cour avoit vendu la peau de l'Ours avant que de le tenir. Quand on vit les mouvements des Suisses là-dessus, on rémit l'execution de l'affaire à une autre fois; & les Barbets furent chassés, massacrés & détruits à bon cónte. La France n'osa pas demander l'execution du Traité pour se mettre en possession des Vallées, n'étant pas en état de livrer ce qu'elle avoit promis pour l'échange. On a eu connoissance de ce Traité d'aussi bonne part qu'il se peut. Et ce n'est pas d'aujourd'huy que les Ministres de Savoye en ont laissé aller quelque chose dans les Cours étrangeres: mais depuis la rupture , ils n'en ont pas fait grand myftere. Quand les Barbets font rentrés dans leur Vallée , la chofe a déplû à la Cour beaucoup moins par zele, que parce que fes premiers deffeins devenoient impoffibles à executer , fi une fois ces gens fe fortifioient dans ces Vallées. On n'a pas de peine à croire ce que dit le Memoire fait pour Sa Majefté. C'eft que *les gens du Duc ménageoient les féditiéux & les rebelles vulgairement appellés BARBETS.* Car le Duc fentoit bien la faute que fa foibleffe & fa jeûneffe luy avoient laiffé faire. Il voyoit bien que les Vallées étant dégarnies d'habitans, les paffages demeûroient ouverts pour le Roy de France, & que rien ne pouvoit empefcher l'entrée en Italie. Il fentoit bien qu'il s'étoit privé de plufieurs bons Soldats & d'un tres-bon rempart. Et franchement je croy qu'il êtoit affés aife que ces pauvres gens fuffent rentrés fans luy en demander une permiffion qu'il n'auroit jamais ofé accorder. Mais je m'étonne beaucoup du nom de *Seditieux & de Rebelles* que le Roy donne à ces Barbets , qui êtoient d'intelligence avec leur Prince Souverain comme on l'avouë. Ils n'êtoient donc ny feditieux ny rebelles , puis qu'ils agiffoient de concert avec le Duc de Savoye, & que *le Marquis de Parelle faifoit paffer aux Barbets des gens qui les venoient trouver du côté du Lac de Geneve , & après qu'ils avoient parlé au Duc de Savoye, on les faifoit retourner d'où ils étoient venus avec de grandes précautions.* Ne voilà-t'il pas une noire trahifon & une infidelité au Duc ? Il favorife des rebelles & des feditieux contre la France. Ce n'eft pas qu'ils fuffent rebelles à l'égard du Duc, qui avoûoit leurs mouvements. Mais c'eft que tout Peuple & Natïon qui ne fe laiffe pas dompter , fubjuger & maffacrer aux ordres du Roy, eft rebelle & feditieufe, Les reflexions fur ce Memoire fi fingulier nous meneroient beaucoup plus loin. Mais c'eft icy la borne que nous avons accoûtumé de donner à nos Memoires. Ainfi il faut remettre le refte de nos reflexions à une autre fois. Auffi bien que la conquefte du Royaume d'Irlande que le Prince d'Orange a faite en huit jours , & qui nous fournira beaucoup de nouvelles preuves , que nous ne fommes pas fi fort en feureté qu'on pourroit bien dire, & par confequent que rien ne nous doit empefcher d'écouter les avis qui nous font donnés pour travailler à nos affaires au dedans & à nôtre fureté, en diminuant les Mecontents & les empefchant de penfer à fe joindre à l'ennemy s'il vient à paroître.

Fin du *Quatorziéme Memoire.*

LES SOUPIRS
DE LA
FRANCE ESCLAVE
Qui aſpire aprés la Liberté.

XV. MEMOIRE,
Du 15. de Septembre 1690.

CONTINUATION DES RAISONS qui nous doivent porter à la reformation du Gouvernement. Suite des Reflexions ſur le Memoire du Roy au ſujet des affaires de Savoye. Maux qui nous reviendront de la défaite du Roy JAQUES en Irlande.

EN continuant dans les veües que Nous avons eües dés le commencement, qui eſt de ramener les eſprits de nos Compatriotes à l'amour de la Liberté, & de les faire revenir de cet aveuglement pour la conduite de la Cour, qui les retient dans l'Eſclavage, nous pourſuivrons, avant que de paſſer outre, nos reflexions ſur le Memoire du Roy touchant les affaires de Savoye. Le Roy aprés s'être plaint des intelligences que le Duc de Savoye entretenoit avec le Prince d'Orange, expoſe un projet que l'on faiſoit en Hollande & en Angleterre, qui étoit, de faire vers le mois d'Août prochain une diverſion conſiderable du côté de la Breſſe & du Dauphiné :

que l'on comptoit pour cela que les Troupes du *Milanois*, celles du *Duc de Sa-*
voye, tout ce que l'on pourroit ramasser de *Barbets* du côté de *Wirtemberg*, &
de *François* sortis de *France* pour la Religion, entreroit en *Dauphiné*, & que
l'on essayeroit de faire soulever les nouveaux Convertis, par le moyen des Ministres qu'on enverroit en *France*.

Premierement ce projet pourroit bien être une des visions de nôtre
Cour. On y fait grande dépense en *Espions*, mais on n'est pas toûjours
bien servi : Et souvent pour des *Loüis* tres-réels, on envoye à nos Ministres des découvertes tres-peu réelles. Mais quand cela seroit, nôtre
Cour auroit-elle sujet de s'en plaindre ? La Cour de *Vienne* n'est-elle
pas en droit de faire contre nous ce que nous avons fait contr'elle ? Nous
nous sommes prévalus des desordres que la Religion trompée & mal-
entenduë de l'Empereur avoit causés en *Hongrie*. Il avoit maltraité
ses Sujets Protestants, ce mauvais traitement y a excité une Rebellion :
Nous l'avons fomentée à tel point, que nous avons amené l'Empereur,
l'Empire, & même toute la Chrêtienté à deux doigts de sa ruïne. Car
ce furent nos intrigues & nôtre argent, qui soûtinrent le Comte de
Tekeli, & firent venir le *Turc* en Allemagne, l'an 1683. quand
Vienne fut assiégée & l'Empereur reduit à la derniere extremité. Aujourd'huy on se plaint de ce que l'Empereur veut profiter de nos fautes,
comme nous avons sçû profiter des siennes. Nous n'avons pas raison.
Et quand les Alliés Catholiques mettroient à la tête de nos Calvinistes
chassés & persecutés un Chef qui nous donneroit bien de la peine,
nous aurions precisement ce que nous avons merité. On voit par cette
plainte de la Cour que l'on commence à y sentir la faute qu'on a faite.
Si on avoit tenu parole aux Calvinistes, & qu'on les eût laissé vivre en
paix sous le benefice des Edits, comme ils faisoient depuis cent ans, on
n'auroit pas sujet de craindre à present que les *François* sortis de France
pour la Religion n'entrassent dans le *Dauphiné*, pour s'y joindre aux
nouveaux Convertis, & y causer un soulevement. Quand on se
fait tant d'Ennemis au dehors, comme nous nous en sommes faits par
nôtre ambition & par nôtre conduite fiere & insupportable aux Etrangers, il ne faut pas s'en faire au dedans. Mais on n'a rien menagé.
C'est pourquoy aujourd'huy on craint tout. On avoit tort en ce temps-
là, on a raison en celuy-cy : Et si nos Ennemis sçavent prendre leur
avantage, ce projet qui peut n'avoir aucun fondement à present, en
pourra bien avoir quelque jour. Si ceux que nous avons si mal-traités,
ont quelque jour le dessus, ils auront lieu de se souvenir de tant de

cruautés qu'on a exercées contr'eux. Mais pourvû qu'ils se contentent
d'abaisser les Tyrans qui les ont persecutés, on n'aura sujet de se plaindre d'eux. Et il y a apparence qu'ils en demeureront là, & ne rava-
geront pas leur propre Patrie, à laquelle après tout ils ont toûjours
paru avoir autant d'attache que les autres François.

Le Memoire met une troisiéme cause du mécontentement du Roy.
C'est que Sa Majesté a eu des avis certains du Traité que le Duc de Savoye fai-
soit par le moyen de l'Abbé Grimani, avec l'Empereur, qui pour mettre en ex-
ecution ce qu'il avoit projetté pour l'attaque du Dauphiné, luy promettoit en
faveur de ses Ambassadeurs le même traitement, que ceux des Têtes Couron-
nées reçoivent à la Cour de l'Empereur, moyennant une somme considerable
que Sa Majesté Imperiale devoit employer à fortifier des Troupes Allemandes
celles qui devoient attaquer le Dauphiné, & toutes ensemble avec celles
d'Espagne & de Savoye devoient après la conqueste de Dauphiné assurée, être
employées à remettre Geneve sous l'obeïssance du Duc de Savoye. Voilà un petit
Roman qui paroit assés bien imaginé à le regarder d'un côté, mais qui
me paroît bien peu sensé de l'autre ; on voit bien que nous avons dessein de jetter de la jalousie dans l'esprit des Alliés Protestants & sur
sur tout des Suisses. Rien n'étoit plus propre à produire ces effets, que de
leur persuader que le Duc de Savoye a receu promesse de l'Empereur qu'on
le mettroit en possession de Geneve. Car si l'on pouvoit être assuré de cela,
l'on ne pourroit regarder la conduite de l'Empereur à l'égard des Princes Protestants que comme une fort lâche trahison : pendant qu'il se
serviroit de la jonction de leurs armes avec les siennes pour mortifier
la France, il minuteroit de leur enlever Geneve, qu'ils regardent comme le Donjon de leur Religion. Particulierement les Suisses auroient
bien lieu d'être mécontents. Eux qui se font une si grande affaire de conserver Geneve dans l'état où elle est, tant pour l'interét de leur Religion que pour celuy de leur Etat, dont Geneve est une des clefs. Et
cela ne va pas mal jusques là, selon les veües de la France. Mais en ve-
tité c'est un piege bien grossier, & un panneau mal tendu. L'Empereur promet au Duc de Savoye de rompre avec les Protestants ses Alliés pour leur enlever Geneve. Et comment dans la situation où sont
les affaires, se pourroit-il passer des Princes Protestants ? que deviendroit la Ligue si on en avoit détaché le Prince d'Orange à présent Roy
d'Angleterre, les Hollandois, l'Electeur de Brandebourg, celuy de Saxe
& les autres Princes Protestants d'Allemagne? N'est-ce pas avoir perdu le
sens que de dire que l'Empereur fait un projet selon lequel il renonce

tout à la fois à tous ces fecours, pour foûtenir feul une guerre furieufe
contre le Turc & une autre contre la France ? La conduitte du Duc
depuis la rupture ne marque rien moins que cela. Car bien loin d'en
vouloir à Geneve, on fçait de bonne part qu'en demandant aux Suiffes
du fecours & leur alliance, il leur a offert de renoncer pour jamais &
fans referve à fes prétentions fur Geneve & fur le Pays de Vaux. Mais
comme nôtre Cour n'avoit pas trouvé de leurre plus convenable pour
retenir le Duc de Savoye dans fes interêts, & le faire tomber dans fes
deffeins, que de luy promettre Geneve, elle a crû que l'Empereur ne
pourroit pas l'attirer par d'autres efperances. Le Traitté dont on a parlé
dans le Memoire precedent eft donc beaucoup plus vray-femblable:
Geneve y entroit & le Duc de Savoye y devoit rentrer, mais c'étoit
par le moyen de la France. Ce qui eft incomparablement mieux imaginé que de mettre le Duc en poffeffion de cette Ville par le moyen
des Allemands, vû la conjonċture prefente.

Voilà les raifons qui ont obligé le Roy à envoyer Monfieur de
Catinat avec une Armée en Piémont, pour s'affurer de la fidelité du
Duc de Savoye. C'eft affurement un moyen infaillible de s'affurer de
la fidelité d'un Prince, que de luy ôter fes armées & fes places. *Mais*
le Duc de Savoye a jugé à propos de manquer à fa parole, & de preferer
l'execution de fes premiers projets au repos que l'execution de fa parole au-
roit procuré à fes Eſtats: Ce n'eft pas là l'Idée que les Etrangers ont de
nôtre Domination. Ils ne croyent pas que de fe foûmettre à nôtre joug,
foit fe procurer du repos. Et ils ont quelque raifon de ne le croire pas;
voyant tant de Provinces miferables après s'être foûmifes. Mais quoy
qu'il en foit, fi on noûs en croit, voilà Geneve prête à changer de Maître; car c'eft pour l'execution de fes projets, c'eft à dire, pour être
Maître de Geneve, que le Duc a pris le parti qu'il a pris. Je fuis trompé fi les Genevois ne font pourtant dans un grand efprit de confiance
de ce côté-là, s'il leur en arrivoit quelque mal, ils feroient fort deçûs,
& ils fe croyent plus en feureté du côté du Duc aujourd'huy, qu'ils
étoient il y a quelques années du côté du Roy.

Quelque offenfé que le Roy fe trouve par le procedé du Duc de
Savoye, il eft pourtant encore dans des difpofitions d'accommodement;
fi le Duc veut rentrer dans fon devoir. *Pour faire voir qu'elle a toûjours*
defiré, & qu'elle defire encore fincerement le maintien du repos de l'Italie,
elle declare qu'elle fera revenir fon Armée commandée par ledit Sieur de Ca-
tinat, foit que le Duc de Savoye remette à SA Majefté la garde de la Cita-

celle de Turin & de la place de Verrüe, soit que ce Prince ayant trop de; *repugnance à faire entrer des troupes Françoises dans la Citadelle de Turin, aime mieux donner à Sa Majesté pour assurance Verrüe, Carmagnole & Suze; dans le Piémont, avec Montmelian dans la Savoye.*

Voilà une proposition bien tentante. Je ne sçay si le Duc pourra resister à cela. C'est donner des conditions en Victorieux. Et nous n'avons pas encore oublié nos anciens airs. Il n'y a pas d'apparence que le Duc de Savoye ait pris le parti qu'il a choisi pour s'estimer vaincu avant que d'avoir combatu. Il faloit donc donner ordre à Mr. Catinat de battre le Duc de Savoye, avant que de luy presenter ces graces si singulieres ; on luy remet Turin, mais on luy demande tout ce qu'il y a de forteresses dans ses Etats. Le Duc aimera mieux sans doute que l'Armée de Mr. Catinat demeure où elle est, que d'en sortir à ce prix. Aussi bien la promesse que le Roy fait, *de faire revenir son Armée commandée par Mr. de Catinat*, n'est peut-être pas trop facile à tenir. Car pour peu que les passages se ferment plus qu'ils ne le sont déja, on pourra bien épargner à Mr. de Catinat la peine de ramener son Armée. On ramenera plutôt le vieu proverbe qui disoit, que l'Italie étoit le tombeau des François. Il est vray que la petite victoire que que Mr. de Catinat vient de remporter semble mettre nos Armées un peu plus au large. Mais comme d'autre part le Marquis de Feuquieres a été battu & que nous avons été absolument chassés des Vallées, il ne faudroit pas un grand revers, pour nous mettre en plus mauvais état que nous n'étions.

Mais la Cour a bien fait d'avertir le Public que le Roy se contentera de quelque chose de moins. *Car Sa Majesté veut bien encore declarer que si le Duc de Savoye aime mieux de confier à la Republique de Venise pendant le cours de cette guerre la Citadelle de Turin, & la Place de Verrüe, Sa Majesté prend une si grande confiance aux bonnes intentions de la Republique, & à la sagesse & prudence avec laquelle elle s'est toûjours employée, pour détourner ce qui pourroit exciter quelques troubles en Italie, que si elle veut bien à la requisition du Duc de Savoye mettre dans lesdites Places des garnisons suffisantes, pour en pouvoir être bien assurée, elle retirera pareillement ses Troupes sous deux conditions, &c.* Voilà une proposition qui fortifie bien les conjectures que nous faisions il n'y a pas longtemps, sur les sentimens de la Republique de Venise dans l'affaire presente. Elle est bien aise de voir les autres se battre & se tirer du sang ; plus ses Voisins seront foibles, plus elle sera forte. Mais elle craint moins la France que la Maifon d'Autriche, qui fe fortifie du côté des Frontieres de Dalmatie ; c'eft pourquoy elle favorife fecretement les interêts de nôtre Cour. Et nous ferions bien aifes, ne pouvant mieux, de la voir Maîtreffe des Places de Turin, de Verruë, & de toute la Savoye. Parce que nous fçachant gré d'une fi belle conquête qui luy auroit fi peu coûté, elle feroit infeparable de nos interêts. Mais le Duc n'entendroit gueres les fiens, s'il acceptoit un femblable parti. Je ne fçay .:quel il doit le plus craindre, ou de la France ou de la Republique. Elle n'a pas encore perdu le goût pour le bien du prochain. Et cet Etat de Terre ferme qu'elle a enlevé à fes Voifins, donne lieu de croire qu'elle s'accomoderoit fans répugnance d'un auffi bon morceau qu'eft le Piémont, qui la mettroit en poffeffion du Montferrat. C'eft une grande folie à un petit Prince de fe laiffer garotter par un puiffant Voifin durant la guerre, fous pretexte de feureté, & avec promeffe qu'on le déliera quand la Paix fera venuë, & qu'on ne craindra plus rien. Il arrive fouvent que pour ne le craindre jamais, ni en paix, ni en guerre, on le laiffe lié pour jamais. C'eft un grand appas que de prendre, mais c'eft un pas difficile à faire que celuy de rendre. Le Duc ne fera donc pas mal de fe tenir comme il eft.

Aprés tout, je penfe qu'on pourroit donner affurance au Duc, que le Roy le quitteroit encore à meilleur marché que tout cela. S'il vouloit fe rappaifer, on pourroit bien luy donner des troupes au lieu de luy en demander ; on luy laifferoit Turin, Verruë, Carmagnole, Suze, & Montmelian durant la guerre, & on luy promettroit Pignerol à la paix, avec la demolition de Cafal. C'eft là tout ce que les Alliés dans le parti defquels il s'eft jetté, luy peuvent faire efperer. Il gagneroit donc beaucoup à recevoir dés à prefent de nous ce que les Ennemis luy promettent. Cela eft vray : fi dés à prefent on vouloit luy donner Pignerol & rafer Cafal. Mais on le luy promettroit feulement, & il eft certain qu'on ne le tiendroit pas : car nous n'aurions pas interêt à le tenir. Or on fçait un peu que nous tenons nos promeffes felon nos interêts. Mais fi les Alliés peuvent demeurer les maîtres, le Duc peut être affeûré de Pignerol & de Cafal. Car on ne manque pas d'exécuter les promeffes qu'on a interêt de tenir : or il e. clair que les interêts de nos Ennemis, c'eft de nous ôter Pignerol & Cafal. Il eft donc certain que l'interêt du Duc eft de demeurer dans le parti où il s'eft jetté. Les foibles doivent toûjours être du côté des plus forts. Il eft affés apparent que nous ne ferons pas toûjours maîtres dans cette affaire. Ainfi la prudence veut qu'on fe jette de bonne heure dans un parti qui

felon toutes les apparences fera le Victorieux. Il ne feroit plus temps de
fe declarer pour les Alliés quand la victoire fe fera declarée pour eux.
Car l'ambition des Vainqueurs ordinairement n'a point de bornes : les
foibles qui n'ont pas voulu fe declarer, demeurent la proye du plus
fort. Les Etats du Duc de Savoye accomoderoient extrêmement bien
la Lombardie & le Duché de Milan. Si le Roy d'Efpagne demandoit
aux Alliés la permiffion de s'accomoder du Piémont, on ne feroit
peut-être plus en état de le refufer. Et cette confideration doit obliger,
non feulement le Duc de Savoye, mais auffi tous les Princes d'Italie,
fans en excepter la Republique de Venife, à prendre dés à prefent le
parti & les interêts des Alliés. Car s'ils fe mettent de la partie, il eft
certain qu'ils n'ont rien à craindre. Au lieu que s'ils permettoient au
Roy d'Efpagne de fe faifir du Piémont, l'Italie feroit fermée au fecours : le Royaume de Naples par un bout, la Lombardie & le
Piémont par l'autre bout, poffedés par la Maifon d'Autriche, laiffe-
roient le refte de l'Italie comme dans une prifon ; & mettroient la
Republique de Genes, l'Etat de Terre Ferme des Venitiens, les Etats
du Duc de Tofcane & les Terres de l'Eglife entierement à fa difcretion.
Tout cela me fait conclurre que le Duc de Savoye fera bien de fe tenir
où il eft, puis qu'il a eu le courage de s'y mettre. Et j'en conclus auffi
que nos affaires ne vont pas trop bien, que nos victoires n'affurent
pas la Monarchie ; & par confequent qu'il eft encore neceffaire de
chercher nôtre feureté dans la réformation de nôtre Gouvernement.

Je trouve la même conclufion dans les affaires d'Irlande, dont nous
avons à parler prefentement. Ce Royaume nous a extrêmement coûté
à conferver. La dépenfe que nous y avons faite eft grande : mais nous
n'en avons pourtant pas affés fait. Car c'étoit un article capital entre
les moyens de nôtre confervation. Pendant que le Prince d'Orange auroit été occupé là, il ne feroit pas venu à nous. Et il y a apparence que
nous nous ferions affés heureufement démêlés du refte. Si on avoit
pû battre ce Prince en Irlande, il n'y a aucun lieu de douter que l'on
auroit vû une revolution en Angleterre, auffi prompte pour le Roy Jâques
que fut celle de 1689. en faveur du Roy Guillaume. Le Royaume
d'Angleterre ayant changé de parti & de face, les Hollandois abandonnés de leur unique appuy, nous feroient venus demander la paix à
genoux, ou ils fe feroient feparés des autres Alliés, ou ils les auroient
forcés à faire la Paix, comme ils firent à Nimiegues. Les Alliés de-
ftitués du fecours de la Hollande & de l'Angleterre, auroient indubita-

blement abandonné la partie. Les Rois du Nord se seroient déclarés pour nous, & toute l'Allemagne auroit tremblé. Ce ne sont pas là de fausses conjectures, ce sont des verités sensibles. C'étoit donc nôtre grande affaire de battre le Prince d'Orange. On s'étoit assés bien pris du côté de la Mer pour faire reüssir un grand dessein. Nôtre Flotte étoit formidable : nous avions gagné l'Amiral de la Flotte ennemie. Nos intelligences avoient penétré dans toutes les parties des deux Royaumes d'Angleterre & d'Ecosse. Jamais mines ne prômirent de plus grands effets. Et il est certain que si du côté de l'Irlande on eût pris ses seuretés, toute l'Europe alloit souffrir revolution ; mais sans cela toute la machine ne pouvoit joüer heureusement comme il a paru. Il falloit faire de la conservation de l'Irlande & de la défaite du Prince d'Orange la grande affaire. C'est pourquoy il faloit se contenter de se tenir sur la défensive par tout ailleurs. Au lieu de se mettre en état de donner Bataille en Flandres, il faloit envoyer en Irlande les dix ou douze mille hommes que nous avons perdus en gagnant la Bataille de Fleuru. Il eut falu en tirer autant des Armées du Rhein, diminüer l'Armée de la Moselle de deux ou trois mille, & les autres à proportion. Le reste eut suffi pour chicaner le terrain, & pour éviter d'être forcés à une Bataille decisive : on auroit fait comme on fit l'année passée. Nos Armées de Flandres se seroient tenuës couvertes de Rivieres, de Bois, & se seroient mis sous le canon des Places. Au pis aller, on auroit veu emporter comme l'année passée deux ou trois places aprés de longs sieges, & avec grande perte de monde, ce qui n'auroit rien été. Et de cette maniere on auroit pû aisement transporter quarante mille hommes en Irlande. Il est vray que ce sont bien de gens, & qu'il eût falu bien des vaisseaux ; mais aussi on a eu du temps autant qu'on en a voulu : en dix-huit mois, ou prés de deux ans, on pouvoit faire cinq ou six voyages. Il est vray aussi qu'il auroit falu beaucoup de vivres. Mais outre que la Mer ayant été libre tant de temps, on auroit pû facilement en transporter de Bretagne & de Normandie Province abondante en bleds : outre cela, dis-je, on auroit pû tirer d'Irlande pour la décharger, autant de gens qu'on y en auroit mené, quarante mille François ne mangent pas plus que quarante mille Irlandois. Avec ces quarante mille François la Cour y devoit envoyer deux de ses meilleurs Generaux, & tourner toutes ses veües de ce côté-là. Au lieu de prendre ces conseils si visiblement necessaires, on s'est contenté de jetter de petits secours en Irlande : on y a envoyé sept ou huit mille hommes de

nos

nos moindres Troupes. Et pour Chefs la Hoguette & le Comte de Laufun, qui a fait fon apprentiffage de guerre durant huit ou dix ans dans
une chambrette de la Citadelle de Pignerol, homme fans tête & fans
experience ; & cela pour oppofer aux deux premiers Capitaines de
l'Europe & peut-être du monde, le Prince d'Orange, & le Marechal
de Schomberg. On fe f de la plus grande affaire que nous eûmes jamais, à une miferable canaille Irlandoife : brutaux qui ne fçavoient pas,
il y a fix mois, diftinguer leur main droite de leur main gauche, qui
ne valent rien en tout Pays, moins dans le leur qu'en aucun autre, de la
lâcheté defquels on a fait mille épreuves : que l'on connoiffoit affés,
quand ce n'eut été que par ce qu'ils firent il y a cinquante ans fous le
regne de Charles I. Roy d'Angleterre. Pendant qu'ils furent feuls, ils furent les Maîtres, & maffacrerent plus de cent mille perfonnes, Anglois
& Ecoffois avec cette cruauté qui eft leur propre caractere. Mais une
Armée de dix ou douze mille hommes les reduifit en tel état, que de
Maffacreurs ils devinrent les maffacrés ; & ne fe défendirent pas, quoy
qu'ils fuffent vint contr'un. Avec de telles Troupes on hazarde la plus
grande affaire qu'on püiffe s'imaginer, contre l'Elite de toutes les troupes
de l'Europe ; la fleur des troupes Danoifes, l'Elite de l'Armée Hollandoife, & plufieurs Regiments de François Refugiés, qui outre leur
bravoure naturelle, font animés par l'efprit de vangeance contre leurs
Perfecuteurs. Et tout cela fans conter les Anglois, gens qui fçavent fe
battre, auffi bien que Nation du monde, quand ils veulent bien s'y refoudre. Et toutes ces troupes étoient conduites par les deux plus grands
Capitaines qui foient aujourd'huy. Auffi a-t'on vû ce qui en eft arrivé :
le Prince d'Orange n'a pas plûtoft paru qu'il a vaincu. Le Roy Jaques,
ame timide, & qui prend de loin fes feuretés contre la mort, n'a pû fou-
tenir la veüe de fon Ennemy, & s'eft fauvé en pofte pour gagner deux
vaiffeaux qu'il avoit fait preparer fur le bord de la Mer, deux jours devant que de donner la Bataille. Les Comtes de Laufun & Tirconnel ont
fauvé les reftes de leur Armée dans Limerick. Et en huit jours on a vû
toute l'Irlande foûmife, à l'exception de quelques Places qui ne fçauroient
tenir longtemps. C'eft là une fi grande faute, qu'elle me perfuade que le
Ciel travaille pour la grandeur du Prince d'Orange, & détourne par
des voyes impenetrables tous les orages qui le devoient accabler. C'eft
une faute toute femblable à celle qui fut commife par nôtre Cour,
quand elle prit la refolution d'aller affieger Philisbourg. Elle fçavoit les
deffeins du Prince d'Orange. Elle en avertit toute l'Europe dans fon Ma-
nifefte contre le Pape Innocent XI. Elle voyoit qu'il vouloit s'emparer

de l'Angleterre. Elle ſçavoit bien que quand il en ſeroit Maître, la Hollande ſe declareroit contre la France. Elle enviſageoit toutes ces ſuites; & au lieu de venir à Maſtricht avec une Armée, elle l'envoye à Philisbourg, & declare la Guerre à l'Empire & à l'Empereur, laiſſant toute liberté au Prince d'Orange d'executer ſes deſſeins. Cette faute a été aſſés remarquée. Mais en voicy une autre qui n'eſt pas moindre. Nôtre but devoit être d'opprimer le Prince d'Orange ; car c'eſt le grand reſſort de la machine contre nous ; luy à bas, tout tomboit, & l'Angleterre & la Hollande, & tout le reſte en conſequence ; je l'ay dit, & cela eſt clair. Il faloit donc le ſuivre par tout & le ſuivre avec des forces ſuffiſantes pour l'acâbler. Il paſſe en Irlande avec une Armée puiſſante, nous le laiſſons paiſiblement paſſer, quoy que nous euſſions plus de ſoixante vaiſſeaux prêts à mettre en Mer. Et dans l'Irlande nous ne luy oppoſons que de miſerables troupes. On voit déjà ce qui en arrivé. Voyons ce qui en arrivera.

Déjà nous devons être aſſurés que toutes nos reſſources du côté de l'Angleterre ſont entierement perduës. Nous avons eſperé de broüiller ce Royaume, d'y jetter la diviſion, d'y exciter une guerre civile, & d'y voir deux partis, l'un pour Jâques, l'autre pour Guillaume. Et bien plus, nous eſperions, & avions tout lieu d'eſperer une entiere revolution à cauſe du grand nombre de Partiſants, que le Roy Jâques a dans le Royaume. Le Primat, pluſieurs Evêques, & une grande partie du Clergé le ſouhaite & le demande. Les Grands ſont partagés. Et le Roy Jâques en a beaucoup dans ſes interêts : les Epiſcopaux qui n'ont pas tout ce qu'ils demandent, ne ſont pas ſatisfaits ; les Presbyteriens qui ne ſont qu'à demi delivrés de l'oppreſſion, & qui n'ont point obtenu ce qu'ils eſperoient, ont perdu toute leur ardeur. Les Peuples ſuivent les impreſſions des Grands mécontens. Les Catholiques avoient pris de bonnes meſures, pour faire un ſoulevement auſſi-tôt qu'on verroit un ſecours paroître. Tout cela menaçoit d'une ſeconde revolution en Angleterre, qui nous eût été plus favorable que la premiere ne nous a été funeſte. Mais quand même cette revolution ne ſeroit pas arrivée, une Guerre civile, qui ne pouvoit manquer en Angleterre, nous auroit été tres-utile ; elle nous auroit ôté ce Royaume de deſſus les bras, elle auroit lié les bras des Hollandois, elle auroit déconcerté toute la Ligue. Mais à preſent nous n'avons rien de ſemblable à eſperer. La conqueſte d'Irlande & la prompte victoire du Prince d'Orange, l'a rendu l'amour & les delices de ſes amis, & la terreur des mécontens. Torrington ſera, ſelon toutes les apparences, la victime immolée à la fureur du Peuple. Les Grands qui pouvoient remuër ſont priſonniers. Ceux qui ſont en li-

berté fe viennent rendre , & demeurèront fideles , parce qu'ils ne voyent
plus de jour à rien gagner en ne l'étant pas. En Ecoſſe tous les Mécontents,
font ou chaſſés dans leurs rochers , ou déchus de toute authorité. Les
amis du Roy Jâques ont perdu courage , & chacun va penſer à ſa ſeureté. De plus, on peut aſſurer que tout le zele pour luy eſt mort par le mépris qu'il s'eſt attiré dans cette derniere action. Il eſt à la tête de 35. ou
40. mille hommes , il a en ſon pouvoir la Capitale d'Irlande & toutes les
Forterefſes ; il eſt couvert d'une bonne riviere , & il fuit & penſe à fuir
devant le combat , quelques jours avant la bataille ; il prepare des vaiſſeaux pour ſe ſauver. Aprés une demie heure de combat il ſe ſauve , s'en
vient à Dublin , prend congé , s'enfuit en poſte , & ſort de ſes Eſtats une
troiſiéme fois pour aller mandier du pain par toute l'Europe. Une grande
ame auroit pris le parti de mourir plûtoſt que de ſe couvrir d'une telle
honte. Il n'y avoit point d'autre parti à prendre pour luy ; *vaincre ou mou-*
rir. Mais il s'eſt ſouvenu qu'à un homme mort il n'y a pas de reſſource.
Dans toute ſa conduite on y voit auſſi peu de tête que de cœur. Pourquoy hazarder toute ſa fortune en un jour ? Ne devoit-il pas chicaner le
terrain ; gagner du temps , & conſumer par ſes délays les forces de ſes
ennemis. S'il ne ſe trouvoit pas capable d'empêcher le paſſage de la riviere à ſon ennemy : que ne reculoit-t'il pour garder un autre paſſage :
on dit que l'Irlande eſt toute pleine de défilés. Pourquoy ne s'enfermoit-
il pas dans ſa Capitale avec la meilleure partie de ſon Armée pour s'y enſe-
velir ? Pourquoy ne pas jetter le reſte de ſes troupes dans ſes meilleures
places , d'où l'on auroit fait des courſes pour ruiner la Campagne ? ce qui
auroit fait mourir de faim les ennemis , & les auroit reduits à ſe retirer ?
Pourquoy enfin ne pas demeurer pour recuillir les débris de ſon naufrage?
Dans la journée du paſſage de la riviere de Boïne, il n'avoit pas perdu quatre mille hommes en morts & en priſonniers. Il en pouvoit ramaſſer plus
de 25000. & ſe mettant à leur tête, il auroit pû leur relever le courage,
puis qu'ils ſe ſont défendus depuis deux mois qu'il les a abandonnés , que
n'auroit-il pas fait ſi par ſa preſence il les avoit ſoûtenus ? Au lieu de
cela, à la premiere diſgrace il quitte tout & s'enfuit. Il ne faut pas s'imaginer que le zele pour un tel Prince ſe puiſſe ſoûtenir. Les Mécontents
Anglois , Irlandois & Ecoſſois aimeront mieux vivre ſous un Prince
brave, intrepide & d'une ſageſſe achevée , quoy qu'il y eût de l'irregulari-
té dans ſon élevation , que ſous un Prince timide & à qui la tête tourne
au premier mouvement , & qui par conſequent eſt incapable de les proteger. Il ne faut donc pas eſperer deſormais aucune reſſource du côté des
rebellions d'Angleterre ; perſonne ne branlera. Et par conſequent le

Prince d'Orange demeurant paisible Roy d'Angleterre, aura toute la liberté d'agir contre nous.

Qu'arrivera-t'il en suite ? Ce Prince inquiet, ambitieux, courageux, & qui aime la gloire plus qu'on ne sçauroit dire, ne se tiendra pas les bras croisés, & ne joüira pas comme ses Predecesseurs du repos, de la seureté & des delices de son Ile. On le verra bien-tôt au deçà de la Mer : Et alors que n'aurons-nous point à craindre ? Il fait marcher devant luy une reputation qui porte la terreur jusque dans nos Provinces les plus éloignées. On ne sçait ce que c'est dans ce siecle que de voir un Roy Conquerant & Belliqueux à la tête de ses Armées, essuyer les coups de Canon & tout le feu d'une Mousqueterie. Un objet si nouveau épouvante les plus hardis, car un Roy qui ne craint point la mort, la fait craindre à tout le monde. J'avoüe qu'il est fort à craindre. Mais pourtant nous le craignons trop, ou du moins nous faisons trop paroître nôtre crainte. Que signifient toutes ces extravagances qui ont été faites à Paris, à Roüen, à Caën, à Montpellier, & dans toutes les Villes du Royaume, sur la fausse nouvelle de sa mort ? Le Roy Jâques chassé d'Irlande & revenant en France, s'apperçût bien qu'il portoit la terreur & la consternation par tout où il mettoit le pied. Pour empêcher ce mauvais effet, il jugea à propos de faire marcher devant luy cette fausse nouvelle, qui fit un soulevement de réjoüissances universelles & exorbitantes. Ces sortes de Stratagemes ne sont pas aussi bons que l'on pourroit s'imaginer. Cela fait du bien sur le moment : Mais aussi-tôt que la fraude est découverte, les esprits retournent dans leur premiere situation de crainte & d'effroy ; mais il y retournent en remportant des sentimens d'indignation & de honte, & avec de nouveaux dégrés de frayeur. Un Peuple a de l'indignation contre ceux qui le joüent si cruellement. Il a de la honte de ses excés passés qui n'avoient aucun fondement : & le dépit qu'ils en ont, réjaillit sur ceux qui en sont la cause. Ainsi il se trouvera que le Roy Jâques souffrira par contrecoup de cette affaire plus que le Prince d'Orange, qui se portoit fort bien en Irlande, pendant qu'on le brûloit, qu'on le pendoit, & qu'on l'écorchoit, & qu'on le coupoit en quartiers, & qu'on le faisoit porter en Enfer par des Diables en France. Enfin cela augmente l'effroy & la consternation des Peuples. Car un Peuple, qui s'est porté à des excés si horribles contre un Ennemy qu'on a cru mort, tremble en le revoyant vivant, & pense bien que ce sont de nouveaux outrages dont l'Ennemy, s'il devient une fois Vainqueur, se vangera avec usure. Car pour cent & cent Effigies du Prince d'Orange & de la Princesse sa Femme,

à qui ónt a fait mille opprobres, il pourroit bien casser mille & mille têtes
qu'il auroit épargnées autrement. Mais n'importe. On a eu durant quelques jours & quelques nuits le plaisir de voir l'Effigie du Prince & de la
Princesse penduë, écartelée, brûlée, écorchée par les Bouchers, traî-
née dans les ruës, menée sur des Asnes avec des inscriptions outragean-
tes, déchirée par les Ecoliers des Jesuites travestis en Demons. On
voit encore les Galeries du Cimitiere Saint Innocent pleines d'Estam-
pes de ces deux Personnes, en toute sorte de figures scandaleuses. On
a bû largement à bon conte à la confusion du Défunt ; on a fait des
décharges de toute l'Artillerie des Places dans les Frontieres ; on a
poussé des cris à fendre les airs contre l'Usurpateur & pour se réjoüir
de sa mort. En un mot qu'on rassemble en un toutes les marques de
joye & de detestation en même temps qu'on peut avoir vûës autrefois
dans un Peuple fou & furieux , & l'on ne verra rien d'approchant de
ce qui s'est fait icy. La Cour ne se justifiera pas de cette affaire , pour
en rejetter la faute sur le Peuple. Les Juges de Police & les Commissaires des Quartiers ne marchent pas la nuit pour éveiller les Bourgeois
d'une Ville Capitale comme Paris , sans en avoir ordre de la Cour.
On ne tire pas le Canon de la Bastille sans ordre de là Cour. On a
vû des Couriers porter cette nouvelle dans tous les lieux éloignés où
ces folies se sont faites. On ne fait pas marcher des Couriers sans ordre.
On a dépêché des Couriers jusqu'à Rome pour porter cette sotte nouvelle ! Or cette conduite marque une grande bassesse dans nôtre Cour :
Belle vangeance. Est-ce ainsi qu'on en use à l'égard d'un Ennemy brave,
& qui a autant de reputation dans le Monde qu'en a le Prince d'Orange. On se réjoüit de sa mort , mais on rend justice à sa vertu , parce
qu'on ne la craint plus. La grandeur du merite fait des impressions de
respect même dans les ames les plus ennemies. Est-ce ainsi qu'on traite les Rois ? Qu'importe qu'il ne soit pour nous que *le Prince d'Orange* ? Pour tout le reste de l'Europe il est *Roy d'Angleterre*, & en a reçû
les complimens de tout ce qu'il y a d'Etats à portée de connoître seulement son nom. Il faloit donc respecter la pluralité des voix. Mais
nôtre Cour n'a que cela de bon, c'est qu'elle ne dément point à l'é-
gard de ce Prince, sa conduite contre luy est uniforme. Il n'y a espece
d'indignités qu'on ne luy ait faites, quand il n'étoit encore que Prince
d'Orange. On continuë ; & on ne pense pas qu'il peut avoir son tour :
il est assés en train de cela. Mais outre tout cela, y a-t'il rien plus
propre à faire voir la consternation où nos sommes ? Faloit-il découvrir nos foibles d'une maniere si éclatante & si honteuse ? Ces grandes

Hh 3

réjoüissances & ces énormes cris de joye sur les faux bruits de la mort du Prince d'Orange, font voir que nous le craignons au delà de tout ce qu'on a jamais craint un homme. Et il me semble voir une infinité de petits Chiens qui aboyent & qui se réjoüissent autour du Cadavre d'un grand Lion mort, dont ils s'attendoient fort bien d'être la pasture, s'il fût demeuré vivant. Malheur à ces Chiens, si le Lion ressuscite; car leur cris n'auroient servi qu'à augmenter sa rage. Voilà donc le second mal qui nous reviendra de nôtre mauvaise conduite en Irlande, & de ce que nous avons laissé perdre ce Royaume. C'est que nos Peuples & nos Armées seront pleines de terreur & de consternation, & par consequent beaucoup moins en en état de se défendre.

Le troisiéme mal, c'est que cette Victoire rallie & réünit tous nos Ennemis. Si le Prince d'Orange eût été accablé en Irlande, toute la Confederation se seroit rompuë. Mais la voilà réliée plus fortement que jamais. Les Hollandois êtoient de tous les Confederés ceux qui supportoient plus impatiemment les incommoditez de la Guerre, à cause de l'interruption de leur Commerce & des prodigieux Impôts qui les épuisent. Il y a entr'eux beaucoup de Mécontens qui n'aiment pas les prosperitez du Prince. Et s'il eût été vaincu, c'êtoit une affaire faite, son credit & son authorité s'évanoüissoient. Mais luy revenu avec le titre de Roy & couvert des Lauriers d'une si glorieuse Victoire, tiendra dans le silence & dans la soûmission tous les esprits inquiets & impatiens. Outre cela, toute la Nation se fait un honneur d'avoir un tel Chef à la tête de leur Republique, & de voir un Roy Hollandois de naissance & de Nation, être la terreur de la France & l'admiration de toute l'Europe. Ce plaisir les soûtiendra encore longtemps, & les fera soûtenir le fardeau des Impôts.

Quand à l'Espagne & à la Maison d'Autriche, elle n'aura garde d'abandonner la partie, parce qu'elle croit qu'enfin l'heure est venuë de se vanger de la France, & de récouvrer tout ce qu'elle a perdu. L'Irlande qui occupoit le Prince d'Orange, les mortifioit un peu, & leur faisoit craindre de ne pouvoir mortifier la France. Mais presentement que ce Prince est libre, ils esperent tout, & soûtiennent leur courage par ceste esperance.

Les Princes d'Allemagne ne se détácheront pas de l'Empereur. Outre que plusieurs d'entr'eux ont une liaison d'affinité & d'inclination pour le Prince d'Orange, comme l'Electeur de Brandebourg & le Duc de Zell, les autres verront qu'il n'y a que de la gloire & de l'honneur à acquerir pour eux, à demeurer attachés à un tel Roy.

La Victoire d'Irlande portera ses influences jusque dans le Nort, en faveur de ceux qui l'ont gagnée. Et il n'y a aucun lieu de douter, que les Rois de Dannemark & de Suede ne soient portés par là à renoncer à la Neutralité dans laquelle ils ont été jusqu'à present. Car ce qui les a retenus, c'est la crainte que la France ne devint superieure, & qu'ils ne s'en trouvassent mal. Cette crainte étant dissipée, ils ne balanceront plus. L'interêt de leur Commerce les faisoit observer aussi la Neutralité. Mais sa Victoire d'Irlande réünissant toutes les forces de Mer d'Angleterre & de Hollande, empêchera que les Royaumes du Nort ne puissent continuer leur commerce avec la France. Car on se saisira de tous les Vaisseaux, comme on a déja fait. Et qui sçait enfin, si les Cantons Suisses ne seront point ébranlés par la perte de l'Irlande ? Les Cantons Protestants aiment certainement le Prince d'Orange, à cause de la Religion dont il est : Les Cantons Catholiques haïssent sa Religion ; mais ils renonceront fort aisément à leurs liaisons avec la France pour entrer dans ses interêts, s'ils peuvent toucher de son argent. Or il y a apparence que le Prince Guillaume déchargé des grandes dépenses que luy causoit la Guerre d'Irlande, sera en état de faire des liberalités aux petits Cantons Suisses, l'unique ressort qui les fait mouvoir.

Enfin que nous revient-il de tous les grands mouvements de cette Campagne ? Rien que la honte d'avoir sçeu mal profiter de nos avantages. Peut-être que l'Histoire ne nous fournit pas encore deux exemples de ce que nous avons vû dans nôtre Armée Navale. Elle étoit superieure à la Flotte Ennemie avant que de combattre. Aprés la victoire elle est demeurée Maîtresse de la Mer, pendant plus de deux mois. Et durant un si longtemps qu'a-t'elle fait ? Elle a brûlé un Bourg de quarante ou cinquante maisons sur les côtes d'Angleterre : qui l'empêchoit de porter la terreur par tout, & même la desolation ? S'il n'y avoit pas lieu de faire des conquêtes à conserver, au moins rien ne la pouvoit empêcher de bombarder, & de brûler toutes les places maritimes d'Angleterre. Pourquoy n'est-elle pas allée vers l'Ecosse pour favoriser les Rebelles qui l'attendoient ? Pourquoy n'a-t'elle pas été fermer le Canal qui sepre l'Angleterre & l'Irlande, ce qui auroit donné du courage aux Irlandois aprés leur premiere défaite ? Pourquoy enfin n'a-t'elle point paru sur les côtes d'Hollande, dans un temps auquel il n'y avoit pas un seul Vaisseau qu'on luy pût opposer ? Nous sçavons que la terreur fût grande en ce Païs-là aprés la perte de la Bataille : on s'attendoit de voir brûler toutes les côtes : trois ou quatre mille hommes mis à tre auroient pû brûler La Haye qui est sans défense

& porter la terreur par tout le Païs. Cependant on n'a jamais vû plus de tranquilité que celle où ont vécu ces gens allarmés : ils en ont été quittes pour la peur. Etenfin nôtre Flotte & nos Galeres sont venus se desarmer, & ont laissé les Anglois & les Hollandois Maîtres de la Mer sans combattre. La Posterité ne devinera jamais la cause d'une telle conduitte. Cette jonction des Galeres si peu connuës sur l'Ocean avec les Navires de Guerre, donnoit lieu de croire qu'il y avoit quelque dessein fort extraordinaire à executer. Les uns vouloient que ces Galeres fussent destinées à percer les dignes de Hollande, les autres à approcher des terres pour y faire décente. Mais tous ces desseins se sont évanoüis sans qu'on sçache comment, puis que rien n'a parû faire obstacle à leur exécution. Tout ce qu'on peut dire, c'est que nous avons eu dessein de faire beaucoup de peur, peu de mal, & de nous conserver sans beaucoup risquer.

Nôtre gain reviendra donc aprés tout à la perte que les Ennemis ont faite du Maréchal de Schömberg. Ce grand General ne pouvoit mieux finir une si belle course. Un coup malheureux pour les Alliés, heureux pour nous, l'a enlevé. Mais c'est une perte de quelques années de vie, l'a nature & le cours ordinaire de la nature, ne luy en promettoient pas beaucoup. Cette mort & celle du Duc de Lorraine ont fait croire que le Ciel travailloit pour nous, puis qu'il nous délivroit de deux Ennemis redoutables. La suitte nous apprendra si nos affaires en iront beaucoup mieux. Mais la maniere & l'occasion où est mort le Maréchal de Schomberg, nous feront plus de tort dans l'Histoire qu'à sa mémoire. On s'est fort récrié contre son ingratitude, prétendant qu'il ne devoit jamais tirer l'épée contre un Roy qu'il avoit servi tant d'années, & de qui il avoit receu tant de bienfaits. Les gens équitables ne raisonneront pas ainsi, & croiront que ce grand Capitaine avoit plus rendu de services à l'Etat qu'il n'avoit receu de graces de la Cour, & qu'on ne devoit pas chasser du Royaume par une bigotterie mal placée, le seul General de reputation qui fût en France. Je conclus que dans tous les événemens presents il n'y a encore rien qui nous doive rassurer contre la revolution, & qui nous doive empêcher de travailler à nôtre seureté par d'autres voyes que celle des armes.

Ce qui vient d'arriver en Savoye est encore peu certain, & dans le fonds si peu considerable, qu'il ne merite pas qu'on y face beaucoup d'attention : peut-être quelque jour sçaura-t'on ce que cela produira.

Fin du Quinziéme Memoire.